Investigación y conocimiento

Filosofía, artes y ciencias
Arquitectura, diseño y urbanismo

COLOQUIO

Investigación y conocimiento: filosofía, artes y ciencias: arquitectura, diseño y urbanismo: coloquio / compilado por Jorge Sarquis. - 1a ed. - Buenos Aires: Nobuko, 2010
278 p. : il. ; 21×15 cm. - (Serie Reuniones Científicas / Jorge Sarquis)

ISBN 978-987-584-256-4

1. Planificación. 2. Urbanismo. I. Sarquis, Jorge, comp.
CDD 711

DIRECCIÓN SERIES EDITORIALES
Jorge Sarquis

COORDINADOR SERIES EDITORIALES
Víctor Álvarez Rea

DISEÑO SERIES EDITORIALES
Karina Di Pace

Hecho el depósito que marca la ley 11.723

La reproducción total o parcial de este libro, en cualquier forma que sea, idéntica o modificada, no autorizada por los editores, viola derechos reservados; cualquier utilización debe ser previamente solicitada.

© 2010 nobuko

ISBN: 978-987-584-256-4

Abril de 2010

Investigación y conocimiento
Filosofía, artes y ciencias
Arquitectura, diseño y urbanismo

COLOQUIO
Buenos Aires, 15 y 16 de mayo de 2008
Centro POIESIS | SI | FADU | UBA

Auspicia:
Agencia Nacional de Promoción
de las Investigaciones Científicas y Técnicas
Reuniones Científicas, 2008
Facultad de Arquitectura, Diseño y Urbanismo — UBACyT — UBA

Jorge Sarquis — organizador, ponente y compilador

POIESIS
ΠΟΙΗΣΙΣ

Centro de Investigaciones Interdisciplinarias
sobre Creatividad en Arquitectura | SI | FADU | UBA

Índice

- Investigación y Conocimiento 9
- Introducción General — Investigación y Conocimiento en ADU 11
  JORGE SARQUIS

PRIMERA MESA REDONDA | JUEVES 15 DE MAYO DE 2008
Sobre los saberes básicos modernos y la crisis 33
de sus objetos de conocimiento y validación
1. Por la filosofía 37
   SILVIA RIVERA
2. Por el arte 48
   RICARDO IBARLUCÍA
3. Por la ciencia 57
   LUIS ALBERTO QUESADA ALLUÉ
4. Por la tecnología 66
   GUILLERMO RANEA
5. Por la arquitectura, el diseño y el urbanismo 87
   GRACIELA SILVESTRI

SEGUNDA MESA REDONDA | JUEVES 15 DE MAYO DE 2008
Sobre las diferentes maneras de producir 103
conocimientos por los diversos saberes constituidos
1. Por las ciencias sociales 104
   SUSANA MURILLO
2. Por el psicoanálisis 117
   ROLANDO KAROTHY

3. Por las ciencias del hábitat en el territorio 124
JORGE MORELLO

4. Por las ciencias del hábitat urbano 129
JORGE SARQUIS

5. Por la ciudad 150
ALICIA NOVICK

TERCERA MESA REDONDA | VIERNES 16 DE MAYO DE 2008
Sobre la producción de conocimientos en arquitectura . . 165
**diseño industrial, gráfico, de imagen y sonido,
de indumentaria, del paisaje, del urbanismo**
Procedimientos de producción y validación

1. Por el diseño industrial 166
RICARDO BLANCO

2. Por el diseño gráfico 172
ENRIQUE LONGINOTTI

3. Por el diseño imagen y sonido 181
SILVIO FISCHBEIN

4. Por el urbanismo 184
LUIS AINSTEIN

5. Por el diseño de indumentaria 187
ANDREA SALTZMAN

6. Por el paisaje 211
MARTHA MARENGO DE TAPIA

CUARTA MESA REDONDA | VIERNES 16 DE MAYO DE 2008
Conocimiento para la emergencia social y ambiental 215
en arquitectura, diseño y urbanismo
El objeto de conocimiento, ¿condiciona el conocimiento
y su producción?

1. Por la arquitectura 216
   PAULA PEYLOUBET
2. Por el urbanismo 226
   ALFREDO GARAY
3. Por el diseño industrial 236
   BEATRIZ GALÁN
4. Por el diseño gráfico 243
   MARÍA LEDESMA
5. Por el diseño de imagen y sonido 252
   MARTA ZÁTONYI

COLOQUIO | BUENOS AIRES, 15 Y 16 DE MAYO DE 2008

Investigación y Conocimiento
Filosofía, artes y ciencias
Arquitectura, diseño y urbanismo

La producción de conocimientos en arquitectura, diseño industrial, gráfico, de imagen y sonido, de indumentaria, del paisaje, del urbanismo
Procedimientos de producción y validación

CENTRO POIESIS | SI | FADU | UBA
SUBSIDIO: Agencia Nacional de Promoción Científica y Tecnológica
AUSPICIO: Universidad de Buenos Aires

Objeto y objetivo

Se trata de debatir acerca de la investigación del mundo real y de los diferentes objetos que lo constituyen. Se han creado medios y disciplinas para hacerlo.

Aunque existen innumerables maneras de describir ese mundo real y construirlo a partir de diferentes marcos teóricos, realidades que requieren su interpretación, es necesario esclarecer los diversos dominios u objetos a conocer o investigar.

El afán de resolver dudas y problemas es una guía en la investigación, por lo que la constitución del objeto a investigar y las disciplinas que lo deben abordar es fundamental. Si bien nuestras preocupaciones están centradas en las disciplinas de arquitectura, diseño y urbanismo, el primer día dialogamos con otras disciplinas que se dedican a la investigación y producción de conocimientos y el segundo nos dedicamos a las disciplinas de la FADU.

Se realizaron cuatro mesas redondas con el siguiente esquema: las ciencias "duras", las ciencias "blandas" y las ciencias como saber del arte o fácticas, con una fuerte impronta profesional.

El problema del conocimiento será abordado desde dos perspectivas:

a. Por el objeto a conocer: la naturaleza, el hombre, la sociedad, el mundo hecho por el hombre.
b. Por los saberes que intentan conocerlo (investigando o haciéndolo): las ciencias naturales, las sociales, el arte, la filosofía, la arquitectura, los diseños, el urbanismo.

INTRODUCCIÓN GENERAL

"Investigación y Conocimientos en ADU"
JORGE SARQUIS

Como casi todas las introducciones, esta también se escribe al final del libro. El contenido y la forma "mesa redonda", con que se desarrollaron los cuatro capítulos, más los diálogos por momentos acalorados con que se debatían ideas, posturas e ideologías acerca de los temas planteados constituyen su cuerpo principal, que creemos fundante para la historia de la investigación en arquitectura, diseño (industrial, gráfico, de imagen y sonido, de indumentaria y textil, y del paisaje) y urbanismo.

Partimos del supuesto que la investigación tiene un cometido fundamental e indiscutible, cual es la generación o producción de conocimientos, pero que en un proceso de permanente mutación de los saberes esto no es sencillo. Las consideradas Ciencias Básicas o duras, que desde Prigogine y otros en la actualidad, sostienen que existe un cambio de paradigmas, sin embargo el representante de ellas en este coloquio –el Dr. Luis Quesada Allué–, no consideró que fuera tan grave tal crisis. Y cuando en la segunda mesa se trataba de saber cómo se construían los conocimientos, siendo que dichas dudas no se presentaban en algunos saberes constituidos, el mismo representante de Ciencias Exactas, mantuvo la posición. En cambio desde la primera mesa tanto Silvia Rivera de filosofía, como Ricardo Ibarlucía hablando desde la estética, Guillermo Ranea, especializado en filosofía de la técnica, Graciela Silvestri historiadora de arquitectura, Susana Murillo de Ciencias Sociales y el coordinador y ponente especialista en Investigación Proyectual, Jorge Sarquis, sostenían que los cambios de paradigmas afectaban la producción de conocimientos en todos los ámbitos y mucho más en los saberes de la ADU, que se estaban constituyendo como espacios de investigación.

El tema no era sencillo para la tercera y cuarta mesa porque las investigaciones en nuestra FADU, no son ni sencillas ni hay historia construida en todos sus temas. Las investigaciones históricas poseen larga data, pero las ambientales o energéticas, o las proyectuales, son de muy reciente constitución y hay que hacer un gran esfuerzo para incrementarlas y sostenerlas.

No vamos a hacer un detallado análisis de los ponentes, mesa por mesa –para ello están las desgrabaciones–, pero sí queremos hacer una reflexión general del tema que motivó la organización del evento.

El problema central que se nos presenta en este evento es singular, es decir, para las ciencias constituidas, las físicas y naturales, es casi una pérdida de tiempo discutir algo que para ellos es obvio, cual es la búsqueda, descubrimiento o invención de un hecho, concepto, categoría, o máquina, que antes no existía y resolvía problemas actuales o pasados, es decir no resueltos y reconocidos como tales por la comunidad científica, o sea los que hacen ciencia.

Luego en el debate, se vio que no lo era tanto, pues lo que nosotros llamamos invención ellos llaman descubrimiento y ya verán Uds. al leer el libro, el sinnúmero de interpretaciones que ello desata.

Decía que es singular, puesto que para la arquitectura, los diseños y el urbanismo, la producción de conocimientos no es un tema que nos quite el sueño, ni ahora, ni antes. Lo que nos preocupa es cómo hacer proyectos que se transformen en obras que sean, para decirlo en términos tradicionales, bellas, pero también útiles. Y si bien el urbanismo se resiste a ser abarcado en esta definición, y mucha razón lleva, de todas maneras su cometido es pensar, planificar y anticipar, en fin también rasgos propios de la arquitectura y los diseños.

¿Qué es un conocimiento?, es una pregunta rara, casi incomprensible en la FADU, y tal vez para algunos hasta inútil, que no tiene una respuesta sencilla porque carece de historia, tampoco es previsible, ni necesaria para desplegar alguna de las disciplinas que se desarrollan en esta casa.

Tampoco inquieta la manera de generarlo o producirlo, no es un interrogante o preocupación genuina de nuestros claustros. Esto nos viene de la Universidad –quien por su rol fundante contiene a todas las disciplinas– la cual cuando se instaló el actual período democrático, aspiró a que todas las Carreras debían hacer investigación, incluso las más pragmáticas como la clínica médica, las ciencias económicas, o los saberes sobre las leyes de la abogacía, que aún hoy se enfrentan al problema de incentivar y hacer crecer sus áreas de investigación.

Estas disciplinas despiertan más la atracción por sus desarrollos profesionales individuales, que por la investigación, siempre menos remunerada y alejan el interés por becas para maestrías o doctorados e incluso subsidios a la investigación, o a cátedras, que preocupadas por la enseñanza sienten que cumplen su compromiso por la indagación y la resolución de problemas en el campo profesional.

Así la investigación adquiere su mayor desarrollo y entidad en las llamadas "ciencias duras", cuya misión era hasta socialmente inobjetable. Esto pasa a partir del siglo XV, luego en el XVIII y XIX comienzan las hasta hoy llamadas Ciencias Humanas y Sociales, que aún tiene objeciones por parte de las ciencias exactas y naturales, sean o no positivistas. Y en este camino, los últimos saberes en ingresar en el campo de la investigación con el objetivo de producir conocimientos, son las más profesionalizadas y una de ellas ha sido la arquitectura y luego los diseños: industrial, gráfico, de indumentaria, de imagen y sonido y del paisaje. Todos saberes que han comenzado el recorrido pero aún muchos de ellos se encuentran en el estado de definir su género próximo y lo que es más importante aún, su diferencia específica.

Por ello cuando Arquitectura comienza en nuestra Facultad con la inquietud de hacer investigación en épocas de Jannello, Breyer, Buschiazzo, luego Doberti y así otros, la posición de estos arquitectos despierta sospechas por ocuparse de temas que no era lo común de los habituales hacedores de la edilicia de la arquitectura. Cuando irrumpe la planificación con la fuerza que los desarrollos urbanos exigían, comienzan las diferentes escalas de la planificación desde la Ciudad al territorio Regional, asuntos que tienen hoy una legitimidad por todos reconocidos como saberes que deben constituirse en base a los desarrollos profesionales de su práctica en la vida social, la enseñanza en las formaciones de grado y posgrado, y la investigación que debe aportar soluciones a los múltiples problemas que el mundo real va generando. En este último tema, emergen las cuestiones ecológicas que desbordan las cuestiones urbanas y se las tienen que ver con las cuestiones que plantea el territorio, ante los deterioros que el mismo desarrollo y progreso técnico va realizando la humanidad.

Ajustando el foco en los conocimientos en ADU

Nuestro centramiento en la arquitectura, es producto de una circunstancia personal y de la historia de esta Facultad, pero prometemos un esfuerzo para trabajar en todos los ámbitos disciplinares.

¿Cómo se produce un conocimiento en arquitectura, diseño o urbanismo?, ¿Cómo se leen los conocimientos allí producidos?, ¿Cómo se transmiten dichos conocimientos? No eludamos las respuestas por más tiempo.

Veamos ¿qué es un conocimiento en ADU?

Dado que estas disciplinas se desarrollan en tres campos básicos, la profesión, la formación y la investigación, el conocimiento puede producirse en cualquiera de estos campos y en cualquiera de ellos se lo hará a nivel teórico, metodológico o técnico. De esta manera un conocimiento es un relato, hecho, cosa, objeto, nuevo que aparece en algunos de los campos citados, especialmente en el dedicado a la investigación, y que puede ser validado argumentativamente y cuya eficacia dependerá de su adopción como conocimiento por algunos o todos los campos de la disciplina. En términos mas generales y abstractos un conocimiento en ADU es un constructo que alguien produce y comunica a la comunidad de sus pares para ser aceptado y utilizado o ignorado o rechazado.

Pero lo más específico de este conocimiento se produce cuando éste se manifiesta a nivel bi o tridimensional mediante formas habitables utilizables, o comunicativas disciplinarmente significativas.

En la Arquitectura Clásica, los cánones guiaban el hacer y la lectura e interpretación estaba hiper-codificada; no obstante había márgenes para la innovación –siempre partiendo del supuesto que conocimiento es innovación, aunque la inversa no siempre es válida, es un tema para la filosofía del conocimiento– que al principio, en el momento de su aparición se leían como desvíos de la norma. Luego se re-utilizaban en otras obras y así se regeneraba el sistema.

En la arquitectura moderna se instala el supuesto meta-teórico de la libertad creadora de cada individuo –tanto referido a la capacidad de cada uno como a su responsabilidad ética a ser creativo a cualquier precio– aquí se afirma el criterio kantiano del genio creador, el sujeto cartesiano emprendedor, las filosofías de la conciencia pre freudianas, el positivismo triunfante de la tecnociencia y el progreso.

¿Tiene la arquitectura –fundamentándose en la noción de conocimiento de Gadamer–[1] al igual que el arte, generar conocimientos, con posibilidades de leerlo, transmitirlo y comprenderlo para utilizarlo, aún al precio de tergiversarlo?

Creo que sí, y más aún en sus aspectos técnicos utilitarios, que pueden universalizarse más fácilmente desde sus aspectos determinados.

¿Puede el proyecto –representación en planos, maquetas, monitor, etc.– transmitir este conocimiento –que deberá apoyarse en el lenguaje hablado y/o escrito– como conocimiento por las innovaciones incorporadas al mismo?

Creemos que sí lo puede hacer, mediante representaciones pero bajo ciertas condiciones:

• Definir el lector y su capacidad (y condiciones de posibilidad) de garantizar una lectura que explicite desde qué teoría lee las innovaciones o conocimientos. (aquí no importa que sea, o no, una obra de arte y sus características

---

[1] GADAMER, H. G. *Verdad y método*; Salamanca, Ediciones Sígueme, 1977.

estéticas deben ocupar su justo lugar y no hipostasiar la obra o proyecto global)
- Analizar los proyectos o Investigaciones Proyectuales (I. P.) desde una perspectiva o concepción teórica clara en sus supuestos. Nosotros desde POIESIS lo hacemos desde las cinco Variables (cada una con sus Indicadores) ya sintetizadas en "Precisiones":[2]
- Los conocimientos discriminados (aislados, separados en los aspectos físicos o teóricos de la obra) si bien son tales en el contexto de una obra, ¿se pueden generalizar –como ocurre con un conocimiento científico– para ser utilizado en otra obra en la medida que admita su instrumentalidad (aunque este término esté devaluado) para su utilización aunque cambie el significado en otra composición (y actúe a la manera de un collage), situación por otra parte inevitable. Sobre todo para desbloquear las arquitecturas estereotipadas que han dejado de responder a los problemas contemporáneos y son extemporáneas al contexto.

El trabajar tanto en el análisis de los proyectos existentes, así como en la preparación de los Programas Complejos, para luego acometer los proyectos propios de la IP de los prototipos –si lo hacemos siguiendo las pautas de la IP– se harán absorbiendo las muchas variables que se juegan en un proyecto, con mayor rigor. Ello no significa no apelar a las ocurrencias y las ideas asistemáticas que muchas veces enriquecen los análisis, pero en

---

[2] SARQUIS, Jorge, "Precisiones en la Investigación Proyectual", ponencia presentada en las *Jornadas de SICyT 2004*, dedicadas a la IP. *Dimensiones* (teoría, metodología y técnica), *Contexto* (temporal y espacial), *Campos* (Formación, Investigación, Profesión), *Fines* (externos, internos, mixtos), *Componentes* (*utilitas, firmitas, venustas*). Se encuentra en la página <http://www.centropoiesis.org/home.swf. />.

la medida en que no los comprendamos en un sistema teórico, no dejan de ser saltos al vacío.

Sobre el conocimiento en general y específico

La cuestión es no sólo generar un conocimiento en ADU, sino en primer lugar reconocerlo, en segundo lugar validarlo y en tercer lugar producirlo, en cada una de las especificidades de ADU.

No es fácil unificar que es un conocimiento en ADU, puesto que la sigla contiene saberes muy diferentes, aunque todas se caracterizan por ser creativas, casi todas ser proyectuales ya que para asimilar un producto del urbanismo o la planificación a un proyecto de arquitectura hay que forzar el concepto y en imagen y sonido, o sea cine decir que hacer una película requiere de un proyecto es un poco apelar al "lecho de Procusto".

Lo primero que debemos hacer es reconocer que las Carreras ADU son fabricantes, o como las llamó Aristóteles poiéticas, es decir que se ocupan del hacer mediante cierta tejné y componentes estéticos orientadas por la poiesis. Otro aspecto de la práctica, la praxis, guiada por la ética, se ocupa del obrar y no deja un producto observable y permanente.

En este caso podemos decir que todas las ADU tienen una base común, y si bien la noción de proyecto que por ser genérica puede hablar de proyectos económicos, legislativos, deportivos, en ADU tienen que contener rasgos estéticos sean éstos de la poética (núcleo duro) o de la prosaica (el resto de la matriz artística).[3]

---

[3] MANDOKI, Katya, *Prosaica 1*. Ed. Siglo XXI, México 2007. Mandoki establece la categoría de matriz para comprender la producción de identidades y obras de "arte" de la sociedad contemporánea. Así las producciones poiéticas poseen dos campos de desarrollos, las del núcleo duro del arte propio del mundo altamente especializado y del resto de las producciones simbólicas tal como lo entiende Bourdieu.

Por lo tanto estudiar a los autores que reconocen que mediante las fabricaciones poiéticas se producen conocimientos, aunque sean artísticas de dicho núcleo, son un avance considerable para comprender el problema.

Antes de citar a los autores deberíamos hablar de la teoría del conocimiento en general, y la tradicional división de sujeto cognoscente y objeto a conocer, aunque esta manera de entender el tema no resuelve la cuestión de los objeto-cosa aún no producidos y cuyo conocimiento se genera en el acto de su creación y/o fabricación; y de eso trata nuestro tema.

Al Diccionario

El Diccionario de Filosofía de Ferrater Mora[4] establece que del problema del conocer se ocupa una disciplina filosófica llamada "teoría del conocimiento", gnoseología y/o epistemología, que se pregunta:

¿Qué es el conocimiento?
¿En qué se funda el conocimiento?
¿Cómo es posible el conocimiento?, etc.

Se suele utilizar igualmente conocimiento por "saber" o "ciencia"; a la pregunta ¿Qué es el conocimiento? los griegos la relacionaron con ¿Qué es la realidad? Desde Kant, el problema del conocimiento comenzó a ser objeto de la "teoría del conocimiento". Allí se abordan los siguientes cuatro aspectos del problema del conocimiento:

I. Fenomenología del conocimiento o descripción del fenómeno del conocimiento.
II. Posibilidad del conocimiento.

---
[4] FERRATER MORA, José. *Diccionario de Filosofía*; Editorial Sudamericana, Buenos Aires, 1975.

III. Fundamento del conocimiento.
IV. Formas del conocimiento.

Muchos pensadores contemporáneos diferencian *conocimiento* –más bien enciclopédico– de *saber* –ligado al saber hacer– aunque esa idea nace en Aristóteles, es apoyada hoy por la mayoría de filósofos contemporáneos como Badiou o Deleuze, fue el estagirita el primero que clasificó los saberes en dos clases:

Teóricos y *Prácticos*; y estos a su vez en dos, la *praxis* (obrar) y *poiéticos* (o del producir, del hacer):

- El objeto de los saberes teóricos es la verdad.
- El objeto de los saberes prácticos de la praxis, es la acción encaminada a un fin.
- El objeto de los saberes práctico poiéticos o productivos, es la producción de un objeto exterior producido por un agente.

Para nuestros fines, sea apoyados en Aristóteles o en Bacon, ambos consideran que existen saberes que producen conocimiento y en nuestro caso sea productivo (poiético), sea como "ciencias de la fantasía", bordeamos el campo del arte como forma de producción de conocimiento. Si bien la noción de arte es histórica y muy problemática en la actualidad, no cabe duda que muchos de sus rasgos –constructividad, creatividad, objetualidad (entendida como objeto puesto en el mundo), temporalidad, instrumento de expresividad individual, emocional y afectiva– valen para el caso de la Investigación Proyectual.

Respecto de la función del arte –dice Ferrater Mora– muchos autores afirman que "el arte no proporciona ningún conocimiento de la realidad, a diferencia de la filosofía y especialmente de la ciencia que se consagran al conocimiento".

Para apoyar esta tesis se suele indicar que el arte no es un "contemplar" (en el sentido general de la teoría), sino un hacer. "El arte no pretende decir lo que es, o como es, o por qué es, sino hacer que algo sea".

Esta tesis se encuentra con un inconveniente central, concebir el conocimiento sólo como conocimiento sistematizado y transmisible unívocamente, pero tenemos el caso de muchas obras literarias o plásticas que proporcionan una "imagen" del mundo o del hombre mismo (ver José Giménez, "Imágenes del hombre"[5] y Jorge Wagensberg, "La complejidad del mundo") donde el quehacer artístico proporciona un material irreemplazable para este tipo de percepción del mundo real y desde allí construir las respectivas realidades.

"Se puede tener, entonces, un cierto conocimiento del mundo por medio del arte y es lo que significa decir que el arte es una cierta 'revelación' del mundo".[6]

"Habría desde este punto de vista un conocer complementario al conocer científico o filosófico cuyas fronteras tienden a diluirse".[7]

Convoquemos decididamente para argumentar a estos dos autores con citas atinentes al tema, el primero es Hans Robert Jauss, esteta alemán que en su libro "Estética de la recepción y hermenéutica literaria"[8] despliega sus hipótesis sobre el conocimiento que genera la poiesis. El segundo autor es el director y creador del museo de la ciencia de Barcelona, Jorge Wagensberg en su libro "Ideas sobre la complejidad del mundo"[9] y especialmente en el capítulo citado al pie.

---

[5] JIMENEZ, José. *Imágenes del Hombre*; Madrid, Tecnos, 1986.
[6] WAGENSBERG, Jorge. "El arte es una forma de conocer la complejidad, o el principio de comunicabilidad de complejidades ininteligibles", en *Ideas sobre la complejidad del mundo*.
[7] Ibíd.
[8] JAUSS, Hans Robert. *Estética de la recepción y hermenéutica literaria*; Madrid, Taurus, 1986.
[9] Ibíd. nota 7.

El primero, desarrolla la "Estética de la Recepción", que abre una puerta a los estudios posteriores de la estética prosaica aunque Jauss, no explora estos territorios de la matriz artística tal como lo plantea Katya Mandoki.

Lo importante es que se origina en la definición aristotélica, con la que coincidimos, de que la poiesis es la base de la actitud de creación o fabricación de artefactos, a los que ahora Bruno Latour[10] ha llegado a denominar "actantes no humanos" que interactúan con "los actantes humanos" que somos. Esta actitud de la creación o acción práctica entendida como poiesis, junto a la esthesis o teoría de la recepción y la catarsis, o teoría de la consumación de la obra en el sujeto receptor, se expresa en la tesis de Jauss, en las siguientes afirmaciones:"El saber poiético –en su más alta expresión: el arte– es a partir de la pérdida de la mimesis como parámetro privilegiado, (un saber filosófico según Gadamer y Jauss) cuya experiencia es básicamente estética y creadora de un espacio de originalidad".[11]

Haré a continuación varias citas del capítulo "Poiesis" del libro de Hans Jauss, que creo esclarecen el tema que nos convoca.

Según Jauss, "'El homo sapiens' cristiano que habría sido introducido en la existencia como 'homo artifex' puede entender su misión de acuerdo con el génesis como el encargado de dominar la naturaleza y convertirla mediante el trabajo en un mundo humano".

"Así en lo que se refiere al aspecto productivo de la experiencia estética podría verse como el 'homo faber' que, con su praxis progresiva, va liberándose de las ataduras del 'eidos' platónico o de la naturaleza creada por Dios y entendiendo como creaciones del hombre, los descubrimientos técnicos, la obra de arte, las matemáticas y por último la historia".[12]

---

[10] LATOUR, Bruno. *La esperanza de Pandora*; Barcelona, Gedisa, 2001.
[11] JAUSS, Hans Robert, *"Estética de la recepción y hermenéutica literaria"*, Ed. Taurus, Madrid 1986.
[12] Ibíd.

"Jurgen Mittelstrass introdujo el concepto de 'saber poiético' para demostrar que el descubrimiento moderno del progreso era 'consecuencia de una revolución en el pensamiento de las ciencias naturales' –sin tener que recurrir a la idea de sustitución secular de las posiciones cristianas y retomando la diferenciación aristotélica de saber teórico, práctico y poiético donde el saber poiético supera el horizonte de la 'imitatio naturae', donde fácticamente siempre puede hacerse más de lo que en la teoría y en la praxis acaba de hacerse".

"Esto muestra que en los inicios de la edad Moderna tanto el saber técnico de la 'nueva ciencia' como el saber estético (que en la praxis supuso una ruptura con la tradición medieval) siguieron dependiendo de la doctrina humanística que entendía cualquier innovación como una vuelta a un pasado perfecto".

"Así se produjo el proceso de separación de las bellas artes y de las artes mecánicas que reavivó, una vez más, la antigua rivalidad existente entre el saber técnico y el saber estético".

"Leonardo Da Vinci –que pertenece a esta tradición y que representa para sus contemporáneos y generaciones futuras el prototipo del 'uomo universale'– ha dejado una obra polifacética de la que podría decirse presenta una deficiencia total en lo que se refiere a arquitectura teórica –y eso mismo puede decirse de la teoría implícita en su praxis poiética".

"Paul Valery se sirve de Leonardo para desarrollar un ataque en doble frente: contra la creación mitificada de los poetas y contra el conocimiento abstracto de los filósofos por otro".

"Su teoría estética, que denominará 'Poiética' (la introducción al método de Leonardo Da Vinci, 1894) muestra este bajo doble aspecto la ruptura existente entre la concepción antigua y la moderna del saber poiético: entre la experiencia estética productiva que, al unir la praxis artística y científica (que Leonardo representa en su totalidad y que la ulterior separación arte y ciencia unilateralaza), asume la función cognoscitiva del 'construire' y la experiencia estética receptiva que, frente a la tradicional primacía del saber por conceptos reivindica la percepción renovadora por el arte".

"Lo que fascinaba a Valery del método de Leonardo era la 'Lógica imaginativa' de la construcción, es decir aquella praxis que sigue el principio de 'de faire dependre le savoir du pouvoir'".[13]

Leonardo encarna el cambio del antiguo concepto de conocimiento en el moderno. Porque construire presupone un saber que consiste, más que en una vuelta a la observación de verdades preexistentes, en un conocer que depende de la capacidad y del hecho comprobado, y que hace que "el saber y el producir sean una y la misma cosa".

"La unión identificativa entre saber y producir, que abrió al hombre un camino hacia la verdad, a partir de su saber poiético, contribuyó a que en la época de Leonardo, las manifestaciones de la creatividad fueran muy numerosas".

"La posibilidad que brinda la poiesis consiste en buscar la verdad allí donde el hombre con su propia obra la ha producido".

"En la esfera del saber poiético –donde las ideas (de modo absolutamente no platónico) hacen de mediadores entre conocimiento y producción– el hombre es el creador autónomo de sus obras".

"Mientras el racionalismo quiere derivar el progreso de la historia de un reconocimiento metódico, Vico ve los comienzos de la historia (y por consiguiente, la fuerza del hombre para formar Historia) en su Productividad sensorial, es decir tanto en la verdad estética de los mitos como en la originalidad de las artes prácticas. Con esta neovaloración de la fantasía creadora de los mitos como forma de dominio sobre la naturaleza, Vico –cuya

---

[13] N. DEL TRANSCRIPTOR: "El saber del poder, depende del hacer".

historia de los efectos pasa inadvertida durante el siglo XVIII– se adelantó a la nueva ciencia de la estética de Baumgarten basada –igualmente y también– en el conocimiento sensorial. Y en la medida en que considera basado en el mundo de las artes el principio de las ciencias, rompe también 'con ese convencimiento advenedizo que considera que la teoría es consecuencia del ocio de seres solitarios'".

"Esta superación de la dicotomía existente entre poiesis técnica y poiesis estética puede verse como una meta o fin, todavía utópico, en la filosofía histórica del Marx de 1844".

"Ya antes, en 'Eupalinos ou l'Architecte' (1923), Valery había descrito este cambio acaecido en la historia de la poiesis: en un moderno 'Dialogue des Mortes' hace que Sócrates argumente por qué, en el caso de que hubiera otra vida, preferiría en ella el trabajo productivo del arquitecto al conocimiento contemplativo del filósofo".

"Por eso, nuestra visión retrospectiva de la historia de la experiencia estética –que, por razones de economía, ha aislado la perspectiva de la poiesis– debe finalizar con una explicación sobre el 'plaisir esthétique', en el que Valery describe los efectos recíprocos entre poiesis y aisthesis, centrando su consideración en el cambio moderno del observador contemplativo en observador poiético".

La larga cita de Jauss, esclarecedora para los saberes ADU, aporta datos básicos para fundamentar la idea central de que existe un conocimiento que no se elabora por conceptos sino en la generación de las formas, encuentra en las citas de Wagensberg los datos que nos faltaban.

A continuación las citas de Wagensberg que valoramos porque sitúa la producción de conocimientos por medio del arte –en cuanto a producción poiética, según Jauss– en una identificación que aceptamos porque ademas la compara con el conocimiento científico.

La ciencia y el arte como formas de conocimiento

Los principios del arte y de la ciencia

El arte es una forma de conocimiento de la realidad (que podemos describir como formada por una infinitud de complejidades no inteligibles), a la que intenta representar.

Para ello parte del principio de comunicabilidad de complejidades no inteligibles que no cree que todo puede ser comunicable.

La ciencia en cambio, que trata de representar la realidad por acumulación de complejidades inteligibles, parte del principio de objetivación de complejidades inteligibles.

- El artista no cuestiona su principio, pero sufre por la carencia del método (el cómo: temas, lenguajes o técnicas) seguro para expresar las complejidades que le aquejan, los ques, (o vislumbra sobre lo que quiere trabajar) mediante los cómo.
- El científico sí cuestiona su principio y sufre por él, pero luego cuando lo acepta (o ignora) trabaja cómodo con su método, para expresar o encontrar la representación o imagen, de la complejidad.

"La ciencia para validar sus hallazgos se basa en el principio de falsabilidad. Una sola experiencia que no compruebe la teoría demuestra que era falsa y ya alcanza para destruirla. Por eso el científico es modesto y susurra sus hallazgos".

El arte, para validar sus hallazgos se basa en el principio de verificación. Un sólo contemplador que vea la obra y verifique que comprende el qué que le interesa al creador, ya cumple con la validación del conocimiento elaborado. A partir de allí el artista grita sus hallazgos.

El artista busca a partir de sus asuntos (sus que), sus maneras de resolver (sus como) que no podrán –cuando se es innovador– repetir para los qué anteriores. Ejemplos de investigación proyectual en momentos de la historia de la arquitectura, nos han mostrado que muchos conocimientos generados en la actividad proyectual de una obra pueden aplicarse en otro tipo de obras, si dicha solución está en el ámbito de la lógica arquitectónica de esta nueva obra, o si es de utilidad para romper con los estereotipos existentes.

Veamos después de esta síntesis personal los dichos del propio autor, Wagensberg:

- *El arte es una forma de conocer la complejidad*
  Las tres actitudes fundamentales del método científico son:
  a. la de la objetivizacion del mundo,
  b. la de la inteligibilidad del mundo,
  c. la indeterminista-creadora (innovadora); la determinista aplicadora (renovadora).

  Las tres actitudes fundamentales del método artístico son:
  a. la de la comunicabilidad del mundo,
  b. la de la no inteligibilidad del mundo,
  c. la indeterminista-creadora (innovadora); la determinista aplicadora (renovadora).

  Si pretendo que la complejidad –no inteligible– sea aproximadamente recuperable. ¿Para quién lo es? Para mí mismo. Este conocimiento finito tiene como misión "llamar de nuevo a la complejidad original", es decir es autocomunicación. La mayor diferencia con el conocimiento científico es que no es una representación única de la complejidad del problema. ¿Sirve tal representación para comunicar mi particular complejidad, y que otro sea capaz de deducir la complejidad original? Jamás lo sabremos, aunque ciertas mentes así declaran creerlo. Y en tal creencia descansa la única hipótesis de trabajo de este segundo procedimiento. "¿Por qué no llamarlo arte? Llamémosle".

Aquí queremos remarcar la posibilidad que nos brinda el arte, sea en su definición griega o romántica, por género próximo, aunque con muchas diferencias específicas, de una poiesis fabricante al igual que las disciplinas ADU.

• *El principio de comunicabilidad de complejidades ininteligibles*
Consideraremos al arte como una forma de conocimiento en tanto elabora imágenes de sucesos del mundo.

¿Hay investigación artística, tanto como científica?

Considero al arte como una forma de conocimiento basado en el principio de comunicabilidad de complejidades no necesariamente inteligibles.

• *El principio de comunicabilidad del arte, frente al principio de objetivación de la ciencia*
El artista, obsesionado por cierta complejidad, decide representarla mediante una proyección relativamente simple y finita en la esperanza de que su contemplación tenga cierta capacidad de revelar la complejidad inicial. Las palabras tienen esa misión, pero el artista no se conforma con ello y crea un lenguaje ad-hoc. ¿Quien debe recibir y revelar la obra de arte? en principio la propia mente creadora. En principio es una auto-comunicación, luego una comunicación binaria (entre dos).

En la representación –necesariamente finita– de una complejidad, presumiblemente infinita, esta el mérito.

El conocimiento científico no sólo no pretende comunicar mas de lo representado, sino que le está prohibido. El científico conoce las limitaciones de sus códigos y lenguajes y sacrifica la infinitud que no abarca. El artista (como el enamorado) pretende todo lo contrario: que su pobre imagen finita tenga la capacidad de arrastrar la infinitud de la complejidad primera.

Pero hay que rechazar la ingenua pretensión de que el arte es una forma de conocimiento agraciada con la facultad de acceder a verdades metafísicamente garantizadas, a la esencia de las cosas, a las cosas en sí. No hay la mínima ventaja del arte sobre la ciencia en ese sentido. Se puede prescindir de la razón para hacer arte, pero no para hablar sobre arte.

La grandeza del arte prende en esa posibilidad del creer conocer, en el principio de comunicabilidad de ininteligibilidades. Pero ininteligibilidades que no tienen porque serlo menos después y gracias al fenómeno artístico.

- *Rasgos de la comunicación artística*
    - Carácter discontinuo de la comprensión.
    - La compensación de la complejidad sobreviene, se pasa de no conocer nada a conocer todo.

Pero lo que interesa es comparar dos principios fundamentales del arte y de la ciencia.
- Arte: principio de comunicabilidad de complejidades inininteligibles.
- Ciencia: principio de objetivación de complejidades inteligibles.

El principio de comunicabilidad radica en el hecho de que la comunicación se refiere sólo a un emisor y a un receptor.16

Existe un contexto con leyes que ordenan el campo intelectual del arte y de la ciencia, que debe superar la inocencia con que Wagensberg plantea esta relación ignorando el peso de los contextos espacial y temporal.

El acto artístico pertenece a un par de sistemas formado por un creador y un contemplador. Y no existe pretensión de universalidad como otras formas de conocimiento: la ciencia, la religión o la filosofía. Efectivamente, porque la validación de este conocimiento antes que utilidad para ser utilizado tal cual, sino para desestructurar los relatos establecidos con significados estabilizados y buscar las nuevas soluciones y los nuevos problemas.

Y lo que se entiende por carácter universal del arte (o por su consagración) se mide por la cantidad (el número de pares consumados y por su calidad (carácter de los contempladores a creador fijo). La comunicación de pares se extiende en el espacio y en el tiempo y allí intentan influir críticos y comerciantes del arte.

En el conocimiento científico no hay pares ordenados. Se excluye la mente creadora, para que la "complejidad problema" pueda ser conocida universalmente por cualquier otra. Se trata del principio de objetivación, una forma mucho más restrictiva de asegurar la comunicabilidad.

El Principio de Objetivación crea conocimiento universal, falsable y corroborable, por lo que la virtud de la sinceridad carece de importancia. El Principio de Comunicación invita a creer en el artista.

Todo individuo tiende en mayor o menor grado a la elaboración de conocimiento científico, todo depende del grado de ilustración de su sentido común.

Toda mente elabora conocimiento artístico, entre un mínimo correspondiente a todo ser humano y un máximo que corresponde al artista. Porque el arte es, en definitiva, una forma de conocimiento elaborada con ese sentido particular ilustrado.

Aquí se explica muy claramente lo que Garroni[14] llamó en su Teoría de la Creatividad, un campo desflecado donde se va del menos al más especializado.

---

[14] GARRONI, Emilio. *Diccionario de Arquitectura. Voz creatividad.* Buenos Aires, Nobuko, 2007.

El principio de comunicabilidad (de complejidades ininteligibles) del arte, frente al principio de (objetivación de complejidades) inteligibilidad de la ciencia.

El principio de inteligibilidad es la base del científico, necesita creer que la naturaleza puede comprenderse. Es un principio y hubo que inventarlo. Su raíz está en la antigua Grecia. Si fracasa una empresa científica, la culpa es nuestra, hay que volver a empezar desde otro lado.

La ciencia es la única forma de conocimiento que declara aceptar este principio, en contraste con otras que aceptan el contrario: existen sucesos del mundo ininteligibles, existe el misterio. A veces el científico pone en duda este principio. Y se pregunta ¿por que debe ser todo inteligible?

El arte se conforma con transmitir ininteligibilidades, es decir, acepta que estas lo sean, es decir renuncia a comprender complejidades.

Hemos acordado que conocimiento es la elaboración de una imagen finita de una complejidad...

Que el principio de comunicabilidad del arte garantiza la posibilidad de su transmisión a otros mentes y el principio de inteligibilidad de la ciencia defiende la posibilidad de su descomposición y correspondencia en y con otras imágenes.

Es así de sencillo, el goce del arte se explica por la captación de una complejidad ajena, con la complicidad que ello supone. Y el sentido de la ciencia ¿queda justificado por la contundencia de sus frutos, curar enfermos o cruzar el atlántico en 3 horas?

¿Renuncia el arte a toda aplicabilidad y la ciencia a todo goce?

Al científico le ocurre todo lo contrario sus actitudes fundamentales (todo puede ser inteligible) son duras de superar (o ignorar) y todo es un pacífico inventar.

Mientras nadie participa, el conocimiento es tímidamente falso, provisionalmente falso, un no susurrado, hasta que surge, ante la primera comunicación conseguida, un sí que es un grito de alegría. De ahí la arrogancia del buen artista (un artista no puede ser humilde).

Tenemos a cambio del criterio falsacionista un criterio verificacionista, pero tenemos criterio.

Como hemos relevado las investigaciones sobre el arte y su capacidad de producir conocimientos desde diversos autores, nos cabe ahora relacionar el arte, en sus rasgos permanentes tanto de saber hacer, como del hacer saber, con la arquitectura, los diseños y el urbanismo. Y si Kant es estricto en cuanto a que la producción de conocimientos sólo se realiza por la articulación entre imaginación y entendimiento, o el mundo sensible de la experiencia y los apriori conceptuales que le permiten emitir juicios de conocimiento; los ADU exigen experiencia y conocimiento para sus propuestas y también para la lectura de los mismos, aunque sea básicamente un mundo de formas e imágenes.

Que el género próximo de las ADU sea el arte es una apuesta para nuestra comparación, porque siendo el arte un fabricar poiético, la arquitectura, el diseño industrial y grafico, el de indumentaria, y más alejado el de imagen y sonido y del paisaje también lo son. El urbanismo es otro capítulo pues hay que pensar que si bien su objeto es el territorio y la ciudad, su accionar proyectual opera sobre las mediaciones, medidas, reglas, ordenanzas, leyes del cómo actuar en el tiempo. El conocimiento se puede producir en cualquiera de estas variables e indicadores del saber del urbanismo y no tanto sobre los efectos, o modificaciones que se realizan sobre la ciudad o el territorio mismo.

PRIMERA MESA REDONDA[1] | JUEVES 15 DE MAYO DE 2008

Sobre los saberes básicos modernos y la crisis de sus objetos de conocimiento y validación

JORGE SARQUIS | PRESENTACIÓN, COORDINACIÓN

JORGE SARQUIS: Amigos, lo primero es agradecer a la Agencia por el auspicio del evento y a la FADU, la SI y a los integrantes de POIESIS, que nos facilitan las cosas que hacen posible el encuentro. Agradecer también a los ponentes que van a colaborar con nosotros, y a ellos quería, en esta apertura, relatarles un poquito como fue que se nos ocurrió armar este evento y esta mesa en especial. En principio el pedido a la Agencia lo habíamos pensado para nuestro tema de investigación *Hábitat para la emergencia Social y Ambiental*, pero el hecho de que este año la gestión de la FADU haya conseguido que la Universidad aceptara formar una nueva Comisión Técnica Asesora de la UBA –la de Hábitat o Ciencias del Hábitat–, nos precipitó a trabajar en el tema de Investigación y Conocimiento en ADU.[2] Algunos pedían que la denominación fuera Ciencias del Hábitat Humano, pero los de Agronomía insistieron dejar sólo Ciencias del Hábitat.

---

[1] N. DEL TRANSCRIPTOR: Los puntos suspensivos entre paréntesis indican, por lo general, lugares de la grabación en que las palabras resultan incomprensibles y su transcripción no es posible.
[2] Arquitectura, Diseño y Urbanismo, en adelante ADU.

La cuestión es que esto por un lado, y por otro, la FADU-UBA instauró desde hace tres años una Comisión de Doctorado. Allí también nos encontramos con problemas de definiciones de qué son, cómo son y cómo se producen los conocimientos que se generan en estos campos de investigación. A raíz de estas aproximaciones, y como el asunto constituye un campo en formación y debate, nos parecía necesario plantear el problema. Son saberes especializados que están abocados a tratar de establecer algunos criterios para evaluar, para juzgar, para adjudicar subsidios a investigaciones y becas, y allí nos enfrentamos a este problema. En la UBA, la CTA 8 la integran geógrafos, sociólogos, psicólogos, médicos, ingenieros, ecólogos, y desde luego arquitectos, diseñadores y urbanistas, lo que le otorga un claro carácter interdisciplinario. Allí nos dimos cuenta que era muy difícil ponernos de acuerdo para establecer criterios y, sobre todo, pautas de valoración, porque en el campo de la arquitectura y los diseños los aspectos estéticos complejizan las definiciones; el urbanismo tiene más aspectos sociales, económicos, administrativos de gestión, que pueden ser evaluados con más herramientas consensuadas. Las cuestiones estéticas tienen dos inconvenientes: primero hay que saber a qué teoría responde, a qué concepción adhiere en los temas de la arquitectura y el diseño, sea como "arte" o sea como de la arquitectura o diseño a secas. Y segundo se trata de perseguir una poética específica o debemos entenderlo como una prosaica, al modo en que lo plantea Katya Mandoki.[3]

Lo que sí es claro es que hay dos palabras que son *investigación* y *conocimiento* que pareciera un piso en el que todos acordamos, efectivamente la investigación se dedica a producir

---

[3] Ver los siguientes libros de Katya Mandoki: Prosaica I, II, III. Siglo XXI, México, 2006. Allí Plantea la separación de la Poética, atenta al núcleo del mundo del arte y la Prosaica mas atenta al rol de la estésis, facultad de todos los seres vivos, o estética de la vida cotidiana.

conocimiento. Pero en el caso de las ADU se acepta que la investigación produce conocimiento, pero también se acepta que una práctica tan profesionalista como la arquitectura y tal vez pueda haber muchas otras en la UBA, por ejemplo la medicina, la economía, también puedan producir conocimientos en sus prácticas profesionales y docentes. Y de hecho para los que estamos haciendo el trabajo de Investigación Proyectual abrevamos muchas veces de fuentes del trabajo profesional, e incluso del trabajo formativo de la docencia, cuestiones que a veces están mucho más claras y especificadas en otros campos, o por lo menos tenemos la sensación nosotros de que están más especificadas en otros campos disciplinares. Si un conocimiento es o no es una invención o una innovación, sólo va a poder ser aceptado si puede tener una *validez* otorgada por una evaluación argumentativa, que den cuenta de ésto, y después el segundo punto tiene que ver con la *eficacia*, y ésto para el campo de la arquitectura y el diseño es bastante lógico, pero no sabemos si también lo es para otros campos del saber, porque creemos que no puede ser una cuestión objetiva. También en nuestra facultad las investigaciones tienen distintos orígenes, por ejemplo las investigaciones históricas de las cuales Graciela Silvestri trabaja desde hace muchos años, la palabra investigación está muchísimo más perfilada, pero es incipiente en la historia de los diseños.

Reflexionar sobre la crisis de los saberes establecidos: filosofía, ciencia, arte, es la intención de esta primera mesa. En qué medida se sigue investigando aún en la conciencia de habitar en la crisis, nos importa saber a qué tipo de crisis se refiere. ¿De paradigmas teóricos, de metodologías de investigación, de técnicas concretas del hacer indagatorio?

La segunda mesa va a fijar, en cambio, ya sobre saberes que seguramente también se encuentran envueltos en la problemática de la crisis, sobre qué se apoyan las investigaciones que siguen produciendo conocimientos, en el medio del vendaval de sus fundamentos.

No puedo dejar de mencionar que también influyó en el interés por el tema de este evento la famosa discusión que tuvieron muchos investigadores con el ex ministro de Ciencia, Tecnología e Innovación productiva, Lino Barañao, cuando, en su momento, se le hizo un reportaje en el diario Página 12 y dijo que a él le gustaría, que las ciencias sociales fueran menos teológicas. Esto implicó entender que, o bien esa no era una declaración inocente, porque decía que se le iba a dar lugar a las ciencias sociales de forma condicionada, o bien fue inocente y entonces provocó una catarata de respuestas y de conflictos innecesarios aunque ricos. En ese punto yo envié una carta a dicho diario en donde decía que no solamente las ciencias sociales y las ciencias científicas o de la técnica eran herramientas eficaces para hacer investigaciones sobre el mundo real, sino también aquellos saberes o aquellas prácticas como las nuestras que por la problemática que abordamos, por el objeto de conocimiento, cómo son las ciudades, los edificios, los artefactos, están también en crisis, ameritaba investigar sobre ellos. Nadie puede ignorar que la ciudades de aquí y del mundo entero, están llenas de problemas. Basta mirar Buenos Aires para ver que estamos envueltos en una ciudad que ni los mismos expertos saben cómo resolverla; dilema que no nos pasa sólo a nosotros sino también a otros países en Latinoamérica, y esto es una problemática candente.

Menciono esta carta a Página 12 –que nunca se publicó– porque es una muestra del escaso interés que hay por este tipo de investigaciones, por eso me pareció pertinente convocar a todos para que en el interior de esta casa de estudios, tomemos conciencia de la necesidad de este tipo de investigaciones, que es donde nos interesa que la gente se apasione, se preocupe y se ocupe de este tipo de problemas y los investigue.

Vamos a dar lugar a la mesa y voy a presentar a cada uno, no solo por su propio curriculum sino también por el currículum de quien los ha recomendado. A Ricardo Ibarlucía, que hace Estética, lo recomendó Emilio Burucúa, que lo hemos invitado unas cuantas veces pero cuando no está en París está en Londres, y nunca lo encontramos en Buenos Aires. A Silvia Rivera, me la había recomendado Facundo Meli, y me lo aseguró Gastón Breyer que confirmó efectivamente, que la invitara porque era toda una garantía al respecto. Bueno, como dije, a Graciela Silvestri, la conozco desde hace muchos años; a Guillermo Ranea me lo había recomendado mucho Graciela Silvestri, la verdad es que lo vi en un par de ponencias sobre cuestiones que tienen que ver con la problemática de esta mesa; y a Luis Alberto Quesada Allué, recomendado Juan Pablo Rossi, de la Comisión Técnica Asesora de la UBA.

Vamos a respetar el orden que habíamos fijado en la presentación y le vamos a ceder la palabra a Silvia Rivera, para que nos hable acerca del tema.

1. Por la filosofía

SILVIA RIVERA:[4] Buenas tardes, presento mi propuesta con una cita:

> ¿Puede haber diferentes tipos de ciencia? Es indudable que sí. Basta una diferente asignación de recursos —humanos, financieros y de prestigio— para que las ramas de la ciencia se desarrollen con

---

[4] N. DEL COMPILADOR: Debo aclarar que algunos participantes, como en este caso, llevaron ponencia escrita y al leerla fueron haciendo comentarios que alteraron su redacción inicial. Para la publicación eligieron colocar su ponencia escrita, opción que fue otorgada a todos los participantes con el objetivo de esclarecer su publicación.

diferente velocidad y sus influencias mutuas empiezan a cambiar de sentido. Eso da una Ciencia diferente.[5]

Elijo empezar esta reflexión compartida, con una cita que corresponde al libro que Oscar Varsavsky publica en 1969 y que se llama *Ciencia, Política y Cientificismo*. Se trata de un libro breve pero contundente, al que siempre me gusta volver —y lo hago de la mano de la Dra. Sara Rietti, que ha sido colaboradora directa de Varsavsky— porque se trata de un libro que nos enfrenta críticamente con los principales supuestos de la "epistemología" en su sentido estricto de filosofía de la ciencia.

Yo me dedico a la epistemología, y por lo tanto esta es la perspectiva desde la que construyo mi discurso. Cuando el Dr. Sarquis me invitó a participar en este panel, bajo las consignas de abordar el tema del conocimiento desde el punto de vista de sus objetos por una parte y de los saberes que los estudian por la otra, entendí que se trata de dos ámbitos se entrecruzan, ya que no es posible definir un objeto fuera de un campo discursivo específico; es decir que los objetos de estudio de las diferentes ciencias se construyen en el marco de saberes y estos saberes a veces no tienen límites claros. Mi trabajo que es en el campo de la producción de conocimiento en el área de la salud, concretamente en hospitales, me permite advertir una multiplicidad de saberes que día a día se consolidan en los márgenes, en los intersticios, en los cruces entre las disciplinas tradicionales: sociología de la salud, antropología de la salud, ética aplicada a la investigación, axiología de la ciencia. Me pregunto entonces si aquello que nos lleva a definir los conocimientos son efectivamente los objetos o quizá los objetivos que tiene el proceso de producción de saber. Y me parece que es el tema de los objetivos el que interesa destacar.

---

[5] VARSAVSKY, O. *Ciencia, política y cientificismo*, Buenos Aires, Centro Editor de América Latina, 1975, p. 16.

Ahora bien, la convocatoria me invita a referirme a estas cuestiones desde la filosofía. Y si bien hace ya mucho tiempo que me dedico a la filosofía, no me siento en condiciones de dar una definición. Sí puedo decir, utilizando categorías del filósofo Ludwig Wittgenstein,[6] que se trata de una serie de prácticas discursivas entrelazadas por algo así como "parecidos de familia". Sin embargo, en una especie de afán sistematizador, puedo decir que es posible reconocer en la filosofía dos grandes tendencias –más que tendencias Enrique Marí decía "actitudes", y creo que Oscar Varsavsky diría "estilos"–[7] que atraviesan toda la historia de la filosofía occidental y que por lo tanto pueden encontrarse también en una de sus ramas: la epistemología o filosofía de la ciencia.[8]

Uno de estos estilos, que ha sido sin duda el hegemónico, es el que podemos llamar "positivo", o también –en especial para ustedes que vienen del campo de la arquitectura y el diseño– "constructivo", "edificante". Este espíritu positivo, casi un *pathos*, una actitud que reúne a pensadores de procedencias diferentes, pero que comparten un común interés por sentar bases firmes y sólidas para construir un edificio consistente. Esto en epistemología nos remite a la tradición positivista, en la que un nombre se impone, el de Augusto Comte. Quiero recordar el modo cómo Comte explicita los sentidos que da al término "positivo" en su libro *Discurso sobre el espíritu positivo*. Porque es frecuente limitar el significado de "positivo" a aquello que es dado a la experiencia. Sin embargo, el concepto "positivo" indica en Comte una pluralidad de notas que definen claramente esa actitud filosófica edificante o constructiva. Dice Comte:

---

[6] Cf. WITTGENSTEIN, L. *Investigaciones Filosóficas*, Barcelona, Crítica, 1988.
[7] Cf. MARÍ, E. "El positivismo". En: *Papeles de filosofía*, Buenos Aires, Biblos, 1993. Ver también VARSAVSKY, O. *Obras escogidas*. Buenos Aires, Centro Editor de América Latina, 1982.
[8] Utilizo aquí el término "epistemología" en el sentido estricto de "filosofía de la ciencia".

Se entiende por positivo: 1) lo real por oposición a lo quimérico; 2) lo útil por oposición a lo ocioso; 3) lo cierto por oposición a lo indeciso Aptitud de constituir la armonía lógica en el individuo y la comunión de la especie entera, en lugar de aquellas dudas indefinidas y de aquellas discusiones interminables suscitadas en el antiguo régimen mental; 4) lo preciso por oposición a lo vago y a opiniones apoyadas en autoridades sobrenaturales; 5) es positivo lo que se opone a lo negativo, por lo cual este espíritu no es crítico, sino constructivo; tiende a organizar y no a destruir; 6) finalmente, lo verificable en lugar de lo no comprobable, lo que tiene el sentido de sustituir lo absoluto por lo empíricamente relativo.[9]

Este estilo absolutamente edificante y positivo se caracteriza por una común actitud ante los límites. Cuando se llega a un límite, en vez de reconocerlo como tal, se lo absolutiza, se lo convierte en el lugar del fundamento. Se trata de construir a cualquier precio, aún escatimando cuestiones a la mirada y a la crítica.

Encontramos, por otra parte, un *pathos* diferente y aún opuesto, un estilo filosófico que se ejercita en la crítica, en la desconfianza, en lo que ahora se ha dado en llamar "deconstrucción". Es frecuente referirse a la "deconstrucción" como una característica del pensamiento contemporáneo, pero en verdad es posible encontrarla en el siglo XIX, en la "filosofía del martillo" que propone Federico Nietzsche,[10] y aún más atrás, en los aforismos de Lichtenberg, un contemporáneo de Kant, que en el siglo XVIII y transitando en el límites del ensayo literario y las ciencias naturales se propone no concluir nunca sus obras, como expresión de sus principios, como resistencia militante frente a la compulsión a la sistematicidad y completitud.[11]

---

[9] Cit. en MARÍ, E. *op. cit.* p. 181.
[10] Cf. NIETZSCHE, F. *El crepúsculo de los ídolos*, Madrid, Alianza, 1998.
[11] Cf. LICHETENBERG, G. C. *Aforismos*, México, Fondo de Cultura Económica, 1992.

La epistemología, que es la rama de la filosofía que se inventa en 1929 de la mano del llamado "Círculo de Viena", tematiza la ciencia como conocimiento y toma acríticamente los principales supuestos de esta actitud positiva en filosofía. Esta epistemología pronto se convierte en rama hegemónica de la filosofía, sentando las bases de lo que se ha dado en llamar *standard view* o "concepción heredada en filosofía de la ciencia". Esta concepción heredada, que ancla en el *pathos* positivo, crea un concepto de ciencia, define sus notas, establece sus métodos al tiempo que recorta una serie de cuestiones que son las que se decide tendrán relevancia filosófica. Por supuesto se dejan de lado muchas cosas, pero lo más importante es que toma posición, se elige definir a la ciencia como conocimiento en vez de hacerlo, por ejemplo, como práctica social, como actividad o trabajo comunitario. La vocación de universalidad de esta posición queda clara en el escrito fundacional del Círculo de Viena, que se llamó "Manifiesto científico universal: el Círculo de Viena".[12] En ese momento unificar la ciencia era en primer término unificar su lenguaje, pero después será también unificar su método, su criterios de evaluación, sus objetivos y también los modos como gestionamos la investigación. Un solo modelo válido, una ciencia única, un necesario camino hacia el llamado "progreso". Modelo que, bajo la pretensión de responder a la lógica necesaria y aséptica, responde a necesidades e intereses de ciertos sectores, regiones, grupos de poder.

Frente a esta concepción heredada, de talante o actitud positiva y vocación de universalidad, se erigen otras voces, que quizá ahora se escuchan con fuerza, pero que sin embargo acompañaron siempre al pensamiento hegemónico, como alternativa mucha veces desestimada. Y es en el marco de este pensamiento

---

[12] El Manifiesto fue publicado en alemán en 1929 con el título *Wissenschftliche Weltaufassung: Der Wiener Kreis*.

alternativo que adquiere su verdadero significado el pensamiento de Oscar Varsavsky.

Pero preguntémonos todavía cuáles han sido las características del conocimiento científico, tal como las definiera la tradición positivista hegemónica. En primer lugar, cabe destacar el excesivo aprecio por la ciencia, que se convierte en modelo o paradigma de racionalidad. Esto se traduce tanto en el intento de convertir la filosofía en ciencia para prestigiarla, o por el contrario en su degradación a la condición de mero auxiliar de la ciencia, de acuerdo al modelo que establece a comienzos del siglo XX la llamada "filosofía analítica". De este modo, la filosofía se limita a un ejercicio o actividad de análisis del lenguaje, en especial del lenguaje científico, para lograr una mayor precisión, para desterrar toda vaguedad y toda ambigüedad, colaborando así en la construcción de un simbolismo perfecto. Es fácil reconocer aquí las marcas de la filosofía positiva, que concibe a la ciencia como un corpus de teorías estructuradas por leyes universales, pasibles de ser verificada a través de las consecuencias observacionales que de ellas se deducen. El problema es que esta concepción de la ciencia deja sin contención su poder de generar mitos. Es decir que la filosofía positiva, cuando piensa la ciencia sin el contrapeso de la tradición crítica o deconstructiva, produce ídolos, nuevos dioses. Destaquemos aquí el mito de la armonía preestablecida entre el orden del lenguaje y el orden del mundo, que es de antigua data pero que se recicla en los primeros filósofos analíticos en la convicción de que un simbolismo lógicamente perfecto es capaz de mostrar de modo inmediato la estructura lógica del mundo. El viejo Dios nietzscheano, que resiste todavía revestido con nuevas máscaras, en este caso las del formalismo. La confianza ingenua en la razón formal para dar cuenta del orden del mundo, que en definitiva puede ser develado por la ciencia si cuenta con los instrumentos adecuados.

La crítica del lenguaje es un instrumento de la ciencia, pero se trata de un simulacro de crítica, que separa, reduce, analiza, pero se detiene en ciertos supuestos que no se está dispuesto a criticar. Entre ellos el supuesto de la existencia de un vínculo sustantivo y necesario entre lenguaje y mundo, que permite transponer en el primero la estructura del segundo.

Es bastante curioso este destino de la filosofía que llamamos aquí "positiva" y que se proclama decididamente "antimetafísica", resucitando sin embargo los grandes temas de la metafísica tradicional. Creo posible afirmar que algunas obras fundacionales de la filosofía analítica, tales como las conferencias de Bertrand Russell tituladas "La Filosofía del Atomismo Lógico",[13] son un verdadero tratado de metafísica.

Pero es importante destacar otras características del positivismo que se suman al espíritu dogmático, a la confianza absoluta que colocan en la lógica formal ese privilegio que otorga a la ciencia el estatus de conocimiento que no sólo nos dice la verdad acerca de determinados dominios de objetos, sino que además puede traer progreso y felicidad a la humanidad en todos los campos. Este último es un mito que se remonta al positivismo decimonónico pero que sobrevive en nuestros días. Positivismo que reiteramos una vez más, creo es la posición hegemónica aún en nuestros días, a pesar de que se empiezan a mostrar importantes fisuras. ¿Cómo advertimos esta hegemonía? En la cantidad de cátedras que adhieren a esta tendencia, en las prioridades a la hora de otorgar los subsidios para investigación, de privilegiar o no becarios según su tema de investigación, entre otras.

Sin embargo, además de las notas señaladas, el positivismo o cientificismo ha instalado ciertas categorías conceptuales para pensar la ciencia, que se dan por supuestas pero que muestran

---

[13] Cf. RUSSELL, B. "La filosofía del atomismo lógico", en: *Lógica y conocimiento*, Madrid, 1966.

un franco tono metafísico tan pronto como se convierten en objeto de análisis. Aclaro acá que utilizo la palabra "metafísica" en su sentido amplio, esto es como un modo de pensar el mundo a través de categorías dicotómicas donde una de esas series de dicotomías se ubica como fundamento de la otra. Y fíjense ustedes cómo piensa el positivismo la ciencia, en base a las categorías de contexto de descubrimiento y contexto de justificación; de ciencia pura-ciencia aplicada; de historia interna-historia externa de la ciencia; de teoría-praxis, entre otras. Por supuesto, es fácil advertir cuáles de estas categorías se ubican en la columna que funciona como fundamento y garantía de objetividad (ciencia pura, contexto de justificación, historia interna, teoría). Acá hay un supuesto en debate: que la ciencia es un tipo especial y privilegiado de conocimiento. Si la ciencia es un tipo de conocimiento que se genera en las mentes de algunas personas, entonces no importa demasiado el proceso de su producción, lo que importa es cómo validamos ese producto una vez que se ha cortado todo vínculo con el trabajo que le dio origen. De este modo se desplaza absolutamente todo aquello que tiene que ver con lo subjetivo, lo histórico, lo institucional, lo político.

¿De qué modo se relacionan positivismo y cientificismo? El positivismo se asocia a una posición que se encuentra en el comienzo histórico de la epistemología y que adhiere a tesis de corte empirista, inductivista y verificacionista. El cientificismo, por su parte y tal como lo define Marí en su libro *Elementos de epistemología comparada*, es la típica posición reduccionista que, tomando los supuestos más generales del positivismo, se consuma en dos pasos: "la asimilación del pensamiento racional con el pensamiento científico y la posterior asimilación del pensamiento científico con las teorías físico-naturales".[14] Y podemos agregar una

---

[14] MARÍ, E. *Elementos de epistemología comparada*, Buenos Aires, Puntosur, 1992.

reducción más: las ciencias físico-naturales se reducen a su método. La metodología, considerada el núcleo duro de la epistemología, se ha convertido en los últimos años en disciplina independiente que comienza a ocupar un lugar privilegiado en la distribución de saberes. Esto se advierte en cantidad de textos publicados, proyectos de investigación presentados y en la presencia de la metodología en casi todas las carreras de grado y postgrado. El problema es que con frecuencia el estudio de la metodología se limita a un adiestramiento en la utilización de ciertas técnicas que se pretenden con un alto grado de universalidad y neutralidad. En ese sentido, el avance de la metodología puede leerse como una actualización de la tendencia positivista, en este caso, bajo la forma de una batería de métodos que se ponen a disposición de los investigadores con indicaciones precisas acerca de sus modalidades de utilización. La metodología funda así un nuevo universalismo, un nuevo tecnicismo, un nuevo escatimar y excluir aquello que se oculta en esos cimientos del edificio que estamos construyendo. Exclusiones que alcanzan todo aquello que roza lo histórico, lo subjetivo, lo político, lo axiológico.

Ahora bien, la pregunta que se impone —y en esto sigo a Ludwig Wittgenstein en su libro *Observaciones a los fundamentos de la matemática*—, es si el fin u objetivo último de la investigación científica es reductible a la racionalidad y lógica científica, o por el contrario, si la desborda.[15] Creo que esta pregunta es muy importante, porque si el fin último de una investigación, digamos científica pero puede ser en cualquier área de saber, excede la racionalidad propia de la disciplina en cuestión, entonces no lo podemos dejar librado a una dinámica interna, y tampoco al quehacer de los expertos en el tema, sino que tenemos que abrir

---

[15] Cf. WITTGENSTEIN, L. *Observaciones a los fundamentos de la matemática*, Madrid, Alianza, 1996.

el debate a la comunidad en su conjunto y sentir que todos somos responsables a la hora de definir los objetivos últimos de la investigación científica.

Por eso afirmé en el comienzo que no son tanto los objetos, sino los objetivos de los saberes aquello que debe ser destacado por la reflexión epistemológica. Y si bien los objetivos tienen que ver con decisiones ético-políticas, no por eso deben excluirse de la reflexión filosófica sobre la ciencia. Recuperar los objetivos, recuperar las decisiones ético-políticas que acompañan todas las etapas del proceso de producción del conocimiento, supone superar las citadas dicotomías conjurando recaídas metafísicas. Está claro que no se sale de una dicotomía metafísica a través de una inversión. La trampa de la inversión mantiene el esquema. Quizás sea necesario "acorralarlas", mostrar sus límites, reconstruirlas para inventar nuevos conceptos. Esto es la tarea que ha emprendido en nuestro medio Oscar Varsavsky, quien a la hora de revisar la dupla "ciencia pura-ciencia aplicada" reparan en los límites del concepto de "aplicación" que siempre –de un modo u otro– remite a algo previo a la praxis e independiente de ella.[16] Por eso no se trata de priorizar la ciencia aplicada sino de dejar de lado la dupla en la convicción de que toda ciencia está ya siempre orientada por decisiones que expresan valores e intereses. El positivismo, con su mito de la validez universal de las teorías científicas, reduce nuestra posibilidad de examinar críticamente estas orientaciones y nos aleja del lugar de protagonistas del proceso de producción del saber.

También las otras dicotomías pueden ser revisadas, acorraladas, nunca invertidas. Si consideramos, con Javier Echeverría,[17] que la ciencia es fundamentalmente práctica social, está claro que

---

[16] VARSAVSKY, O. *Ciencia, política y cientificismo*.
[17] ECHEVERRÍA, J. *Filosofía de la ciencia*, Barcelona, Akal, 1995.

esta se despliega en diversos contextos institucionales, tales como el de enseñanza de la ciencia, el de innovación tecnocientífica, el de evaluación de proyectos. Frente a la tradicional dupla contexto de descubrimiento-contexto de justificación advertimos la emergencia de otros contextos que nos ubican frente a otros interrogantes, muy diferentes de aquellos que guían la reflexión de la epistemología positiva.

Una epistemología crítica, por el contrario, se preocupa por el modo cómo formamos a nuestros científicos, por los valores que les transmitimos al tiempo que son adiestrados en el manejo de conceptos, técnicas e instrumentos. Y se preocupa también por los modelos de gestión de la investigación que resultan no meramente complementarios sino decididamente constitutivos del conjunto de prácticas sociales que llamamos ciencia.

Está claro, pues, que es necesario ampliar el horizonte de la epistemología; buscar nuevos marcos para pensar la ciencia, tal como han hecho, en nuestro medio, pensadores como Oscar Varsavsky y Enrique Marí. Preguntas tales como ciencia para qué y ciencia para quién, cobran una especial relevancia, relegando a otras propias de la epistemología de corte positivista que se concentra en cuestiones lógicas y metodológicas.

Quiero terminar esta comunicación con una cita de Wittgenstein, que corresponde a su texto "Observaciones a la rama dorada de Frazer". El libro de Frazer es la obra fundante de la antropología positivista, por eso Wittgenstein, en las notas que le sugiere la lectura del texto, nos advierte acerca del peligro de ser incautos frente a los mitos que se esconden bajo los cimientos del saber que calificamos como "científico". El mito de la explicación, por ejemplo. El mito de las leyes universales que subsumen en ella a los "casos" de un modo necesario. El mito de la predicción que se ampara en la creencia del carácter universal de las leyes. Leyes inmutables que sostienen un orden, el orden lógico, no sólo en el mundo físico sino también en el social.

Wittgenstein nos enfrenta así con los mitos presentes paradójicamente en el saber que pretende una máxima racionalidad y neutralidad, tanto ética como política. Pretensiones vacuas porque ningún saber puede ser neutro, en función de la matriz institucional en el que se gesta, circula, comunica y aplica. Y Wittgenstein nos previene también de aquellos intelectuales que aún allí donde se construye efectivamente ruinas, no pueden sino darle la forma de casa derrumbadas.[18]

JORGE SARQUIS: Gracias Silvia, le vamos a ceder la palabra a Ricardo Ibarlucía.

2. Por el arte

RICARDO IBARLUCÍA: Yo me he tomado la libertad, de hacer varios apuntes respecto de lo que se supone que es el tema de mi competencia, soy convocado por la estética, el problema de fondo es arte y conocimiento. Que es un tema que tiene muchas vertientes, que por supuesto no voy a poder abordar hoy, pero creo sin embargo que el problema puede desdoblarse al menos en dos preguntas. La primera es ¿puede haber conocimiento en el arte?, y la segunda dice ¿puede haber conocimiento del arte? La pregunta dos, puede haber conocimiento del arte, tiene preeminencia lógico epistémica sobre la primera, es decir si no puede haber conocimiento *del* arte, entonces no puede determinarse si hay o no conocimiento *en el* arte, y en caso de haberlo, qué tipo de conocimiento le es propio.

---

[18] WITTGENSTEIN, L., *op. cit.* p. 160.

Veamos la primera pregunta, o mejor dicho, veamos el problema... vamos a atacarlo parte por parte por lo menos para presentarles a ustedes las consideraciones más generales del asunto. No se trata de responder a la pregunta ¿qué es el arte? Al menos no para mí. Esta es la pregunta que ha dominado la teoría tradicional en el terreno de la estética. No buscaremos una definición esencialista del arte, no sólo por razones de extensión, simplemente creemos que esta pregunta por la esencia del arte es filosóficamente improductiva. No nos interesa dar o encontrar una definición del arte en términos de condiciones necesarias y suficientes, es decir una definición clasificatoria del arte, nos vamos a situar más bien con otra perspectiva, presuponemos el objeto, metodológicamente vamos a aceptar que hay una diversidad, una pluralidad no cerrada de artefactos y prácticas que reciben comúnmente el nombre de arte. Las producciones de la arquitectura forman parte a menudo de este conjunto. La perspectiva que sugiero entonces supone distinguir qué tipo de relación establecemos con las obras de arte, esto en relación al conocimiento y con respecto a la investigación. Luis Juan Guerrero, ya en 1956 en la Argentina, en su "Estética Operatoria en sus tres direcciones", distinguía tres comportamientos humanos respecto de la obra de arte: esta *triple direccionalidad*, como la llamaba Guerrero, estaba dada por lo que podríamos, resumiendo, decir:

I. La relación que establecemos como contempladores, espectadores, es decir desde el punto de vista de la recepción de la obra de arte.
II. La relación de producción, esto es lo que Guerrero llamaba las *potencias creativas* y todos los problemas relacionados con la ejecución, la creación, la gestión de una obra de arte, los problemas tradicionales, tradicionalmente tratados bajo esta rúbrica.

III. No menos importante que las otras dos, y tal vez la menos indagada, tiene que ver con lo que Guerrero llamaba la *relación de requerimiento* y situaba esto o lo pensaba en el horizonte de la experiencia histórica. Una época, una comunidad, una clase social, una escuela, un grupo, una orientación cultural o estética impone una dirección artística; el artista, por lo tanto, reclama y dispone el cumplimiento de ciertas tareas que ellos llevan a cabo; esto se impone de manera mediata o inmediata. Creo que esto último se ve con bastante claridad en el campo de la arquitectura, el urbanismo.

Ahora bien, en el centro de esta triple direccionalidad de las investigaciones estéticas está la obra, en el sentido más amplio del término, pensando entonces en una perspectiva opero céntrica, no importa de dónde vino, por qué, o con qué fines fue creada, allí está, el templo, allí está la máscara africana, la estatuilla funeraria cretense, el Quijote, la Fuente de Duchamp, el concierto K433 de John Cage, y nos tenemos que arreglar con ellas. Y lo que vamos a tratar de pensar es cuál es la relación estética que establecemos con ellas. No las otras, para diferenciarla de la utilitaria, por ejemplo, o la cultual, que dio origen a estas obras como objetos mágicos.

A partir de este esquema, creo que se puede elaborar, se lo puede combinar con un modelo analítico de la relación estética en términos de una conducta humana intencional tal cómo ha sido presentado por muchos autores. Hablo de conducta humana intencional, e intencional se dice acá en dos sentidos: el primero técnico, la relación estética forma parte del dominio de los hechos de intencionalidad en el sentido de Brentano, ya que es siempre una actividad representacional, pero también se dice aquí intencional en el sentido banal del término, en el sentido que está guiada por una intención específica, que nos permite a nosotros hoy, al menos desde hace 500 años, distinguir entre la relación estética como una actividad o un comportamiento específico y diferenciado de otras actividades representacionales. Simplificando, la conducta estética es una actividad representacional, dirigida al asunto, una cosa, a un objeto que constituye su referente. Llamamos a este objeto por convención objeto estético, a condición de no olvidarnos que esta propiedad, estética, llámese belleza, sublime, lo que fuere, no es una propiedad interna del objeto, sino una propiedad mas bien relacional, que en todo caso el objeto adquiere cuando es abordado desde esta perspectiva, el objeto es investido por así decirlo de esta cualidad estética por un sujeto. En rigor, me atrevo a decir, no existen objetos estéticos como tales, y al mismo tiempo puedo decir pero sin contradecirme que todos los objetos pueden llegar a serlo.

Dejo planteada la pregunta de si todos los objetos son capaces de adquirir, de llegar a ser consideradas obras de artes y bajo qué condiciones. Estoy distinguiendo aquí entonces entre valor estético y la función de un objeto como arte, por ejemplo, dejo abierta la discusión de si el Río de la Plata, una playa, pueden llegar a ser una obra de arte y bajo qué condiciones llegarían a poder a ser consideradas como tales. En la relación cognitiva identificamos, podemos decir, para plantearlo siempre de manera muy simple, identificamos, comprendemos, o interpretamos, buscamos formarnos una representación justa de hechos o estados de cosas en el mundo.

Es una relación que podemos decir, va del espíritu hacia el mundo. En la relación instrumental, inversamente, lo que buscamos es más bien lo contrario, buscamos ajustar el mundo a nuestro deseo, o a nuestra voluntad. Ahora bien, en la relación de adecuación del espíritu al mundo es lo que podríamos definir, en términos muy generales, como una relación cognitiva. Este proceso de ajuste hace a su propia estructura funcional. Ahora bien, en la relación estética, hay también en juego una relación cognitiva, la atención, puede ser correcta o incorrecta; debo poder identificar, por ejemplo, La Victoria de Samotracia como una escultura y no cómo una mujer parada en una escalera, por ejemplo, a la que le han cortado la cabeza y tiene alas. Las conductas que se derivan de una u otra, actitud, para dar un ejemplo prosaico, son muy distintas, en un caso llamo a la ambulancia, y corro despavorido porque me encontré ante un monstruo, o bien la contemplo como una reliquia de la historia del arte occidental y la disfruto.

Esto es muy sencillo y sólo se pasa por alto porque existe la tendencia a pensar la función cognitiva, las relaciones cognitivas exclusivamente en términos de conceptos, sin reparar en estas actividades cognitivas mucho más modestas, mucho más humildes, cotidianas, que nos ayudan a orientarnos cognitivamente en el mundo, e incluso a orientarnos en el mundo del arte.

Esto es todo lo contrario, desde mi punto de vista, de un ataque a la ciencia, como un ataque a una concepción del arte que precisamente, en su reacción contra la ciencia y reduciendo el conocimiento en todas sus formas a teoría o investigación científica, hacen del arte una espontaneidad, el resultado de una posesión divina, una experiencia irracional.

El arte no es irracional, pero no por eso es ciencia. Dejemos de lado esta concepción fundacionista del conocimiento, que reduce el conocimiento o las funciones cognitivas a un tipo específico y altamente elaborado, y vamos a ver que hay, continuamente, relaciones cognitivas en nuestra experiencia del arte, más allá de la actitud estética frente a un objeto, que es la determinante de esta relación; es decir, la relación estética se apoya en funciones cognitivas, pero no por ello se reduce a ellas. En esta conducta intencional hacia los objetos, propia de la relación estética, lo que está en juego es que, por su desarrollo mismo, esta relación sería en términos generales fuente de cierto placer, no voy a discutir ahora cuál es este tipo de placer, ni diferenciarlo de otros, no es el objeto de lo que trato de presentar aquí.

Me quedan cinco minutos para dejarlos más confundidos, entonces. En otras palabras, la irreductibilidad de la conducta estética reside en la función específica que ella tiene: basta esto para indicar entonces ese asunto. Ahora por otro lado, podemos reconocer que en el arte, en el sentido fuerte, podemos conocer el arte al mismo tiempo, también en un sentido fuerte, reflexivo, antes mencionaba, el sentido de la investigación.

Para explicarlo creo que me vendría muy bien recordar ciertas inferencias que están diseminadas a lo largo de la Crítica del Juicio, de Kant, porque nos ayudarían a poder distinguir tres tipos de experiencias a través de esto que es el análisis, que son luego traducidas al plano discursivo en formas de juicios o proposiciones que son lógicamente diferentes entre sí. Entonces tomo a Kant y recuerdo lo siguiente: por una lado tenemos el juicio estéticamente puro, inmediato, privado, irreductible, pero al mismo tiempo no apoyado en conceptos específicos del objeto, ni ateniendo a la finalidad, es decir el juicio más elemental, si quieren ustedes, que una persona puede tener sin mediación de conocimiento reflexivo o teórico sobre una nube, una flor o también un edificio de Le Corbusier o de Gaudí. Luego hay otra clase de juicio, que es un juicio evaluativo sobre una obra de arte. Este juicio reposa sobre conceptos, es más, sobre reglas, o convenciones, sobre teorías, en virtud de las cuales valoramos las obras, las juzgamos, si están bien, si están mal, si se adecuan, no se adecuan a tales fines o propósitos. Esto es lo que para Kant no es estrictamente un juicio estético, pero que sin embargo es lo que nosotros más comúnmente llamamos juicio estético, en realidad es un juicio crítico.

Aquí hay conocimiento, no necesariamente el conocimiento de la ciencia físico matemáticas, conocimiento al menos de las reglas del arte, de su saber hacer, de su tejné o técnica, de su saber operatorio, los aspectos procedimentales más elementales.

Ejemplo: no se puede evaluar un concierto de Brahms sin saber leer música, en este segundo sentido. Tercero un juicio de conocimiento sobre las obras de arte, que también es posible, pero se diferencia al mismo tiempo de los otros dos, del juicio meramente estético y del juicio normativo, o evaluativo. Aquí lo que tenemos es más bien juicios descriptivos, es como si dijéramos, es el tipo de enunciados que encontramos en obras de historiografía, de la arquitectura o de las artes figurativas, en buena medida es el tipo de conocimiento que maneja el restaurador de una pintura, o una escultura, un monumento, que hay una serie de conocimientos en juego, algunos son historiográficos, tienen su propio régimen, otros tendrán que ver incluso con hasta el conocimiento de la química.

Bastaría ver el programa del taller, de la Maestría en Restauración, para darse cuenta de la cantidad de saberes que se requieren para poder trabajar en este sentido. Bueno, no tenemos tiempo para plantearlo, o tal vez en el segundo round, y entrar a discutir cuales son las relaciones que se establecen entre cada uno de estos juicios, los desplazamientos ilegítimos que hay en los planos descriptivos, en los planos normativos, etc.

Para terminar, voy a hacer una observación que espero, casi como homenaje al profesor Ranea, para que sirva como de introducción a su temática; y que sería la siguiente; dejo de lado todo el problema de los valores, si después me dejan voy a hablar porque me parece muy importante, el tipo de enunciados que hay en juego cuando hablamos y cuando tenemos la experiencia estética; pero yo dejaría, haría, la última reflexión que tiene que ver con una tradición que se ha convertido en doxa del arte, no esta idea de un Arte con mayúsculas, no esta idea de arte que es un conocimiento extraordinario, un saber estático, un especie de acceso privilegiado a lo absoluto, y otras supersticiones, no, el arte como manifestación del ser, de la verdad, de todo lo que es; a esta idea va asociada una concepción, un mito, diría, del artista, como iluminado, bate, genio, que por supuesto no necesita ningún conocimiento, ni teórico, ni práctico, ni técnico.

Esta teoría es una construcción histórica, de cuño romántico, de base neoplatónica, y como toda teoría histórica es ideológica, y tiene su fecha de nacimiento y su fecha de muerte, tal vez asistimos precisamente al derrumbe de esta concepción, de este modo de legitimar el arte, y esto es a lo que llamamos crisis del arte contemporáneo, pero en realidad es la crisis de una estrategia discursiva para legitimar el arte, lo cuál es una cosa totalmente distinta.

Lo que diría respecto de esto es que, por ejemplo, hasta los conocimientos, a los que aludo, los teóricos y técnicos, respecto del arte, han cambiado sin duda a lo largo de las épocas y en unos períodos se ha enfatizado un aspecto y en otros se ha enfatizado otro, por ejemplo, hasta finales de la Edad Media la idea del artista como un oficio, una manualidad, vinculado a una destreza o a un saber que se transmite y se enseña en acto, de maestro a aprendiz, a veces secreto de un sólo hombre, o un saber de una familia; recuerdo dos películas al respecto, maravillosas, una de Herzog, donde se muere el fabricante de botellas, y con su muerte, y llevándose el secreto a la tumba, hunde en la desesperación a todo un pueblo, y la otra, que es una de las grandes películas del cine ruso, que es Andrei Tarkovsky, donde justamente este problema es visto a través de un pintor de íconos pero particularmente a través de un chico que debe enfrentar el desafío de construir una campana, después de la muerte de su padre, dado que se supone que él es el depositario del secreto de la construcción técnica de esa campana.

En el renacimiento, con León Batista Alberti, Da Vinci; por eso la introducción acá al amigo Ranea; después de Vitruvio, es evidente que se desplaza el eje desde lo manual hacia lo teórico, surge otra representación, otro concepto del artista, un artista que está más cerca de los sabios, o de los hombres de ciencia, o mejor dicho que está más cerca de la teoría, de su auto representación, que del trabajo manual. Este modelo de artista estaría ligado claramente al desenvolvimiento, al descubrimiento de la perspectiva, y lo que quiero decir con esto es que los valores estéticos, la idea misma del arte o del artista, cambian, y son correlativas al desarrollo de los conocimientos y de los procedimientos técnicos alcanzados por cada época.

Los cambios tecnológicos modifican nuestra forma de percepción, el arte capitaliza estos cambios y nos entrena en nuevas formas cognitivas, Benjamin hablaba, refiriéndose al cine, de la capacidad de la percepción de la realidad, que justifica la función social del arte en toda época. Podríamos decir que el arte es, efectivamente, un laboratorio, un taller o un campo de pruebas también, donde se aplican conocimientos, se los absorben y al mismo tiempo se ensayan nuevas formas cognitivas y de praxis social y política.

Si esto es así, entonces no sólo de trata de examinar el arte con el que soñamos, sino también el arte que nos sueña.

¿No decimos que una situación es "surrealista" o "kafkiana"? Shakespeare lo expresa magníficamente en *La Tempestad*: "Estamos hechos / de la misma estofa que los sueños, y nuestra breve vida / está rodeada por una somnolencia." Si esto es así, entonces no sólo de trata de examinar el arte con el que soñamos, sino también el arte que nos sueña.

JORGE SARQUIS: Bueno, sobre la problemática de la ciencia, nos hablará Luis Alberto Quesada Allúe.

3. Por la ciencia

LUIS ALBERTO QUESADA ALLÚE: En realidad a mí me llamaron porque soy vecino del barrio. Como Uds. saben acá en la casa de al lado hacemos ciencia; algunos hacen ciencias *duras*, (llamadas duras), y otros hacen ciencias al *dente*, que son "semiduras". Yo como soy biólogo y doctor en química hago un poco de las dos. Si hubiera sabido lo que iba a decir Silvia hubiera traído otra charla porque a mí me gusta pelearle al pensamiento subdesarrollado; entonces cuando mencionan a Varsavsky, hay una cierta obligación moral de pelearlo. Se supone que toda la gente que no quiere, no entiende o discrepa con las ciencias Exactas y Naturales nos llama cientificistas, así globalmente. O sea que si nosotros descubrimos algo, algo que previamente era totalmente desconocido, somos cientificistas. Ahora bien, si dejamos de trabajar y vamos a la villa a vacunar a algunos chicos, entonces somos científicos nacionales y populares y estamos bárbaro. Por supuesto que esa no es la misión del científico.

Lo que a mi me dijeron es que había que hablar sobre la opinión muy difundida, no sólo en el país sino en muchas partes, de que hay una situación indicadora de que la ciencia está en crisis. O que hay una crisis de la ciencia. O peor todavía, que hay una crisis del conocimiento en general, de todo el conocimiento; y en particular dentro del conocimiento en general del conocimiento científico. Yo personalmente creo que no es así, y cualquiera que esté usando la cantidad de cosas que veo se están usando, teléfonos celulares, cámara digital, etc., que son producto de la técnica y no directamente de la ciencia, diría que como estamos viviendo en nuestro mundo moderno hay una real crisis del conocimiento, no parece. Lo que sí hay es una tremenda crisis global que tiene una raíz sociopolítica y ambiental, la ambiental en gran parte derivada de lo sociopolítico. Y eso sí es una real crisis. De todas maneras esta crisis existe desde que existe el mundo y desde que algunos de nosotros "bajamos de los árboles". Todavía hay gente que se "mantiene en los árboles", pero lamentablemente sigue influyendo negativamente sobre el avance social.

Yo trataba de pensar, para simplificar, de qué estamos hablando, y si uno se pone a reflexionar de que se habla, en realidad se puede presumir que la crisis global real responde a dos situaciones, una es el mal uso del conocimiento y la otra la duda sobre el valor del conocimiento.

No podemos aceptar que el conocimiento por sí mismo es bueno, malo o mediano. El conocimiento es aquello que nos hace ser un modelo muy particular de animales, y el mal uso del conocimiento deriva fundamentalmente de causas político-sociales, y por lo tanto causas que son netamente políticas, es decir ideológicas. O sea que si a mí me preguntan muy de golpe, tengo tendencia a decir que el principal problema del mal uso del conocimiento es el capitalismo salvaje, o el mercantilismo. Pero se pueden encontrar un montón de otras causas. Un aspecto que no podemos dejar de conocer son las razones culturales y sociales. Si nadie puede palparle un tumor de mama a una señora árabe porque no se la puede tocar, ni siquiera se la puede ver de lejos, no hay conocimiento científico que le arregle ese tumor de mama a esta señora. Es un problema socio-cultural muy complejo, que los filósofos se encargarán de explicar.

El segundo aspecto de la crisis, que es un problema filosófico, ideológico, es que siempre han existido dudas filosóficas sobre el valor del conocimiento, pero últimamente asistimos a un recrudecimiento. Hay gente, inclusive gente que consideramos civilizada y que tiene títulos universitarios etc. que duda del valor intrínseco del conocimiento, sobre lo cual no me voy a extender porque no es mi especialidad y creo ni siquiera vale la pena.

Ahora bien, nosotros tenemos ante todo lo que yo llamaría una crisis fáctica, global, que es perceptible y que conocemos todos; que es histórica y que responde al sojuzgamiento de unos por otros. La manifestación universal que también todos conocemos es la pobreza. La pobreza tiene un montón de vertientes, o sea, es hambre, es falta de vivienda adecuada, es falta de salud, falta de educación, es desigualdad, discriminación, postergación, etc. Lo que se deriva del mercantilismo o de los que piensan que el mercado debe primar sobre todas las cosas y el lucro es el dios supremo, es lo que termina en opresión y guerras. Es decir, en última instancia, en países que se sobreponen a otros, que es lo que consideramos es el imperialismo. Esto se verifica a todos los niveles de la escala social, desde las situaciones locales hasta donde uno quiera; es una especie de darwinismo histórico fruto de una violencia del más fuerte para someter al más débil, con propósitos de prevalencia.

Superpuesto con todo lo anterior tenemos problemas urgentes reales; yo no sé si llamarlo crisis, la crisis es algo permanente. Tenemos problemas reales, muy serios, que nos afectan a todos. Yo acá escribí (ver proyección) algunos en el orden en que la gente los percibe como más o menos importantes, pero no necesariamente es así. La mayor crisis que quizá percibe todo el mundo es el deterioro del medioambiente, entendiendo por medioambiente no solamente el natural. La ciudad también es medioambiente, lo que pasa es que la ciudad es un medioambiente artificial. Por tanto, las crisis de lo que nos rodea es quizá el punto central. La segunda preocupación, especialmente en la gente más informada, es el cambio climático que tiene que ver mucho con el deterioro que hemos producido en el medioambiente.

Lo que yo llamo el ciclo del agua dulce o la disponibilidad del agua dulce o la utilización del agua dulce es un problema climático y también ambiental, que está creciendo a una velocidad que nadie hace diez, quince años pensaba. En este momento hay países sin agua; pero no en zonas extremadamente marginales como podrían ser hipotéticos "bunga bunga" en una parte del desierto de África. En España, que es semidesértica, están frecuentemente sometidos a una situación donde la mitad de la gente no tiene acceso al agua todo el día, por mencionar un país europeo supuestamente avanzado.

Hay otros problemas que preocupan a la gente porque para ellos significa realmente un problema filosófico, un problema de todos los días; como es el uso de la tecnología. Tanto el mal uso, claro, como la manera en que se usa la tecnología. La mayoría de los que estamos aquí, dentro de diez años, van a tener su identidad revelada a través del ADN; en algún banco de datos, ni siquiera en un banco argentino Va a estar en Estados Unidos, o en algún lado. Y ese banco va a decir si la persona tiene más predisposición hacia la izquierda o centroderecha, o si tiene más predisposición a ser enfermo de una cosa o de otra, etc. ¿Es eso un buen uso de la tecnología?. Este es un problema real e inminente. En particular dentro de la tecnología, el mal uso de la biotecnología ha revolucionado los últimos quince, veinte años de nuestro mundo.

Hay problemas generales que son viejos, pero que están apareciendo de una nueva manera: las epidemias, o las pandemias a nivel global como el sida relacionadas con el nuevo tipo de adicciones universales a las cuales estamos asistiendo. Siempre han existido adicciones: a todos nos gusta el chocolate y –supongo– el sexo, pero hay otras adicciones mucho mas deletéreas. Se están expandiendo adicciones que realmente comprometen la vida entera de países. Colombia es un ejemplo de un país al servicio de la droga. Y finalmente, intrínseco a nuestra manera de ser y por lo tanto a nuestra sociedad, es la prevalencia irrestricta del más fuerte, si ese más fuerte no tiene una determinada estructura mental que lo reprima, lo cual desemboca en la violencia y en el darwinismo social, si la sociedad no pone límites.

Entonces, finalmente ¿en qué caemos? Caemos en que la sociedad tiene percepciones erradas de lo que es la actividad científica. Yo expuse acá algunas, las más comunes. La gente dice: si, mucha ciencia, mucha ciencia, pero llevamos mucho tiempo sin resultados tangibles. Lo dicen ministros y lo dicen presidentes, lo dicen los gobernantes: no se generan los resultados esperados de la ciencia. Esa es una típica queja. Por otra parte, entre las causas que hablamos del rechazo a las tecnologías, generalmente existe una confusión tremenda entre ciencia y tecnología. La mayoría de la gente se está refiriendo a la técnica y especialmente a la tecnología pero dicen ciencia; ese es uno de los problemas conceptuales donde hay una gran confusión. Hay un rechazo a ciertas tecnologías que se derivan directamente de algún conocimiento original que alguna vez se adquirió. Entonces se hace lo que yo llamo la falsa ecuación del mal uso: si supuestamente, a una tía que está en este momento en una ciudad que puede estar del lado palestino o del lado israelí, le pegan un zambombazo con un cohete con rastreador de calor y la matan, entonces la gente extrapola intelectualmente debido a esa tecnología, que obviamente es mala. Pero obviamente lo que es malo es el uso que se le está dando a la tecnología. La gente hace la falsa ecuación de remontarse hasta llegar a la conclusión que quienes estudiaron los sistemas de detección de temperatura son los culpables de la matanza; bueno ese es un absurdo.

Otra de las críticas quizá más acertada porque es cierta, es el hermetismo y el aislamiento aparente de muchos de los científicos.

No es cierto para todos, pero hay una percepción de que los científicos tenemos un lenguaje hermético, y tenemos unos hábitos "secretos"; y que nos reunimos en "cuevas" y en "ghettos" de los cuales no salimos nunca. Bueno, eso es en parte cierto, pero los prejuicios abrevan en los viejos recelos de las brujerías y las actitudes oscurantistas, que se remontan a siglos. Otra gente piensa, más filosóficamente, que habiendo mucha ciencia, todos los avances de la misma no han servido para cambiar los valores morales. Y por lo tanto, mucha gente piensa que la ciencia es demasiado autónoma, que está poco controlada, que la sociedad no opina suficientemente sobre la ciencia; frecuentemente confundiendo de vuelta la ciencia con la técnica. Finalmente, se puede desembocar en una especie de fascismo social que es pensar que la sociedad, (todos sabemos que es fuertemente influida por el gobierno de turno), debería limitar o impedir ciertos descubrimientos. Yo pienso que la sociedad debería limitar o impedir ciertos desarrollos tecnológicos, o ciertas actividades tecnológicas, pero los descubrimientos me parecen imprescindibles para el avance de la humanidad en general y de cada sociedad en particular. Cabe aclarar aquí que hablar de descubrimientos es hablar tanto de lo descriptivo como de lo experimental.

También se perciben problemas desde adentro de la ciencia. Por ejemplo mucha gente informada pensamos que hay poca ciencia en todos lados, inclusive en los países más desarrollados. Hay pocos científicos, y especialmente se percibe que, en los últimos años, hay un menor apoyo a la ciencia básica, quizá debido al mito del "cientificismo" que es algo que nadie ha podido demostrar que exista en forma significativa. Por otra parte, dentro de la ciencia, alguna gente tiene miedo de hacer ciertos descubrimientos o de meterse en ciertas problemáticas, porque pueden ser mal usadas, esto es razonable pero es la variante interna de la falsa ecuación del uso. Por ejemplo, para darles una idea, desde la guerra mundial hasta hace 15 años nadie tocaba ciertos temas de genética humana, a pesar de la falta que hacía ese conocimiento. Por suerte la revolución de la biología molecular permitió que ahora se puedan encarar problemas genéticos muy serios de la gente. Pero antes era tabú porque habíamos quedado "shoqueados" por los experimentos nazis

También se percibe desde el campo científico un resurgimiento serio del oscurantismo, y un recrudecimiento del fundamentalismo religioso, esto es obvio, no hay que comentarlo.

Y uno de los problemas, éste sí real, que se puede demostrar existe, es la fragmentación del conocimiento, que es lo que Ortega y Gasset llamaba la barbarie de la especialización. Eso es, el problema de la especialización y del conocimiento consume tanto espacio cerebral, temporal y físico en adquirir una especialización, que es muy frecuente que se bloqueen otros conocimientos. Curiosamente, porque con respecto a lo que vos decías (dirigiéndose a Ibarlucía), no hay nada más cercano al pensamiento artístico que el pensamiento científico, es algo que yo personalmente casi considero que es lo mismo. Finalmente, muchos científicos tienen la carga moral de que no importa lo que se descubra, como no se lo usa bien, no se resuelven la cantidad de problemas sociales que se podrían resolver; es decir, hay un sentimiento de impotencia.

Esto sería el cuadro relativo a la supuesta crisis de la ciencia. Algo que yo casi diría es trivial, y –disculpen la palabra– yo creo que es una "huevada", pero que nunca se menciona claramente, es que la ciencia es un producto más de la sociedad, uno de los tantos. Por ello una sociedad determinada produce un tipo particular de ciencia. Hubo sociedades que les gustó pensar en cierto tipo de soluciones, de gases eficientes, y cierto tipo de hornos crematorios, también muy eficientes. Ahora cuando una sociedad generó un tipo de ciencia y tecnologías derivadas, que por supuesto provienen de otros conocimientos, en realidad se modificó. Y esto no es sólo estrictamente en cuanto a las ciencias duras o a las ciencias sociales; esa misma sociedad también se modificó en lo social y así se genera otro tipo de sociedad que a su vez genera otro tipo de ciencia. O sea que en realidad no hay nada especial con la ciencia, es un producto más de la actividad humana en el marco social.

La cadena habitual, el proceso de la cadena habitual de adquisición y transmisión del conocimiento y su uso, casi siempre es el mismo, o sea, partiendo de lo que se llama ciencia básica o fundamental (no hay otra manera de denominarla), se genera lo que a mi me gusta llamar ciencia aplicable. Todo el mundo habla de ciencia aplicada que es un mito, no existe ciencia aplicada. Sí hay ciencia aplicable, ciencia que se puede ver, que se la puede usar inmediatamente, con lo cual caemos en la tecnología y en las ingenierías. Dado que esa cadena funcione, si algo es factible tecnológicamente, es probable que (si económicamente o socialmente convenga), se tome la decisión, generalmente económica, de realizarlo. Pero la última decisión en última instancia, tanto si la toma un privado o el estado, es una decisión política. La decisión de usar una tecnología determinada, por supuesto derivada de conocimiento previo, es una decisión política, es decir es una decisión moral, es una decisión ética. Y es una decisión que debería tomar en cuenta al conjunto de la sociedad en cuanto a los costos sociales, y es lamentable comprobar que, en general, la experiencia en nuestros países de sistema capitalista es que no los toma.

Muy rápidamente, para cerrar: el modelo lineal del desarrollo, aquel que suponía que si hay una buena formación de recursos humanos, tenemos buena ciencia, y por lo tanto tenemos buena tecnología, y por lo tanto entramos en una situación de desarrollo y de riqueza, y finalmente bienestar para la sociedad no ha funcionado en ningún país, nunca. Este fue el modelo clásico, probablemente falaz, desde el fin de la Segunda guerra mundial. Es un modelo obsoleto; todo el mundo se ha convencido ya de que no funciona. Lo que sucede es que en algunos países, especialmente países imperiales como Estados Unidos, hasta la etapa de desarrollar riqueza genérica, no para todo el mundo, pero sí para el país globalmente, el modelo funcionó. Por supuesto los negros estaban en los "ghettos", la mayoría en la pobreza. Ese modelo presuponía que había que tener calidad educativa, mano de obra calificada y una ética mínima. Por eso en la Argentina ese modelo no funcionó; porque no están dadas ni siquiera las condiciones mínimas de ética, y han fallado siempre los mecanismos de control para frenar la avidez del capital. Un capital que en Latinoamérica no tiene ningún freno.

Bueno, volviendo a las críticas sociales de la Ciencia, un poco las ha esbozado Silvia, no me detengo en ello. Desde las primeras críticas, las románticas, que oponían la ciencia que sirve a la ciencia que quiere saber, que quiere conocer, se han sucedido las críticas ambientalistas, las críticas que plantean la ciencia "popular" versus la ciencia que se supondría que es "reaccionaria", la falla del modelo lineal, etc. Ninguna de las dos supuestas ciencias las aplicables o las básicas son ni mas populares ni mas reaccionarias, si es que son verdadera ciencia. Las críticas nos ha llevado a modelos alternativos del lineal, de los cuales ninguno hasta ahora está claramente definido como "el" bueno; pero que son modelos que tienen en cuenta la necesidad de que la sociedad intervenga en el proceso científico. No tenemos tiempo de detenernos pero este enfoque representa lo que, Morello –quien tendría que estar dando esta parte de la conferencia ya que sabe mucho mas que yo– denominaría lo que modernamente concebimos como desarrollo sustentable. Al cual, hay que añadirle que debe estar combinado con beneficios sociales tangibles, porque sino podemos llegar a un desarrollo sustentable todavía injusto para la gente. Bueno, no voy a hablar de los modelos, no voy a hablar del tipo de ciencia que realmente hacemos en Argentina; me quedo acá. Muchas gracias.

JORGE SARQUIS: Escuchemos a Guillermo Ranea y luego, a Graciela Silvestri.

4. Por la tecnología

GUILLERMO RANEA: Voy a ser muy breve. Yo vivía una vida tranquila y apartada, dedicada a la historia de las ciencias, concretamente a las ciencias fisicoquímicas y en el siglo XVII. Es decir, mi vida intelectual transcurría entre Galileo y Newton, exclusivamente; esta especialización me hacía sentir que el mundo desaparecía luego de la muerte de Newton, confirmándose lo que una alumna del postgrado en Historia de la Universidad Di Tella me dijo, hace ya algún tiempo: "Usted es valiente: se atreve a sostener que antes de 1789 sucedió algo importante". Hasta que una conjunción de circunstancias y una convergencia de amigos arquitectos me incitaron a acercarme al mundo de la arquitectura. Al principio dudé porque no había tenido ninguna relación con la arquitectura, salvo un episodio que recuerdo cada vez que dudo acerca de lo que voy a decirles a los arquitectos, como es el caso de hoy: nací y me crié en la manzana en la que se encuentra la casa que diseñara Le Corbusier en La Plata. En ella llegué a jugar de chico, y en aquellos años mucho no me gustaba, prefería el chalet con techo de pizarra negra y jardines enrejados en la esquina de 53 y 1. Después, con los años, comenzó a gustarme, por madurez del gusto seguramente, y a pesar de que el chalet fuera derrumbado en 1970 para dar paso al primer edificio torre que deformó irremediablemente la línea de las casas en la que tan bien encajaba la Casa Curuchet.

No fue ésta mi primera pérdida de la tranquilidad. Mi vida era también apacible cuando me dedicaba sólo a estudiar a Galileo, a Huygens o a Newton. Sin embargo, fuerzas del destino, y no mis pies, como escribió Garcilaso, me llevaron en presencia del pensamiento de G. W. Leibniz, cuya vida se extendió entre 1646 y 1716. En primera instancia creí que encontraría a un filósofo; al poco tiempo descubrí en él un mundo de creaciones que sobrepasaba los límites de la reflexión filosófica, tanto en matemática (el cálculo diferencial e integral) como en historia, en política, en lógica, en física. Este espíritu creador, al que la enseñanza y la tradición pintaban como un seco metafísico racionalista sin excesivo respeto por lo empírico, mostraba a la mirada atenta y sin prejuicios un cabal interés por los laboratorios y los experimentos químicos y físicos. No menos sorprendente fue saber que se interesaba con tanto o mayor intensidad en máquinas y artefactos útiles para el comercio, la minería y el transporte, severamente castigados en esos años de recesión en tierras de habla alemana. Allí no terminaban las sorpresas: el interés de Leibniz por la técnica contemporánea no se limitaba a la curiosidad intelectual. Guiado por su lema, *theoria cum praxi*, Leibniz se ocupó en estudiar e incluso diseñar artefactos de variado tipo, carruajes, barcos submarinos, bombas de agua, sifones.

En la Biblioteca de la Baja Sajonia que lleva su nombre, en Hannover (República Federal de Alemania), podemos encontrar un ejemplar de la máquina de calcular de su invención. Se trata de una máquina planeada para realizar las cuatro operaciones aritméticas elementales. Esto la hacía superior a la *Pascaline*, inventada por Blas Pascal y que sólo sumaba y restaba, y a la de Samuel Morland que dividía y multiplicaba de acuerdo con los procedimientos logarítmicos de John Napier. Leibniz estaba de acuerdo con Hobbes en que razonar es calcular, pero pensaba que la mente humana debería liberarse en lo posible de maniobras automáticas como una resta o una multiplicación para concentrarse en tareas creativas. La invención de esta máquina le llevó gran parte de su vida y de su dinero; más de cien correcciones no fueron suficiente remedio para que funcionara satisfactoriamente. El desaliento y frustración que delatan sus cartas no le eran, sin embargo, exclusivos. Por el contrario, la falta de teorías y análisis adecuados sobre el funcionamiento de las máquinas, y la consiguiente dificultad para lograr su construcción eficaz, hacían de la invención una tarea artesanal y condenada de antemano al fracaso. Uno de los principales interlocutores de Leibniz en asuntos de máquinas novedosas, Denis Papin, expresó con resignada claridad el espíritu de su época cuando en carta del 11 de agosto de 1704 le escribió a Leibniz que la mayor parte de la gente estaba en contra "de todo aquello a lo que se llama *novedad*".

Estas circunstancias negativas de su época no debilitaron el interés de Leibniz por las máquinas, pero sugirieron a quienes se interesaron posteriormente por su pensamiento científico y filosófico, que nada de relevancia encontrarían en sus papeles acerca de la invención y uso de artefactos. Durante años he descifrado manuscritos de Leibniz referido a la definición, medida y conservación de la *potentia* o *force* (energía), sin darle importancia a la frecuente referencia que en ellos hace a la evaluación del funcionamiento de ciertas máquinas de reciente invención. Leibniz habla de éstas como si existiera un *génie des machines*, como si las máquinas encerraran un saber que merece la pena descifrar y registrar, y que es tanto o más importante que el conocimiento de eruditos y filósofos. Aunque no lo dice con estos términos, se trata de un saber que el funcionamiento oculta aun a sus inventores, de allí la dificultad para que éstos expliquen con claridad cómo han llegado a construir sus máquinas. Es decir, algo habría en los artefactos, en las cosas que manipulamos, cotidianamente o no, que no entendemos porque no sabemos cómo funcionan –en parte porque no somos especialistas pero también porque, a diferencia de Leibniz, no nos interesa saberlo–, y que además tiene la virtud de desaparecer en el funcionamiento, salvo para el ojo de quien se interesa en ello. Sin embargo cuando quise profundizar en este tema me tropecé con la idea de que la técnica es "neutral", aunque no es la palabra que quisiera emplear porque tiene connotaciones éticas en las que no quisiera entrar, y de las que ya se ha dicho lo suficiente y con mucha más autoridad que la que yo pueda tener en el tema. Mi intención es subrayar que en el instrumento hay realizado un saber que no resulta indiferente para nuestras intenciones cuando lo usamos, algo que se ve con mayor claridad cuando se afirma que el instrumento científico es la materialización de diversas teorías científicas, y no meramente un recurso neutral para obtener datos de primera mano o poner a prueba teorías o cálculos.

No quiero de ninguna manera minimizar el aspecto moral del problema de la neutralidad de la técnica, aspecto que constituye un formidable tema de discusión: "¿quién mata, quién asesina, el revólver o la persona que lo empuña?" Es una discusión muy profunda y que requiere mucha atención, mucha inteligencia y mucho sentido común tratar de resolverla por sus connotaciones prácticas en las que nos va la vida. Pero quisiera subrayar que la supuesta neutralidad de la técnica incluye otras dimensiones no menos importantes, pero que resultaron más difíciles aún de sacar a la luz. José Ortega y Gasset sostenía que las técnicas expresan culturas, es decir que cuando se hacen y se utilizan esos artefactos supuestamente neutros, algo más que la mera materialidad está en juego aunque sea ésta lo único visible, tangible, del artefacto. Tal vez haya sido el primero en advertir la dimensión vital de la técnica. Lo hizo en un curso que diera en la Universidad de Santander en 1933, y que publicó en forma de artículos en el diario La Nación de Buenos Aires. Luego, al enterarse que en Chile se estaba haciendo una edición pirata, se apresuró a reunir en un volumen, *Meditación de la Técnica*, editado en 1939. Uno de los ejemplos que pone, aunque tal vez no sea muy decoroso, pero es el que más me gusta, es el del *water-closet*: ¿para qué queremos uno? Si soy un *bodhisatva*, no lo necesitaría tanto como las técnicas del yogui y de los faquires que me permitirían fundirme en el Todo cósmico y aniquilar mi individualidad. Por el contrario, un *gentleman* inglés de mediados del siglo XIX, en su búsqueda del *decorum* personal, lo requiere para su aseo corporal y por eso lo inventa. Hay, pues, algo más en los artefactos que su mera existencia material. Se trata una vez más de una suerte de *génie de la technique*, de un saber que es muy difícil de desentrañar pero no porque se trate de un saber puramente técnico, para especialistas, sino porque expresa valores, intereses, impulsos del programa vital de una cultura determinada.

Pareciera pues que sólo ingenieros o etnógrafos pueden descifrar el saber que late en el artefacto técnico. Sin embargo, tampoco ellos podrán hacerlo de manera cabal, y con seguridad se sentirán tan limitados como Leibniz cuando interrogaba a inventores y usuarios de nuevas máquinas con el fin de registrar sus saberes, aunque por motivos diferentes. En tiempos de Leibniz, el grabado que ilustraba un Teatro de Máquinas o un ensayo especializado permitía que el ojo atento del lector avezado descubriera el funcionamiento del artefacto. Imposible guardar entonces el secreto de la invención, de allí la necesidad de patentarla. En nuestros días, los artefactos técnicos (en un sentido mucho más amplio que incluye no sólo máquinas sino también sistemas como la red informática y técnicas de realización de técnicas) son opacos, reticentes a mostrar su funcionamiento, su interior.

Podría pensarse que la opacidad de los artefactos es solamente para los legos, pero no para ingenieros o diseñadores. Sin embargo, las técnicas en nuestros días tienen otra manera de ocultarse aun de la capacidad de los especialistas: nos quitan el pasado de encima, nos dejan ligeros y prontos para comenzar de cero nuestras vidas cada día. Aunque parezca una gran trivialidad, resulta muy difícil que podamos imaginar la vida –incluso la propia– antes del email. Recuerdo algo que le sucedió a un conocido hace muchos años. Había pedido una beca para ir a los Estados Unidos, pero la carta de respuesta no llegaba. Enojado fue al correo a reclamar. Un empleado, harto de las quejas y gritos, le llevó a una especie de pileta de natación inmensa, llena de cartas, y le dice: "está ahí, con seguridad; búsquela". El recuerdo de ese episodio es similar al de un dolor de muelas o al que una mujer tiene de los dolores del parto. Son memorias intelectuales. No se puede recuperar el recuerdo –por fortuna–, la *Erlebniss* del dolor físico. Tampoco la vida antes de innovaciones como las del e-mail o el teléfono celular –pero ésto no es tan afortunado–. Ese olvido del pasado, esa dificultad para reconstruir nuestro pasado individual –me atrevería a decir que también el pasado colectivo–, se da también entre quienes intentan estudiar el pasado de la técnica o de la tecnología. Hay una gran dificultad para entender como era el mundo, cómo era la relación de las personas con instrumentos como un arado de los antiguos egipcios, por ejemplo. No me refiero a su uso ni tampoco a su construcción, sino a, por ejemplo, las expectativas y "vivencias" en torno de ese instrumento de labranza. Cuando era joven e intentaba estudiar ciencias exactas en La Plata, me habían tentado con la posibilidad de ganarme la vida perforando tarjetas para las computadoras. Puedo contarles eso a los estudiantes de hoy día, incluso comentarles del parentesco del sistema con las tarjetas perforadas de los telares de Joseph-Marie Jacquard. Sin embargo no podría reconstruir qué se esperaba, qué sentía la gente entonces por las computadoras, ni cómo reconstruir cómo se vivió el proceso de su adaptación de la vida militar a la vida cotidiana, transformándola por completo, aunque no nos demos cuenta dado que el punto de comparación, el mundo anterior, ha desaparecido.

En otras palabras, es muy difícil poder recuperar esos "programas vitales" que, según Ortega y Gasset, impulsan a crear diferentes tipos de técnicas. De ellos sólo quedan sus siluetas conceptuales, pero nada de su condición vital. Intentar recuperar ésta es el gran desafío. Cuando se desmonta una de esas "cajas negras" que son los artefactos técnicos, dentro de ellas se encuentra no sólo conocimientos científicos y conocimientos técnicos – como muy bien se ha dicho aquí, la tecnología no es ciencia aplicada, sino una forma específica de conocer que no se ha de confundir con ninguna de las diferentes facetas de la ciencia. También en ellas está el uso que se ha hecho del artefacto. El tiempo y ritmo de la aceptación de novedades tecnológicas y de su uso es muy diferente del de la innovación. La vivencia de la relación con los artefactos a través de su uso se caracteriza por la estabilidad y la continuidad; la de la innovación, por la sorpresa y el frenesí propios de la vida actual. Tal vez por este motivo, la utilización de artefactos ha resultado menos atractiva para filósofos y sociólogos que la innovación, con lo que su desentrañamiento dentro de la "caja negra" es mucho más arduo e inesperable. La cultura, la vida que late dentro de las técnicas del pasado –siguiendo la guía de Ortega y Gasset, quien abrió la senda para la comprensión vital de la realidad técnica, a la que consideramos muerta y ajena, como a una cultura oral amazónica para una europea o un europeo de nuestros días– incluye no sólo saberes sino valoraciones que han desaparecido, irremediablemente, de nuestro horizonte, y a los que estamos condenados a evocar de manera superflua y equivocada.

Creo que nuestra dificultad para entender las técnicas a nuestro alcance en el presente es la razón principal de por qué nos resulta tan difícil entender las técnicas del pasado. No sin sorpresa vemos que entre las escasas apariciones de la palabra "tecnología" en el corpus aristotélico las principales —si no las únicas— se dan en la Retórica, en un texto que se nos aparece como el sitio menos apropiado para tratar el tema. ¿Cómo revivir el "proyecto vital" que lleva a Aristóteles a asociar la tecnología con el uso del discurso? Intentar, pues, el conocimiento del *logos* de las técnicas medievales o renacentistas requiere una alta cuota de audacia en la medida en que, para ello, hay que reconocer que a las técnicas las construyen sociedades, grupos humanos con algo más que saberes especializados, es decir, con valoraciones, con visiones muy propias de su posición en el mundo. ¿Por qué hablar de valentía, de coraje en este contexto? Porque al hacerlo, aceptamos, muchas veces sin advertirlo, que a los artefactos los construyen y los usan los humanos. Quisiera evitar hablar aquí de las técnicas en el mundo de la primatología, tema que agrega más dificultades aún al planteamiento del problema. Es decir, el hecho de que a un revólver lo haya fabricado una empresa cuyo dueño es nuestro peor enemigo, ¿hace al arma algo peor que si el fabricante hubiera sido nuestro hermano? ¿Es importante o es irrelevante asociar a las técnicas con factores axiológicos, económicos, religiosos? En caso que consideremos importante tratar de desentrañar la vida oculta dentro del funcionamiento de un artefacto, ¿significa que estamos aceptando una relatividad que hace a la "maravillosa técnica" del presente algo que bien podría ser dejado a un lado? ¿No nos resulta excéntrico y exótico que alguien denuncie, cono Lewis

Mumford hiciera, que el automóvil es el gran peligro para la humanidad y que ha destruido y vuelto insoportable la vida en las ciudades? ¿No nos parece acaso que vivimos mucho mejor que antaño sólo por los "adelantos técnicos"? ¿No sería adecuado que pudiéramos al menos plantearnos alternativas, a pesar del hipnotismo en el que triunfan innovaciones que parecen mejoras para nuestras vidas pero que aumentan notoriamente nuestra esclavitud laboral, como, por ejemplo, el teléfono celular, a cambio de una dudosa mejoría en la superficialidad de nuestros vínculos personales? Pero, ¿cómo superar las dificultades que –señalé– nos asaltan cuando abrimos la "caja negra" del artefacto técnico? Creo que la historia de la tecnología puede ayudarnos a descubrir qué llevó en el pasado a la construcción y uso de ciertas técnicas, y, de esa manera, podría llevarnos a darnos cuenta de nuestra ignorancia acerca de por qué están las técnicas que están, o de cómo cambian nuestras vidas sin que lo advirtamos y sin que tengamos la posibilidad de elegir otras alternativas.

Pero la dificultad es mayor de lo que parece, aun así planteada. Nuestra ignorancia es resultado y fuente a la vez de prejuicios relacionados con el saber de las técnicas, con el logos de los artefactos: no creemos que éstos encierren saber alguno, mucho menos que sean sujetos de valoraciones éticas: saber y valores son exclusivos de las personas, las cosas nada tienen que ver con ellos. Bruno Latour, un sociólogo francés de la Escuela Superior de Minas, en París, ha propuesto un enfoque de esta cuestión a la vez atrevido y rico en posibilidades. Comparto con Jorge Sarquis el entusiasmo por la lectura de su obra que desde aproximadamente 1979 intenta desenmascarar la artificialidad de la separación entre "humanos" y "no humanos" en las sociedades tal como las interpretan las ciencias sociales desde su origen en el siglo XIX. Propone Latour dejar a un lado la noción de "sociedad" y en su sitio hablar de "asociaciones", tal como lo propusiera a finales de dicho siglo Gabriel de Tarde. La ventaja del cambio es que las "sociedades" son vínculos de humanos exclusivamente, mientras que en las "asociaciones" los nexos, las vinculaciones se establecen indistintamente, entre humanos y no humanos, ya sean éstos parte de la naturaleza o artefactos técnicos. De esta manera desaparece el misterio de la naturaleza del nexo entre la sociedad, por un lado, y los artefactos técnicos por el otro: desde el comienzo mismo el vínculo ha existido, pero sólo abandonando el fetiche de "la sociedad" o de "la naturaleza" o de "la técnicas" como entidades puras y aisladas entre sí se lo puede reconocer.

Por cierto, es difícil cumplir con lo que Latour propone, pero sin embargo creo que vale la pena aceptar el desafío. Creo que en ese sentido la historia puede ayudarnos. ¿Por qué la historia? Porque es más fácil darse cuenta cómo funcionaron esos factores en el pasado que en el presente, a pesar de la supuesta familiaridad entre persona y artefactos en la actualidad. La historia puede ayudarnos a superar la idea, o la extraña sensación de conciencia temporal que nos obliga a creer que quienes vivieron en el pasado –y lo mismo se aplica a nuestras vidas de pocos meses atrás–, han vivido privados, carentes de una dimensión humana que, paradójicamente, la pudieron haber dado las innovaciones técnicas. Es lo que nos lleva a pensar "pobre abuelo, ¿cómo podía vivir, si viajaba en tranvía a caballo, si no tenía la tecnología nuestra, cómo es posible que haya podido sobrevivir, cómo podía entender la realidad con esas limitaciones". Las técnicas son antropomórficas, dice Latour, pero no porque en ella proyectemos atributos humanos, sino por que configuran a la naturaleza humana.

Por este motivo la técnica y la tecnología del presente requieren el desarrollo de sus historias. Toda disciplina –desde el origen en el humanismo renacentista de este uso del término, ligado indisolublemente con el poner límites y restricciones– se apoya en una historia que la justifica. La historia de la técnica y de la tecnología puede asistirnos pues en la recuperación de la conciencia temporal que el aceleramiento del ritmo de la innovación desvirtúa y aniquila, fuente de una forma velada de engreimiento discriminatorio por el que creemos que simplemente por el hecho de haber nacido después somos mejores que nuestros padres o abuelos o, en general, que toda persona mayor. Conocer la génesis del saber técnico, lejos de desvirtuarlo o de transformarlo en irracional y caprichoso, ayuda a comprender su verdadera racionalidad o, si se prefiere, su irracionalidad, y su estrecho vínculo con la constantemente renovada configuración de la naturaleza humana.

JORGE SARQUIS: Dado que algunos ponentes nos han transmitido la preocupación de que se deben ausentar, Graciela Silvestri nos ha concedido unos minutos para debatir con los argumentos expuestos, para lo cual les pediría que usemos tiempos cortos, palabras hirientes y que no nos superpongamos en el debate. Yo inicialmente iba a hacer una aseveración respecto de lo que señalaba Luis Alberto Quesada Allué, pero se me adelantó Guillermo Ranea respecto de lo que dice Bruno Latour acerca de que no importa la técnica sino quién maneje esa técnica; que la técnica es neutra. Bruno Latour, a quien no sé si lo ha leído Luis Alberto Quesada (si no lo leyó, lo recomiendo), cuando habla de que el señor que tiene un revólver y mata porque tiene un revólver, ese señor justamente se transforma en su relación con ese Colectivo Social, donde hay actantes humanos y no humanos, o artefactos y seres humanos, seres vivos; se transforma cuando tiene un revólver, entonces ya no hay un señor y un revólver sino que hay un señor con revólver. Y eso condiciona el comportamiento de ese señor que si no tiene el revólver lo haría de una manera muy diferente.

LUIS ALBERTO QUESADA ALLÚE: La clave es quien diseñó ese revólver, esa es la clave. Quién lucró porque pensó que si hacía un revólver ganaba plata. Esa es la clave.

JORGE SARQUIS: A ver si alguien quiere seguir, vos Silvia...

SILVIA RIVERA: Bueno, a mí hay unas cosas que me quedaron dando vueltas, más allá de esta apreciación sobre Varsavsky, que dejo por el momento. Nos decía el Dr. Quesada, que la ciencia es un producto social, cosa que yo comparto totalmente. Es algo casi del sentido común que la ciencia es un producto social. Lo que pasa es que la filosofía no siempre ha considerado a la ciencia de este modo. La tradición epistemológica toma sólo el producto de esta actividad, lo aísla y se ocupa tan sólo de ver las conexiones lógicas internas, de coherencia, en el marco de las ideas científicas, como si ese producto no llevara en sí mismo las huellas del proceso de producción. Porque todo producto carga con las huellas del proceso social de su producción.

Me parece que sería necio intentar una separación absoluta. Esto no quiere decir que el producto se agote recuperando el proceso social de su producción, obviamente que hay un plus de innovación, pero no podemos decir que ese producto sea por ejemplo neutro, como ha intentado más de un epistemólogo.

Considero importante entonces esta recuperación de la historia social, que a veces se olvida en algunas reconstrucciones de la ciencia y de la técnica; reconstrucciones de neto corte epistemológico. Al menos de una epistemología que se concentra sólo en la historia interna, dejando de lado la relación de la ciencia con otras prácticas sociales.

Pero lo que me sorprende es que, reconociendo que la ciencia es un producto social, entonces se hablara aquí tanto de *descubrimiento*, porque sabemos que la palabra ahora es *innovación*, entonces innovamos, innovamos sobre un marco preestablecido, innovamos en función de ciertas tendencias, de ciertas líneas, de ciertas expectativas, porque sabemos que lo que se considerará o no se considerará "innovación" en una sociedad dada, será lo que resulte de procesos y mecanismos institucionales de evaluación. Es decir que no hay innovaciones en sí mismas, sino que algo es una innovación en referencia a otra cosa. Sólo es posible innovar en un determinado contexto. Y no es lo mismo entender a la ciencia en función de una lógica de la innovación que en función de una lógica del descubrimiento. Esta última nos genera la ilusión de que hay cosas que están ahí esperando a ser descubiertas, y que tienen un valor absolutamente independiente de todo otro producto y de todo contexto. Entonces yo veo como una cierta contradicción en esto de presentar a la ciencia como producto social y después hablar en términos de descubrimiento, cuando en realidad de lo que hablamos es de innovaciones.

LUIS ALBERTO QUESADA ALLUÉ: Esto es un típico caso de problemas de comunicación. Esto sucede siempre y lamentablemente va a suceder durante mucho tiempo, es el problema del uso del lenguaje. El sentido que le da ella a innovación es un sentido no reconocido por gran parte de los científicos acá y en el planeta. El sentido moderno es que la innovación es algo que se genera a pedido. No hay innovación más que si alguien la pide, en general el esquema es fácil de comprender. Cuando una industria necesita mejorar algo, promueve o solicita una innovación, y es obligación de aquellos que hacen tecnología, proporcionársela; de esa manera avanza la tecnología, o sea, se piden teléfonos celulares más finitos, o se piden teléfonos celulares de mayor duración, etc., etc. En ciencia no hay innovación por pedido. Habría que forzar mucho la palabra, la exigencia es la de uno mismo, o de otros científicos o la exigencia que uno se impone por querer contestar una pregunta. La esencia de la ciencia, aún cuando se haga (yo justamente tengo una diapositiva referente a esto en la otra mesa redonda), salvo en los descubrimientos más rutinarios que son por acumulación, cuantitativos y de muy corto alcance, la esencia, los granes saltos, las grandes revoluciones en cada campo de la ciencia, están en el descubrimiento.

Justamente, es imposible predecir descubrimientos. (Sarquis ¿Por qué no invención?) Invención es algo diferente, los inventores, que es una de las razas más castigadas, en nuestro país sobre todo, más degradadas, que tienen un valor enorme; son gente que genera tecnología por un medio que no está encadenado necesariamente a la investigación científica, sino es gente que junta conocimientos técnicos, ahí sí son técnicos, no son tecnológicos sino conocimientos técnicos, cosas que son realizables, de materiales, de procesos, de ensamblajes, los junta e inventa una combinación nueva, que casi siempre es genial. A muchos científicos muy buenos les gustaría inventar alguna vez algo, los científicos en general no inventamos, descubrimos cosas pero no inventamos, el invento es algo maravilloso.

J.S.: Pero doctor, lo que pasa es que la palabra descubrimiento, significa algo así como descorrer un velo, sobre algo que lo cubría y no lo dejaba ver, por lo tanto des-cubre...

Q.A.: La ignorancia, la ignorancia nuestra impedía ver, o la falta de conocimientos.

J.S.: El conocimiento, al que ustedes denominan descubrimiento, no es una construcción.

Q.A.: No, el descubrimiento forma parte del conocimiento, o sea, para que avance el conocimiento son necesarios los descubrimientos, es una condición necesaria pero no suficiente, el descubrimiento hay que formalizarlo y hay que demostrar que es cierto. La mayor parte de las veces no es cierto.

S.R.: Si la ciencia es una construcción social, el descubrimiento parece ser, en todo caso, algo que alguien encuentra.

Q.A.: Porque eso tiene que ver con la charla de Ricardo Ibarlucía. Porque es un producto intelectual.

R.I.: Yo creo que en ese punto vos marcaste las coincidencias entre una cosa y la otra. La imaginación que vos expresaste que hace falta para crear arte, es exactamente la misma del proceso que hace falta para descubrir algo. Yo me detendría en la tercera direccionalidad, o sea, cuando una obra de arte es requerida. Que no hay porque situarlo en un Estado, ni una clase social, ni en una orientación. Hay un mundo que está requiriendo, reclamando, y poniendo a disposición ciertas cosas. Ahora, esto que pasa en el arte, creo que pasa igualmente en la ciencia; lo que no quiere decir, sin embargo, que el artista o el científico simplemente se limite a satisfacer una necesidad, porque pensar, como hacer arte o ciencia, se hace no sólo en una cultura, una tradición, una sociedad, sino muchas veces y de manera violenta, contra una cultura, contra una tradición, contra una sociedad.

Q.A.: Es interesantísima tu pregunta. Tiene que ver con un tema completamente superpuesto y muy complejo que es el de la apropiación del conocimiento. Entonces, las distintas sociedades se apropian del conocimiento de distinta manera. En la sociedad industrial, como la que tenemos, como vos decís, los "ejecutores de tecnologías" llega un punto que no les alcanza el flujo, el flujo de conocimientos que les llega, no les alcanza porque quieren más y entonces piden que en vez de fisionar el átomo, a ver si se puede fisionar algo más fuerte, entonces eso es política. Entonces, los científicos están sometidos a una presión que viene desde la tecnología, así como hay una demanda de innovación en este caso que yo doy, digo de las fuerzas armadas, o hay una demanda de innovación de Coca Cola para tener algo un poquito más, que haga más adicta a la gente para tomarlo, así como hay una demanda y los tecnólogos la satisfacen, llega un momento en que los tecnólogos, no les alcanza con el flujo que les llega de conocimientos básicos, y ejercen presión como delegados del poder político, o del poder económico, actuando como, tratando de pedir a ellos eso, que son la ciencia más reverenciada en nuestro país hoy, la ciencia reverenciada por Lino Barañao, que es el ministro, la ciencia reverenciada en todas partes, que es la ciencia orientada, entonces es esto otra temática, digamos, hay distintos tipos de ciencia, no de ciencia perdón, no soy riguroso porque no soy filósofo, hay distintos tipos de actividad científica.

Si uno se sienta en una silla que no se puede mover y mira en una sola dirección, es difícil que vea lo que está pasando para atrás, es más ni se le va a ocurrir cuando ve pasar un pájaro con escamas, no se le va a ocurrir nada relacionado con los peces, o sea la ciencia orientada ya es un condicionamiento social; pero es la sociedad la que, si se quiere ver la cadena científicamente, la sociedad eligió una manera de gobernarse, y esos gobernantes exigen un tipo de tecnología, y los tecnólogos están presionados para satisfacerla, cuando no les alcanza la provisión solicitan descubrimientos, novedades, y tiene que ser algo nuevo. Por ejemplo, el teflón es un ejemplo de la presión demencial que se ejerció hacia los químicos para que hubiera un material que tuviera unas propiedades inauditas, que no se mojara, que sea casi como el acero, bla, bla, bla. Lo que vos decís existe, perfecto, la sociedad.

S.R.: Yo quería comentar esto en función del modelo lineal de innovación...

Q.A.: Es un modelo perimido, pero que ha sido defendido hasta hace poco.

S.R.: Bueno, coincidimos en que se trata de un modelo perimido y en el que las relaciones entre ciencia, tecnología y sociedad son mucho más complejas que las que aparecen en un modelo lineal. Sin embargo, me pareció a mí que si bien vos dijiste que ese modelo estaba perimido, en tu discurso hay una intención de no avanzar en las grandes relaciones que hay entre ciencia, tecnología y sociedad, y que se articulan de diferentes y niveles y direcciones que se intersectan todo el tiempo. Entonces no entiendo bien como un modelo perimido mantiene aún un considerable prestigio que se muestra en la postulación de una ciencia pura, prístina y sacrosanta donde el genio descubre la verdad.

Y yo pregunto: ¿dónde desarrolla los científicos esa "ciencia pura", en qué espacios institucionales se desarrolla lo que podríamos llamar "ciencia básica"? Porque puro es ya un juicio de valor, que nos exige separar entre ciencia y ética entonces... ¿dónde se hace ciencia básica?

Q.A.: Voy a contestar de dos maneras. En primer lugar la ciencia básica se hace en el cerebro, en el cerebro de uno, sentado en una mesa tomando un café, en el baño, caminando, o en el colectivo, primera cosa. La segunda cosa es que cualquier persona, cualquiera, incluyendo los científicos, tienen el cerebro organizado de cierta manera, y acá me tiene que ayudar el historiador, porque es el producto, desde que le empiezan a enseñar cosas desde que es chico, es el producto de una determinada sociedad, así que en ese sentido la ciencia nunca va a poder ser absolutamente ajena a los patrones sociales porque si está desde el vamos, en una sociedad autoritaria, no me cabe duda que va a haber mayor número de descubrimientos de lo que sea y de creaciones artísticas de lo que sea, que van a estar asociadas al autoritarismo, va a haber más que en una sociedad tolerante, en una sociedad igualitaria, en una sociedad que aspire al bien común.

S.R.: ¿Y cómo sería eso en una sociedad de mercado?

Q.A.: Bueno, en la cueva de al lado, de donde yo provengo, en el edificio de al lado, a los que somos científicos razonablemente duros nos cuesta mucho y nos asombramos mucho cuando vemos el exterior, al mundo de los matemáticos; yo siempre cuento una anécdota (mi mujer es matemática, así que en una época iba a muchas fiestas de matemática) a mí me costaba horrores, y no me podía acostumbrar que en esa fiesta, y era una fiesta, de matemáticos, lo que uno veía era diez, once personas, en el suelo, calladas, pensando, y nadie hablaba. A mí me daban ataques de locura, yo que soy charlatán, tiene que ver con esto, uno es producto de cómo se construyó a sí mismo y cómo lo construyeron a sí mismo.

S.R.: Entonces, siguiendo tu planteo, se podría afirmar que no vamos a descubrir, suponiendo que tomamos esta palabra descubrimiento, no vamos a descubrir lo que queremos sino lo que podemos, lo que nuestras estructuras lingüísticas y nuestra programación social nos ha dejado descubrir; y esto por supuesto tiene límites. Por supuesto y por suerte, hay fisuras en nosotros, es decir que esa programación y ese determinismo, no es completo, tenemos espacios, resquicios, para poder pensar, creo yo, críticamente, en algunos modelos o sistemas más que en otros. Pero cuando decimos que el científico hace ciencia en el baño, en el café, leyendo el diario eso es una especie de abstracción, porque aunque se encuentre ocasionalmente solo, él sigue pensando en aquellos problemas que le son propuestos, que le fueron transmitidos en una institución educativa o laboral. Por qué ¿dónde encontramos hay científicos aislados? En ninguna parte, ya que por lo general forman equipos, para trabajar o para presentar proyectos de investigación, y esos equipos incluyen becarios que son formados en una línea de trabajo, en un lenguaje dado y en determinados valores, avalados a su vez por instituciones públicas, privadas, mixtas, etc. Y sabemos que los proyectos son evaluados, y algunos obtienen financiamiento, y otros no, entonces ¿cuáles son los criterios de evaluación para esos proyectos? En ellos no se presentan "descubrimientos" sino un plan de actividades donde desde un comienzo nos piden explicitemos no sólo las hipótesis o las líneas de trabajo sino también nos piden transferencia, es decir, nos piden que anticipemos aplicaciones posibles para nuestros proyectos aún de ciencia básica.

Por eso creo que la gestión de la ciencia es muy ilustrativa a la hora de indagar la naturaleza de la ciencia. Estamos presentando algo de ciencia básica o pura pero hay un recuadro que dice transferencia, y que nos recuerda que como investigadores, que aspiran a un subsidio o reconocimiento de cualquier tipo, tenemos que inventar algo que sea considerado apreciable por la comunidad de evaluadores y/o inversores del proyecto.

Otra cosa que quiero dejar en claro es que de ningún modo se trata de ir en contra de la ciencia y la tecnología. Por el contrario, el objetivo es, reconociendo su potencial, recuperarla un sentido social, dejando de lado el prejuicio de que toda orientación es limitante. Ese prejuicio que ilustraste con una de tus diapositivas y que tiene que ver con limitar o impedir. Pero ocurre que la orientación también significa promover, promocionar, impulsar. Si renunciamos a dejar el devenir de la ciencia al capricho de una pretendida lógica interna, podemos decir que es bueno lo que nos interesa o conviene como comunidad.

Por último, estoy convencida que toda política científica tanto a nivel macro como hacia el interior de una institución, implícita o explícitamente maneja una concepción de ciencia. Es decir que supone una filosofía de la ciencia, una epistemología: creemos que la ciencia es algo que se produce y se valida de un determinado modo y eso impacta en el modo de ciencia que producimos. Creo que es necesario que esto se explicite, qué idea y qué concepción de ciencia está en la base de cualquier política científica, a nivel global, regional, nacional o institucional. Por ejemplo, cuando el ministro dice lo que dice es porque maneja una determinada concepción de ciencia que no está libre de valores, sino que se subordina a los intereses particulares de algunos grupos que no necesariamente coinciden con los intereses comunes de todos los ciudadanos.

Q.A.: La política científica es política, es el interés de una clase o de un estrato dominante para obtener ciertos fines. Punto.

S.R.: La política por supuesto que tiene que ver con el poder, pero os podemos ubicar en diferentes niveles de análisis, macro o micropolíticos, como por ejemplo lo que se denomina *"policies"* o lineamientos insitucionales que no debe escindirse nunca de la reflexión sobre la ciencia y tecnología.

Q.A.: Pero las *policy's* son consecuencia de la política.

S.R.: Hace poco, en 2005 hicimos un taller en el Hospital Garraham donde vino el presidente del Conicet, Dr. Eduardo Charreau, y nos trajo unas diapositivas porque nos interesaba el tema de la gestión de la investigación. Fue curioso porque el CONICET se dedica a la ciencia básica (explícitamente a partir de su desmembramiento en la Agencia de Promoción Científica y Tecnológica) y sin embargo la mayor cantidad de becas otorgadas el año previo fueron para temas de neurociencias. Todos los becarios ganan lo mismo, con independencia del tema que trabajen, sin embargo la "explosión" de las neurociencias, quizás porque hay intereses económicos que la promueven más allá de la intención de los investigadores jóvenes que ven modelada su subjetividad en ciertos intereses en detrimento de otros, como por ejemplo, la epidemiología o la salud comunitaria.

Entonces creo que la respuesta hay que encontrarla en estas cosas que no están dichas pero que se saben, que aparecen en la educación formal o informal, en la divulgación científica y especialmente la predicción de ciertas aplicaciones posibles, no aplicaciones seguras, pero sí aplicaciones posibles que son de interés para grupos de poder. Es decir que aún la ciencia *pura* o básica tiene una carga aplicativa, y esto genera y detona ciertos mecanismos de presión. Entonces mi pregunta es: si los desconocemos, ¿no los dejamos de algún modo descontrolados? ¿no tendremos que asumirlos y aceptar que en tanto producto social la ciencia es siempre orientada y es ético que esa orientación sea debatida por la comunidad en su conjunto en vez de quedar al arbitrio de ciertos grupos de interés que explotan todavía el mito de la ciencia pura y la libertad de investigación?

Q.A.: Perdón, pero lo que yo le contesté a (Dr. Eduardo) Charreau en una pregunta muy parecida a esa, en público, en un grupo, es que lo que sucede es que nosotros hacemos mayoritariamente ciencia dependiente, *el imperio*, el imperio es aquel que en ciencia domina, nuestras cosas también, que es Estados Unidos que publica el 50% de todo lo que se publica mundialmente de valor, el imperio decidió hace rato, ya hace unos cuantos años, que lo más importante en este momento son las neurociencias, como nosotros hacemos ciencia dependiente el dinero se canaliza, si Morello fuera ministro de Ciencia y Técnica, por ahí estoy casi seguro que propondría hacer una evaluación de los recursos naturales renovables y no renovables en el país y estudiar el cambio climático.

S.R.: Está muy bien, pero reconocer eso debe ser terrible para vos, porque bien podría haberlo dicho Varsavsky...

Q.A.: No pero, bueno, yo me ofendería si me compararas con Varsavsky.

S.R.: Bueno, pero no se desprendió de tus primeras afirmaciones...

J.S.: Yo coincido con Silvia, en su discurso... percibo a Varsavsky...

Q.A.: Varsavsky es el camino al subdesarrollo, es profundamente reaccionario, es algo...

5. Por la arquitectura, el diseño y el urbanismo

GRACIELA SILVESTRI: Cito a Hannah Arendt:

> *Pensamiento y cognición no son lo mismo. El primero, origen de la obra de arte, se manifiesta en toda gran filosofía sin transformación o transfiguración, mientras que la principal manifestación del proceso cognitivo son las ciencias. La cognición siempre persigue un objetivo definido; una vez alcanzado, el proceso cognitivo finaliza. El pensamiento, por el contrario, carece de fin u objetivo al margen de sí mismo. Es inútil, tan inútil como las obras de arte que inspira.*[19]

---

[19] ARENDT, Hannah. *La condición humana*, p. 187.

1. En pocos años la Argentina se integró al sistema académico internacional, lo que significa: incorporó el modelo de la academia norteamericana. Se trata de un sistema altamente formalizado, que determina incluso las maneras de escribir las notas al pie; un sistema cuantitativo –el investigador se evalúa por el número de artículos producidos–; la relevancia del texto se mide por la cantidad de veces en que es citado, el tipo de congresos al que fue presentado, las revistas (con referato, indexadas, con o sin comité editorial) en que se publicó. El modelo es "científico": los artículos son privilegiados por sobre los libros; las hipótesis deben probarse sobre todo a través de cálculos y estadísticas; la estructuración y estilo de cualquier artículo está preestablecido. Un proyecto no califica como producto del pensar –a lo sumo, se coloca en el ramo técnico, y se solicitan las correspondientes credenciales, como las patentes. Piénsese que no es admitido introducir la primera persona en muchos papers. ¿Cómo un proyecto podría ser admitido? El sistema premia una cantidad; una estructura retórica que no se somete a reflexión; y desconfía de todo aquello que no puede encajarse en un modelo probado (las hipótesis no constituyen un riesgo: antes de ser probadas, se debe probar que podrán ser probadas).

Cierto es que este modelo cumple con premisas democráticas: la objetividad del número y de la forma preestablecida, acordada por la comunidad de pares, evita las arbitrariedades de un sistema basado sólo en la cualidad del texto escrito o del producto presentado. Se basa en la idea de que de la cantidad de correctos papers producidos emergerá eventualmente alguna idea innovadora. Repara en que es el Estado el que subsidia la investigación, de tal manera que debe fijar normas para aquellos que trabajan para él. Nos debemos sentir agradecidos, quienes trabajamos en la Universidad, el CONICET, y otros centros públicos de investigación, de poder ampararnos en normas claras que evitan, o al menos atenúan, el capricho o la corrupción de juicios interesados. También resulta obvio que la ampliación reciente del mundo de la investigación, estimulada por la inversión estatal, no hubiera sido posible sin aceptar estos mecanismos. No parecen modelos ni viables ni deseables los clásicos europeos que reducen a un puñado de privilegiados la posibilidad de obtener un doctorado nacional –si hemos de juzgar el aporte concreto de culturas como la italiana o la francesa en los últimos veinte años. Y es cierto que en muchas instituciones, como el CONICET, se ha encontrado una vía intermedia que permite con bastante aproximación un juicio complejo de los pares, tanto cualitativo como cuantitativo.

Pero debemos tener claro el costo que la orientación dominante posee. Hace poco tiempo, un colega filósofo me comentaba que sus artículos publicados en revistas alemanas obtenían menor puntaje, en su universidad privada, que los publicados en revistas norteamericanas. Más grave es la situación en el mundo de las artes: mundos que no pueden desdeñar la cualidad en el sentido fuerte de la palabra. No estoy segura de que la producción artística deba ser sometida a este tipo de normas académicas, que tratan de equiparar una exposición de pintura a una publicación en una revista científica (el estado puede encontrar otras formas activas de apoyar a los artistas, que no se traduzcan en una normalización que deviene en extinción).

El tema del arte nos convoca también a los arquitectos, a medio camino entre la reflexión sobre el hábitat humano, la técnica lata, y el campo estético. La Arquitectura es la última disciplina humanística, sin duda, por la variedad de temas que debe conocer para dar su palabra –una entre otras, pero no la menos importante– sobre cómo habitar. Cómo puede evaluarse tal aporte, es uno de los temas que no puede ser encarado por los legos –y con esto no me refiero al usuario, sino a los científicos puros, a los ingenieros, o incluso a los artistas. Todos ellos pueden y deben opinar, ya que la arquitectura reflexiona sobre el mundo humano, en el que viven no sólo los arquitectos. Pero su grado de desconocimiento es inversamente proporcional al uso cotidiano de los productos arquitectónicos, o de aquellos inspirados por sus propuestas. El conocimiento de la arquitectura es engañoso; y aún así solicita el acuerdo de "los legos".

Más grave aún es que el campo de la cultura arquitectónica carece de un discurso propio y consensuado para decir: estas son las normas básicas para definir la calidad de una investigación, de un proyecto, de una obra en tanto arquitectura.

No es posible dejar de lado las maneras en que los cambios en el sistema académico también pueden notarse en la enseñanza, ya que la enseñanza universitaria está directamente vinculada con la investigación. La velocidad con que el procesote incorporación al sistema académico universal se verificó en el país no pudo ser absorbida por las instituciones vinculadas a la arquitectura. Así, aunque muchos problemas que señalaré son generales, en nuestra disciplina son acuciantes.

La multiplicación de posgrados y la devaluación del título de grado es una consecuencia directa. El sistema educativo superior continúa en el grado con prácticas "arcaicas" (volveremos sobre esto) mientras florecen los posgrados. Disminuye la importancia del saber didáctico, a favor del perfil investigativo –para el cual no se han fijado aún normas estables. No parece desacertado exigir al docente tareas de investigación: pero debe comprenderse que no existe una necesaria continuidad entre enseñar e investigar. Excelentes profesores no califican como investigadores; excelentes investigadores hacen dormir a los alumnos. Se privilegió la investigación: la presión, traducida en cifras económicas, ha lleva a miles de docentes a presentar investigaciones que no son tales; a las facultades, a improvisar maestrías y doctorados que tampoco lo son. La calidad del postgrado depende directamente del nivel de los alumnos, pero no existe admisión cualitativa: no por voluntad democrática, sino porque los posgrados son pagos, y es la cantidad de alumnos lo que los hace viables.

En cuanto a los estudiantes, se presenta un problema más grave, que concierne al abismo social en que vivimos. La caída de las redes públicas implicó una drástica división social: a la universidad de hoy acceden muchos, pero se reciben pocos; los que acceden se encuentran –especialmente en arquitectura, carrera cara y larga– en la franja de mayores posibilidades económicas: la nutren la clase media profesional y los sectores de más alta posibilidad adquisitiva (que, sin embargo, abandonan las aulas argentinas para enviar a sus vástagos a cursar maestrías y doctorados en el exterior, en base a la todavía cualificada enseñanza pública). El éxito del alumno depende del capital económico, pero sobre todo simbólico, familiar.

A pesar de que la mayor parte del alumnado se encuentra en la franja destacada de la pirámide social, es habitual comprobar que muchos llegan no sólo a la titulación de grado, sino también a la de postgrado, sin saber hablar en público de manera coherente, leer con ánimo interpretativo, y escribir aún en el llano, simple, y poco poético lenguaje que la Academia solicita.

2. En este punto nos encontramos con otro problema, que excede las preguntas acerca de la forma de investigación o el sistema académico actual. ¿Puede la arquitectura desarrollarse sin palabras? En principio, es imposible para cualquier disciplina prescindir del discurso lingüístico, ya que es el único que puede reflexionar sobre sí mismo. No existiría disciplina si no existiera una cultura escrita que determina qué es y qué no es arquitectura –en qué se diferencia, por ejemplo, de la ingeniería civil, del urbanismo (practicado también por geógrafos, cientistas políticos, etc.), o de la simple y llana construcción.

Pero además la Arquitectura, a diferencia de otras artes y técnicas, está indisolublemente unida a las palabras, históricamente unida a ellas. Alberti escribió sin ilustraciones *De Re Aedificatoria*. Se trataba, sobre todo, de una larga reflexión sobre la vita activa, es decir, acerca de los trabajos de los hombres creando un mundo específicamente humano. El trabajo de arquitecto se le representaba a Alberti como modélico de una nueva actitud. No es un manual de instrucciones; y los tratados que lo siguen, como el de Palladio, que es casi totalmente dibujado, lo presuponen. En otras palabras, la arquitectura como disciplina incorpora la reflexión lingüística como parte de su sentido disciplinar. No necesito decir que, en tiempo de cambio como este –un ocaso en el que muchos de los presupuestos con que aún nos manejamos ya no anuncian ninguna renovación– la necesidad de reflexión es tan importante como en tiempos de Alberti: caso contrario, seguiremos repitiendo lo mismo.

Por otro lado, la actividad de proyecto no puede prescindir de las palabras. Es cierto que casi ninguna actividad puede, pero, para dar un ejemplo de matices, la actividad del pintor tradicional puede, en un punto, suspender en el hacer cualquier pretensión intelectual, dejarse llevar por el pincel y la resistencia del plano, sin cálculos, sin previsiones, puro transcurrir de una experiencia que no posee otro fin que ese mismo transcurrir. Quien proyecta, en cambio, prevé; calcula; busca un fin que articula el proceso. En el caso de la arquitectura, debe ponderar cuestiones bien distintas entre sí: el clima, las costumbres, o las leyes de la física. Puede, en condiciones ideales, suspender algunos temas y radicar su preocupación en otros: en condiciones ideales, o sea: en condiciones experimentales, de investigación. En estas instancias investigativas, más que en la profesión corriente (en la que puede simplemente repetir modelos probados), la tarea de reflexión a través del instrumento lingüístico es central.

Sabemos que el hacer arquitectónico se acerca, por un lado, al arte (por lo que en algún momento del proceso proyectual se suspenden, por así decirlo, los cálculos, las previsiones, las palabras); sabemos también que está fuertemente determinada por la técnica (por lo cual se acentúan, en el otro extremo, las reglas de la eficiencia, la acumulación progresiva, o la innovación). Y que al mismo tiempo, la arquitectura no es ni arte ni técnica en el sentido estricto, cuestión que desconcierta notablemente a nuestros colegas universitarios ocupados en otras disciplinas. Finalmente, como las artes (no como las técnicas), la arquitectura está determinada por su tradición particular: no progresa linealmente, aunque existe progreso; el valor de San Pedro es equivalente al de La Gioconda, no al de un instrumento técnico que es superado por otro, manteniéndose sólo su valor de antecedente. Un tecnólogo puede innovar sin conocer la historia de la técnica; un arquitecto no puede construir arquitectura sin tener en cuenta el diálogo con ese pasado que la constituye en lo que es. Por eso, la perspectiva histórica es tan fuerte en la cultura arquitectónica, vinculada con la crítica y la teoría: la narración histórica propone una forma de seleccionar y ligar los múltiples acontecimientos para definir el conjunto como arquitectura. Su tiempo no es lineal, sino parecido al tiempo psíquico: mantiene presente aquello que lo progresivo pareció remover.

En fin, íbamos a hablar de investigación, y nos encontramos reflexionando sobre la Arquitectura: es que los arquitectos no podemos defender nuestra posibilidad de investigar con los propios instrumentos de la disciplina si no tenemos en claro qué es, o que querríamos que sea, o qué alternativas presenta, la arquitectura en este horizonte Contemporáneo. Sobre esto no existe consenso: lo notamos en instancias previas a la investigación propiamente dicha (cuando, por ejemplo, se convoca a un jury inter cátedra en una misma facultad). De lo que estamos seguros es que en todas las instancias el proceso arquitectónico, las palabras son un instrumento fundamental. La cuestión es pensar cuales.

Volvamos a Alberti para aclarar el tema. Alberti escribe la arquitectura: deberá proponer un discurso que le sea tan afín como para definir, ordenar, pero también movilizar la proyectación (que, claro, entonces no se llamaba así). ¿Que discurso elige? Elige el retórico. ¿Por qué el retórico, y no el filosófico o el teológico? Porque la arquitectura está hablando de la ciudad; está hablando de la vita activa, de las artes que construyen la vida urbana, y no la vida contemplativa de los claustros. La retórica es la técnica de comunicación pública: Alberti elige un discurso inmediatamente político.

Resulta de interés ver cómo Alberti organiza todo el tratado en base a presupuestos retóricos, y les da a las palabras otro sentido en el interior del mundo de la edificación –sin cancelar sus alusiones a un mundo mayor. La famosa tríada, por ejemplo –que Vitruvio apenas mencionaba– estructura el tratado moderno, continúa como base de las modalidades arquitectónicas más variadas, y se repropone con otras palabras, buscando siempre la concordancia. La currícula de la Facultad de Arquitectura mantiene este ideal unitario entre lo útil y lo bello –entre la construcción y firmeza, el uso, y la belleza (mencionada, claro, con elipsis)

No es mi intención volver a Alberti, aunque nos aprovecha reconocer hasta qué punto las palabras mueven las cosas. Hoy, todos apelamos al fragmento, la escisión entre lenguajes, la imposibilidad o el rechazo llano de crear totalidades armónicas, sin advertir que las propias habilidades el arquitecto, las que adquiere a través de la educación actual, se establecen en esta aspiración a la totalidad. Esto significa que, en el mejor de los casos, continuamos con la idea clásica: el arquitecto debe conocer un poco de todo, aunque no necesariamente en profundidad. Es especialista en generalidades. La posibilidad de diálogo con las más diversas disciplinas, con los más diversos sectores, es la que permitía ofrecer esas islas de orden en medio de la ciudad: orden, es decir forma, es decir concordancia de lo diverso. Si esto es viable o no, deseable o no, y cómo podría alterarse, apenas ha sido discutido en los medios académicos. No es discutido porque esta devaluación de las palabras no concierne sólo a los alumnos, sino a toda una disciplina que dejó de creer en ellas, aunque sigue presuponiéndolas.

3. En todo caso, creo que cualquier opción debería tener en cuenta este carácter complejo de una disciplina que piensa el hábitat humano. Digo piensa, no necesariamente conoce, utilizando la distinción de Arendt que coloqué en el acápite. Es fácil –y deseable– imaginar a un arquitecto que se apoye en un grupo interdisciplinario: este le proveerá elementos específicos, actualizados y probados, de cuestiones tales como el equilibrio ecológico, las aguas subterráneas o las dimensiones de un pilar. El arquitecto debe poder hablar con todos estos especialistas. Pero él no hará un resumen de lo aprendido. El arquitecto dará forma en un sentido fuerte de la palabra –el utilizado en el ámbito estético y literario–. Para establecer un diálogo productivo, no sólo debe conocer algo de estas especialidades para ponderar su valor y comunicarse con sus colegas, sino que debe integrar esos conocimientos de índole tan diferente a su pensamiento –el pensamiento de la forma.

Y aquí estamos frente a uno de los dilemas de la "investigación proyectual": esta forma no puede probarse, porque su calidad no se basa en la eficiencia, como no lo hace una pintura o una novela (no medimos los números vendidos para determinar su calidad).

Por supuesto que muchos aspectos parciales de la disciplina pueden probarse, y así integrarse sin demasiadas objeciones al mundo de la investigación, cualquiera sea el sistema adoptado. Es fácil pensar en investigaciones tipológicas sobre vivienda social; en innovaciones vinculadas a la eficiencia energética del edificio; en trabajos estadísticos acerca de las formas culturales de habitación; en trabajos de historia o de sociología de la arquitectura, que siguen sin problemas mayores las reglas de la ciencias humanas respectivas. Pero, ¿que sucede con un proyecto arquitectónico? Los croquis de Le Corbusier sobre Buenos Aires, que se prueban tan productivos, en sentido amplio, en los años posteriores, no se fundan en el conocimiento científico de Le Corbusier, ni siquiera en una experiencia sólida de una ciudad que conoció de pasada, de un país que sobrevoló en avioneta. Y si Wladimiro Acosta legó algo parecido a la investigación técnica en su vivienda y clima, por cierto su calidad como arquitecto se ancla en las formas arquitectónicas que ideó para resolver el problema, y no en los gráficos climáticos. Es cierto que antes tuvo que identificar con precisión el problema: su formación amplia le permite hacerlo.

Este es sin duda el punto más complejo para definir el valor de una investigación arquitectónica realizada con medios proyectuales –que, por supuesto, no eluden la palabra, pero que indudablemente la emplean de manera diferente que en otras disciplinas. El valor epistemológico de un proyecto presentado como investigación, y no como obra de arte, está fundado en estas palabras, que no sólo están sometidas a una reflexión sobre su significación en el contexto de la arquitectura, sino que referencian siempre otro texto no traducible directamente: el icónico. Aún en el más abstracto discurso historiográfico, para comentar mi propio ámbito de reflexión, las imágenes son insustituibles, en presencia o en ausencia (no necesito en este ámbito, por ejemplo, poner una diapositiva del croquis de las torres porteñas de Le Corbusier, porque ustedes tienen esta imagen en la cabeza).

Para dar una idea de la dificultad del discurso disciplinar: estamos hablando de dos discursos, el lingüístico y el eidético, que no son directamente traducibles entre si, pero que son inevitables, ambos, para pensar la arquitectura.

Para cumplir las mínimas condiciones que permiten pensar un proyecto como investigación, éste debe ser generalizable; debe poder ser ponderado en su innovación intradisciplinar –sobre la cual no nos ponemos de acuerdo–; debe poder explicarse, en términos más generales y no internos, a los colegas de otras disciplinas que nos solicitan precisiones sobre el valor de tal o cual propuesta. Nuestro discurso debe ser tan público como nuestros proyectos, la jerga inevitable debe poder desandarse, explicarse, despertar el interés ciudadano –todo un desafío, ya que no querríamos, tampoco, banalizar las problemáticas. Pero no se trata sólo de divulgación, o, sólo de pensar formas de recolocación del mundo de la arquitectura en la cultura de las ciudades. Nombrar algo es definir ya un contexto en que la forma será posible.

4. Un breve colofón local, para concluir estos comentarios. Para ello vuelvo a los inicios de este texto: si parece obvia la necesidad de que el campo arquitectónico actual coloque el tema de la investigación como fundamental, ya que implica, a poco que avancemos, la pregunta sobre la misma disciplina, todavía me quedan serias dudas acerca de que las maneras en que la Universidad define el mundo de la Investigación, y las formas más bien aleatorias con que la Facultad ha intentado adecuarse –y en ocasiones oponerse– a ellas, promueva un avance palpable en el pensamiento arquitectónico.

No me voy a detener sobre los problemas más obvios que ya han surgido de manera recurrente en este corto idilio histórico entre arquitectura e investigación formal. Recuerdo varios disparates tapizando este camino institucionalizador, como la integración del trabajo de gestión universitaria como parte del curriculum del investigador, o la pretensión de presentar los metros cuadrados construidos equiparándolos a artículos no puede siquiera sostenerse –o aún: de obtener un doctorado "honoris causa" por esta cantidad. Recuerdo que en los inicios del sistema de categorización docente un ingeniero había escrito un notable artículo: había aplicado la misma grilla de evaluación a Einstein, en el momento en que ya había publicado el artículo sobre la relatividad restringida; y a un decano de una facultad de provincias que carecía de contribución académica relevante para el conocimiento: como se imaginarán, Einstein ni siquiera calificaba para ingresar al sistema, mientras que el dicho decano aparecía premiado con la categoría máxima. Ni siquiera necesito entrar a considerar otros problemas derivados, tales como el atravesamiento del mundo universitario por el partidismo político (no por la política, inherente, como dije, a las actividades de construcción del habitar).

Sabemos qué se gana al integrarse a un sistema normalizado de investigación. Pero me interesa pensar qué se pierde cuando se acepta sin discusión un modelo rígido, que puede funcionar para las ciencias exactas o naturales, pero no para otras franjas de la cultura. En particular, me interesa debatir el impacto de cierto tipo de academización en un mundo como el rioplatense, cuya extrema vitalidad cultural, en gran parte del siglo XX, estuvo vinculada con una figura característica de intelectual que hacía del debate público su centro: el que Ángel Rama describía, con cierta ironía, como el "intelectual de café", parte de aquellos sectores medios en ascenso mezclados aleatoriamente con quienes provenían de los círculos sociales tradicionales. Rama reconocía su propia pertenencia a este mundo cuya posibilidad, por cierto, se apoyaba en la escuela pública, la voluntad universal y laica de la cultura rioplatense, y la confianza en que el capital simbólico podía adquirirse idealmente sobrepasando las diferencias comunitarias, raciales, o adquisitivas. En este mundo en que no se exigían títulos ni riqueza, sino ánimo polémico de saber, se podían encontrar mezclados científicos y dentistas, arquitectos y músicos –atenuando, podríamos decir, el horizonte de divorcio entre "las dos culturas", como las denominaba E.P. Snow. Uso café como metáfora de espacio público –que excede el espacio abierto, y que remite, más bien, a ámbitos de debate de la sociedad civil.

No me voy a extender sobre un tema que ya es casi mítico. Tampoco propongo, por supuesto, la sustitución de la figura del académico por la del intelectual de café. Lo que es seguro, es que la vitalidad de una cultura depende ante todo de la existencia de un espacio de debate relativamente libre (y entonces: informal), espacio múltiple que, a mi juicio, sustenta las manifestaciones más sistematizadas. Estas instancias informales de discusión son fundamentales, y no pueden ser sustituidas por seminarios y congresos, con tiempos de intervención calculados, temas restringidos y cada vez más especializados, etc. Son, además, instancias de placer las que le dan precisamente vida a un pensamiento que carece, en principio, de fin concreto, de otra utilidad que el puro movimiento de pensar juntos, que no promete ni promociones ni incentivos de fin de mes, ni líneas en el currículum.

Sé que estos espacios no han desaparecido. Después de su reflorecimiento de la década del ochenta, en que las esperanzas de haber dejado atrás la "salud" del silencio dictatorial se entremezclaba con la conciencia de su importancia para cimentar ese nunca más que entonces era algo más que una consigna, he sido testigo, como seguramente han sido ustedes, de muchas experiencias cuya riqueza no se mide en tesis o citas de autoridad. Pero, al menos desde los tardíos 90, ellas comenzaron a ser más raras y efímeras, circunscriptas a grupos cada vez más pequeños, cimentados por largas amistades o por inesperados encuentros entre generaciones. Si el panorama es grave en el mundo de las humanidades en general (han cerrado las dos revistas culturales independientes más importantes), en el mundo de la arquitectura estas experiencias aparecen aisladas, escasas, arrinconadas, creo, por la lógica de un sistema que corre el riesgo de convertirse en una burocracia o en fábrica de papers; por un sistema en que el término productividad se establece cuantitativamente, como si se hablara de tornillos y no de ideas. En el extremo opuesto, el de la divulgación, el crecimiento notable de los suplementos periódicos no logra ocultar la pasividad de la trasmisión. Es sintomático que los suplementos de arquitectura sean independientes de los suplementos culturales, vinculados con las empresas constructoras y los emprendimientos inmobiliarios más que con el arte o las letras, la comunicación o la filosofía, las ciencias sociales o la historia. No se traducen en reproducción de la cultura arquitectónica, ni en extensión de sus valores en el público.

Se dirá que en una ciudad de multitudes, como es el conglomerado de Buenos Aires, existe poca posibilidad de recrear espacios de discusión libre, en el que el contacto cara a cara era fundamental. Pero ante esta objeción, no sólo debemos recordar que en el 60 o el 80 Buenos Aires ya era ciudad de masas, sino también que la principal forma de trasmisión de la arquitectura en Argentina continua siendo boca a boca, cara a cara, en un extraño y aparentemente arcaico taller, una instancia que no ha podido sustituirse y que se basa tanto en la comunicación oral como en la extraña comunicación con "el lápiz" que tenemos los arquitectos. En todo caso, tanto para recusarla, replantearla o sostenerla, no podemos evitarla en sus dos sostenes obvios.

En fin: esta disciplina anclada tradicionalmente en una perspectiva cultural amplia, crítica, inevitablemente pública, reacia a la especialización porque su producto formará directamente parte de la vida, encuentra su base en la vitalidad de la discusión en espacios de relativa informalidad, aun en aquellos que, como los talleres, están incrustados en estos dinosaurios burocráticos que llamamos todavía Facultad como rémoras, abandonados a su suerte –y que, en esta orfandad, pocas veces logran hacer efectivo este espacio de creación. De todas manera, dentro o fuera de las facultades, en el café o en la esquina, en el asado del domingo o por mail –nuevo espacio, también letrado, de difusión– no han desaparecido: son menos visibles; desconectados entre sí; y carecen de articulaciones transversales con otros mundos del pensar. Pero testimonian que, en formas que deberán ponderarse, analizarse o someter a la experiencia, es posible aún, en medio de las multitudes, de la fragmentación o de la escasa alfabetización, revertir las circunstancias a favor. Lo único que sabemos los historiadores es que la historia la hacen los seres humanos: como decía Marx, no lo saben, pero la hacen.

Tratemos de pensar este hacer, en el ámbito en que nos ha tocado actuar: no lo dejemos en manos ni de la burocracia formal ni del populismo periodístico. Los límites vendrán solos, pero no sin resistencias. Y no serán, así, los mismos.

¿Podremos los arquitectos argentinos revertir la situación de chata contribución activa al debate cultural, como lo hacen los chilenos o los brasileños? Esto me preocupa más que las posibilidades de formalizar las pautas de investigación: finalmente, estamos hablando de pensar.

J.S.: Gracias Graciela...

SEGUNDA MESA REDONDA | JUEVES 15 DE MAYO DE 2008

Sobre las maneras de producir conocimientos por los diversos saberes constituidos

JORGE SARQUIS | COORDINACIÓN

JORGE SARQUIS: Vamos a iniciar la segunda mesa sobre el conocimiento y su producción por los saberes constituidos. Veremos ahora cómo operan las ciencias que dan por aprobados sus presupuestos básicos y no cuestionan de manera tan fuerte la búsqueda de los fundamentos, como sí ocurre en el arte, la filosofía, aunque en la ciencia, Quesada Allúe en la ponencia anterior intentó demostrar los límites de la supuesta crisis, de la misma manera que la presentación filosófica de Silvia Rivera, nos configuró el mundo de la relación entre ciencia y mundo social.

En esta mesa hemos invitado a Susana Murillo, por ciencias sociales; a Luis Alberto Quesada Allué por el campo de las ciencias físicas y naturales, como ya lo explicamos en la mesa anterior; por el psicoanálisis al Dr. Rolando Karothy; por las Ciencias del Hábitat en el territorio a Jorge Morello y yo reemplazaré en la coordinación a Graciela Silvestri, pues, no puede hacerlo. Yo me ocuparé de las Ciencias del Hábitat en la que hablaré de lo construido, del hábitat urbano, el mundo artificial, el mundo de la construcción, es decir las varias definiciones que hay al respecto. Quiero manifestar además que, como dije en la mesa anterior, los curriculums de cada uno no los tengo con exactitud pero sí tengo las recomendaciones de cada uno; a la Dra. Susana Murillo me la recomendó Luis Ainstein, Hilda Herzer y la Subsecretaria de Ciencias Silvia Guemureman. Al Dr. Luis Alberto Quesada Allué se explicó en la mesa anterior; al psicoanálisis Dr. Rolando Karothy, ocupado en cuestiones epistemológicas en psicoanálisis, con un doctorado en el tema, fue recomendado por la psicoanalista, Gabriela Pedrotti; y al Dr. Jorge Morello por dirigir el GEPAMA, institución dedicada a las cuestiones medioambientales existente en la FADU.

Vamos a comenzar con la Dra. Susana Murillo que nos va a hablar desde las Ciencias Sociales sobre los problemas del conocimiento y la investigación.

1. Por las ciencias sociales

SUSANA MURILLO: Buenas tardes, muchas gracias por la invitación. A mí me gustaría plantear algunos obstáculos que creo es necesario tener en cuenta cuando se habla de Ciencias Sociales, dado que particularmente a ellas se les pide cuenta de sus prácticas. Luego desearía colocar en perspectiva histórica el análisis de tales *dificultades* que presumiblemente implicarían estas ciencias.

1. Las ciencias Sociales, su especificidad, algunos problemas en la producción de sus saberes

Las Ciencias Sociales suelen ser problematizadas, cuestionadas, pues sus prácticas no se avienen a lo que se estila considerar el método *standard de la Ciencia*. Más allá de dejar entre paréntesis la existencia de una *unidad* llamada "Ciencia", me gustaría reflexionar acerca de algunos problemas ligados a ese modo de pensar las prácticas de las Ciencias Sociales.

Comienzo planteando en primer lugar algunas reflexiones acerca del *objeto* de las ciencias sociales. Ellas apuntan a conocer *lo social* entendido como una trama de relaciones. Aquí es necesario tomar en cuenta algo señalado por Durkheim: lo social menta lo *colectivo* no lo *general*. Lo general emerge a partir de una comparación entre hechos singulares y toma el carácter de una abstracción de algún aspecto común; lo colectivo alude a un entramado de relaciones que toma características variadas en relación a esa red relacional de poderes.

En este punto es menester señalar que la emergencia de la Ciencias Sociales a mediados del siglo XIX está fuertemente ligada al estallido de la así llamada "cuestión social". ¿A qué le llamamos "cuestión social"? Al abismo entre la realidad efectiva que asolaba a Europa a comienzos de siglo XIX y los principios proclamados por las revoluciones triunfantes a fines del siglo XVIII, principios inspirados, entre otras, en ciertas ideas que la Ilustración habían prometido libertad, igualdad y propiedad con carácter universal. Con esto aludo al hecho de que la historia efectiva del siglo XIX marcaba fuertes desigualdades en el acceso al trabajo y a la propiedad. Esta situación, muestra una carencia, una falta y es necesario algo que suture ese abismo. *Lo social*, sería esa trama que integraría a los sujetos más allá de las desigualdades efectivas. Debía ser el lazo contenedor y reparador de las diferencias. Lo social nace así como algo que falta y que es menester construir. Las ciencias sociales emergen en esa paradojal situación de tener que remediar una carencia: la necesidad de suturar la ausencia de lazos, el conflicto social ligado a la desigualdad que frustró los sueños de la Revolución Francesa y al mismo tiempo el requerimiento de presentarse como saber científico, con todo lo que ello conllevaba, y de algún modo conlleva hoy. En este contexto emergen diversos pensadores y reflexiones tendientes o bien a construir ese lazo o bien a mostrar la inviabilidad del mismo.

Ahora bien, en esa tarea es necesario señalar dos peligros en los que puede recaer el investigador hasta hoy día: el holismo que lo deduce todo de un esquema o el individualismo teórico y metodológico que coloca el núcleo de lo social en los individuos autointeresados, comprendidos como átomos.

La segunda cuestión que me gustaría plantear es cuál es el es problema central que deben afrontar las Ciencias Sociales al estudiar el lazo social. Se trata aquí de la pregunta acerca de cómo articular lo singular subjetivo con lo colectivo-histórico. ¿Cómo comprender, sin caer en reduccionismos varios, la sutil imbricación entre ambos procesos?

Pero la aprehensión de la realidad social es un proceso complejo y difícil, precisamente por su cercanía con el sujeto o el conjunto de sujetos que la exploran. Más aún, diversas tendencias en las ciencias sociales cuestionan, no sin fundamento, la posibilidad de la escisión sujeto-objeto en estas disciplinas.

El objetivo en ellas *no ha sido conocer por el conocer*, sino como todo conocimiento científico, ha tenido como finalidad transformar la realidad. Lo anterior supone producir conocimientos con base empírica que permita producir explicaciones plausibles y predicciones en el mismo sentido. Lo cual nos reenvía a tres tipos de problemas planteados por la epistemología *standard*:

> a. Gnoseológicos: qué grado de certeza posibilitan las explicaciones en ciencias sociales y en qué medida son sus predicciones confiables.
> b. Metodológicos: cómo construir métodos propios de cada objeto de conocimiento; cómo no subordinarse a los métodos de aquéllas ciencias que cuentan ya desde hace siglos

con el aval de tales. ¿Cómo no aplicar esquemas al modo del *lecho de Procusto*?

c. Epistemológicos: ¿es posible la neutralidad, la capacidad explicativa, la universalidad, la plausibilidad, la capacidad predictiva en ámbitos donde, como en las relaciones sociales, las variables intervinientes son innumerables y dónde las acciones de sujetos colectivos e individuales no son necesariamente racionales?

d. Políticos: estos saberes que nacen de las entrañas de las relaciones sociales y a ellas vuelven en una realidad centralmente conflictiva, agonística: ¿en qué instancias de poder se inscriben?

En tercer lugar desearía exponer cuál es el probable fundamento de estos problemas. Se trata, a mi entender, del hecho de que tanto *el sujeto, como el objeto de conocimiento, forman parte del mismo entramado de relaciones*. El sujeto que conoce es un ser histórico, atravesado por contradicciones, en un plexo de relaciones que debe conocer; ellas son también relaciones históricas y contradictorias y el sujeto forma parte de ellas. Problema que tiene varias consecuencias:

Por un lado esto genera la inevitable pluralidad de perspectivas teórico-metodológicas. Todo intento de "higienizar" el pensamiento social ha sido vano. No hay "normalidad" posible, precisamente por ese carácter histórico y contradictorio de las relaciones sociales y porque ellas no se presentan como "transparentes" para una conciencia que las aprehende en su plenitud. Esa pluralidad es por otro lado deseable, en tanto nos permite pensar en una humanidad no unificada dentro de un cerrado universo de discurso.

Por otro lado es menester señalar que los conocimientos producidos por el sujeto en las ciencias sociales afectan inevitablemente a su objeto. Sería contradictorio pensar otra cosa. Si el conocimiento tiene como objetivo transformar la realidad y no sólo contemplarla (al menos es así desde el siglo XVI y tal vez siempre lo ha sido), sería vano e ilusorio pretender un conocimiento que no se "ensuciara" con sus vinculaciones con la realidad. Esto se atestigua desde la realización de experimentos sociales, de los cuales Nuestra América tiene incontables ejemplos, hasta la predicción suicida que anticipa la caída de un grupo de bancos o empresas y termina produciéndola.

De ahí entonces que debamos asumir que las ciencias Sociales nunca han estado escindidas de los juegos de poder. Sea para oponerse a formas hegemónicas, sea para sustentarlas. Sea con conocimiento de los científicos sociales y sin que ellos tomen conciencia de su lugar, esta realidad afecta el tipo de problemas, el método, la organización institucional en la que se desenvuelven, el tipo de políticas que se implementan para impulsarlas o desalentarlas (así por ejemplo Los Estados Unidos brindaron el ejemplo más elocuente al respecto cuando el Comité Científico del Congreso votó la supresión de los fondos destinados a las ciencias sociales para el año fiscal 1997. Uno de los argumentos esgrimidos por el Presidente del Comité fue que la investigación en ciencias sociales "no es ciencia de verdad"). Esto no significa que los científicos sociales en masa sean algo así como amanuenses del poder, dado que en realidad no hay poder sin resistencias y que el ingreso en la máquina del saber suele hacerse con diversas motivaciones subjetivas: interés, asombro, deseo de saber, afán por colaborar con la humanidad. Esto sólo significa que en la consideración de ellas no es posible prescindir del análisis del poder. En este punto es relevante destacar que según un informe elevado a la UNESCO por el *Gabinete del Primer Ministro de Bélgica para Asuntos Científicos, Técnicos y Culturales*, el estudio "un poco más crítico de los usos sociales existentes sólo empezó a ser posible cuando: a) los estamentos dirigentes tropezaron con problemas nuevos a los que debían dar respuesta; o b) otros grupos necesitaron del conocimiento social para cuestionar el poder de los grupos dirigentes."

De todo lo anterior se infiere que cuestiones tan importantes como la objetividad y la ausencia de ideología a la hora de practicar las Ciencias Sociales, deban ser repensadas. No hay tiempo aquí para desarrollar estos dos tópicos que por sí mismos han alimentado bibliotecas. Pero sí es menester señalar el inevitable carácter político de la más inocente encuesta en estas Ciencias. Y ello conlleva complejas cuestiones de ética que no pueden ser elididas.

Todo lo referido suele generar el concepto acerca de la presunta inferioridad de las ciencias sociales respecto de las ciencias naturales por: falta de objetividad, de generalidad, de neutralidad, de capacidad explicativa y predictiva. No obstante, no parece que esta posición sea acorde con lo que la historia indica. Podría dar diversos ejemplos, pero me centraré en el mismo informe arriba mencionado, elevado a la UNESCO. El documento critica la organización actual de las ciencias sociales en el sentido de que ella no se adecua a las necesidades políticas, a las del mercado y a las de la sociedad civil, sino que han quedado constituidas en las formas de trabajo y en las tradiciones teórico-metodológicas heredadas del siglo XIX y modificadas tras la Segunda Guerra Mundial. En esa clave ligada a las políticas del mercado, la sociedad civil y los problemas políticos, se alienta a la investigación participativa; esta tarea podría cumplir un papel análogo al que las ciencias naturales han desempeñado en el campo del desarrollo tecnológico; según el mencionado informe, las tecnologías habrían mejorado la calidad de vida de la población. Nada de ello estarían haciendo las Ciencias Sociales; ¿qué habría cambiado en la humanidad si Habermas, Foucault o Giddens no hubiesen existido?, se pregunta el autor y la respuesta es: "nada". Tales afirmaciones son hechas sobre la base del Informe Gubelkian dirigido por

Immanuel Wallerstein a la UNESCO en 1995. Allí se sostiene que *los científicos sociales deben trabajar codo a codo con el sector privado, las instancias públicas y la sociedad civil.*

Lo anterior también implica que no es posible separar la Historia interna y la Historia externa de las ciencias sociales y mucho menos pensar en términos de "ciencia normal". Veamos.

2. Condiciones de posibilidad para las ciencias sociales

Todo lo arriba planteado puede comprenderse en términos de las condiciones de emergencia y transformación de las ciencias sociales. Al respecto me gustaría señalar algunos aspectos insoslayables.

Por un lado, tal como mencionaba al comienzo, el siglo XIX es el período en que el liberalismo, entendido como *arte de gobierno*, advierte, en medio del estallido de la cuestión social, la importancia de la *población* como problema a conocer y gestionar. En esas condiciones surgen nuevas formas de poder que toman de modo específico como blanco a las poblaciones, sus grados de mortalidad, morbilidad, peligrosidad y estiman los óptimos factibles de ser tolerados. Dicho de otro modo, el arte de gobierno liberal sostiene que la pobreza o la criminalidad son inevitables, las ciencias sociales deberán estimar el límite de lo tolerable: la curva normal que cada sociedad puede aceptar y controlar y cuando los movimientos poblacionales excedan los límites tolerables se construirán normas para limitar tales excesos a través de la introyección de hábitos de modo disciplinario. Nace lo que se conoce como "biopoder". El biopoder tomará como blanco la vida de las poblaciones, no sólo la de las europeas –ya que es en Inglaterra, Francia, Alemania, Italia y Estados Unidos donde nacen las Ciencias Sociales, en pleno período de expansión industrial– sino la de aquéllos que habían las colonias que los países más poderosos del planeta han conquistado o intentar colonizar de diversos modos. El biopoder se instaló y difundió bajo los auspicios de la medicina, la sociología, la pedagogía, la psicología, la criminología y fundamentalmente el instrumento de todas ellas: la estadística. El par conceptual a abrir del cual midieron e intervinieron fue la díada *normal-anormal*.

Este proceso de nacimiento se dio bajo el modelo del desarrollo de las ciencias naturales que habían alcanzado sus mayores éxitos ya desde el siglo XVII, lo cual hacía pensar en la necesidad de emularlas.

No obstante, en los países donde emergían las ciencias sociales en siglo XIX los modos en los que la cuestión social se presentaba era diverso y diversas eran sus "tradiciones" culturales. Cada uno de los Estados en los que surgieron estas ciencias estaba y está atravesado por tradiciones culturales distintas, que incluso se han planteado como adversas y ello ha influido en el modo de concebir a las ciencias y en particular a las ciencias sociales.

3. Algunas peripecias del devenir de las Ciencias Sociales

Si la historia interna y externa de las ciencias sociales son inseparables y si ello incide en la imposibilidad, al menos hasta ahora de pensar una ciencia "normal" (algo que además estimo deseable), entonces es menester mostrar algunos trazos históricos para fundamentar esa afirmación.

1850 - 1919

Durante este período se produce el divorcio de las ciencias respecto de la filosofía. No sólo la investigación académica proviene de los cinco países arriba mencionados, sino que gran parte de la investigación hecha por la mayoría de los estudiosos es sobre su propio país. El Positivismo es entonces hegemónico y transforma al modelo de conocimiento constituido en Europa a partir del siglo XVII en un patrón cognoscitivo universal, en el que la inducción se consagra como modelo (tal vez debido también al ingente crecimiento de las Ciencias de la Vida en el siglo XIX) con lo cual el conocimiento de un caso es generalizado y con él, son *naturalizadas cierto tipo de relaciones sociales*. Este proceso es contemporáneo a la *reinvención* de las universidades y construcción de las *disciplinas* en base a varias escisiones que son de tipo *teórico-metodológico* pero que implican unas escisiones en el campo de lo *ontológico*. Escisiones que se mantienen casi inconmovibles en nuestro medio académico actual.

a. *Escisión presente pasado:* surgen en esta clave por un lado las ciencias sociales: economía – sociología y política y por otro la historia. Se trata de ciencias nomotéticas que deberían asemejarse a las ciencias naturales por su objetividad, neutralidad, universalidad y capacidad de cuantificación. Este criterio hace perder valor al estudio de regiones como la Alemania del siglo XIX o la España del XVI, pues sus procesos no se adecuan a unos esquemas universales, construidos a partir del estudio de un caso o situación.
b. *La separación entre el estudio del mundo "Occidental" y el del no Occidental.* El estudio de los pueblos considerados prehistóricos, así considerados pues era evidente que no todos los pueblos de mundo poseían la escritura, la propiedad privada y las normas jurídicas europeas; surgen así la *antropología y la etnografía*, ¿cuáles son sus propósitos?. El primero y más obvio fue el de *la antropología, a la que se creó para estudiar el mundo primitivo.* A éste se lo define de un modo bastante simple: en la práctica son las colonias o los habitantes originarios o no blancos que habitan los cinco países arriba mencionados Teóricamente, su objeto se puede definir como *aquellos pequeños grupos de bajo nivel tecnológico que carecían de escritura antes de sus contactos con Occidente y que no tenían*

creencias religiosas que fueran más allá del propio grupo. Se presumía que estaban estancados y el tiempo no transcurría para ellos. En fin, son "gente muy extraña", que habla lenguas bastante raras desde el punto de vista europeo. El investigador debía entonces internarse en aquellos exóticos lugares, hacer observación participante, construir ideografía, basada en la presunción de ahistoricidad. Al tiempo que debía coleccionar raras piezas que son hoy patrimonio de museos de los países patrocinantes. Esto ayudaba a comprender una gran parte del mundo, pero no todo el mundo, puesto que obviamente había zonas que no eran acordes a los criterios arriba esbozados. China, India, el mundo árabe, Persia.

Todos ellos comparten un conjunto de características. Tienen en la actualidad, o tuvieron en el pasado, uno o más grandes imperios burocráticos en su territorio. Como resultado de ello tienen escritura y múltiples textos que se han preservado. Además, todos ellos tienen –para usar una expresión del siglo XIX– "religiones mundiales". Lo único que no tenían era *modernidad*. El estudio de esta clase de sistemas sociales se fue construyendo en un último campo al que no se lo definía propiamente como "ciencia social", pero que de hecho era la ciencia social más amplia al ocuparse de todas esas áreas del mundo: *los estudios orientales*. La mejor forma de hacerlo era penetrando en su civilización, lo que en principio significaba leer y aprender los textos –la *filología* llegó a ser una técnica de gran importancia– y presentarlos al resto del mundo, mientras se explicaba por qué no habían llegado a ser modernos. Esos mundos tendieron a ser vistos como civilizaciones congeladas y por lo tanto ahistóricas. Con lo cual tenemos configurada esa segunda delimitación básica: la historia más el trío homotético dirigido al mundo occidental, y la antropología y los estudios orientales relacionados con el resto del mundo.

c. *Separación entre lo colectivo e individual.* Aquí tenemos el nacimiento de las disciplinas "psi" que deberían estudiar al sujeto en su evolución como individuo a diferencia de las disciplinas sociales, políticas, económicas, antropológicas. Todo ello sobre el modelo del europeo considerado "normal", que atraviesa necesariamente ciertas etapas evolutivas y que es por ende un sujeto jurídicamente apto.

El período de entreguerras

Muchos fueron los efectos de la primera guerra mundial en la cultura europea, uno de ellos la *desconfianza en el progreso* y con ella las críticas al positivismo. Particularmente en el campo de la historia fue cuestionada la concepción lineal vinculada a la ficción del progreso y al rol de los Estados nacionales. Entonces se multiplican las reflexiones sobre la historia: ¿existen invariantes en *la historia*? ¿Es la historia un conocimiento de hechos singulares? La primera guerra mundial eliminó una visión lineal y acontecimiental que el positivismo, con pretensiones inductivistas había creado de la historia. Surgieron así corrientes como la *Historia Social*, sustentada en la Escuela de *Annales* en Francia que valoraron los conocimientos provenientes de diversas ciencias y eliminaron cualquier visión monótona y direccional del curso de los acontecimientos humanos, poniendo el acento en procesos complejos de diversos niveles de duración. Al tiempo que la *hermenéutica*, nacida mucho antes, era revalorizada en su posibilidad de *comprender* los procesos sociales y culturales, de aprehender sus sentidos y de no reducir los conocimientos a la *explicación* a la manera de las ciencias naturales.

El período posterior a la segunda guerra mundial. La internacionalización de las Ciencias Sociales

El proceso de la Segunda Guerra erosionó la rígida escisión

Occidente-no Occidente. Junto a ello, los intereses de los países triunfadores, y en particular la hegemonía de Estados Unidos (que desarrolló modos diversos de intervenir en territorios a través de la cultura) impulsaron los *estudios de áreas* como modo de organización mediante el cual se pueden producir con rapidez gran número de investigaciones que llegan a acumular algún saber sobre África, Asia, América Latina, Rusia China y cualquier otra región. Se trató, particularmente en la universidades de los países centrales, de inducir a los estudiantes de posgrado a que se especialicen en las áreas y adquieran conocimiento sobre ellas dándoles al menos un año más a los requeridos normalmente, durante el cual pudiesen "aprender un poquito de todo acerca de la región de que se trate". Si se estaba interesado en la India, se tenía entonces que aprender algo de historia de la India, de la sociología de la India, de su economía, de su ciencia política. Después se podía estudiar el idioma o lo que fuese. Esto se llamó, *estudios multidisciplinarios*. Los estudiantes adquirían ese conocimiento, inmediatamente obtenían su título y luego se esperaba que continuasen con su trabajo empírico sobre la misma zona, ya como sociólogos, como economistas o historiadores. Este programa fue considerado exitoso por Estados Unidos y se extendió a otros países centrales. La delimitación mundo civilizado/resto del mundo se deshizo. Los *estudios de áreas* fueron contrarios *a lógica de las disciplinas*. Los estudios orientales pierden su nombre, los investigadores se unen a otras divisiones y se convierten en historiadores o en profesores de religión.

Esto lleva paulatinamente en los países centrales, a cuestionar las divisiones entre departamentos y facultades. Y más aún, con posterioridad a 1945 las empresas y los Estados habían comprendido como nunca antes, en relación a la expansión de la economía mundial, el valor de la ciencia aunada a la tecnología. Esto significó inversiones extraordinarias en el sistema universitario y su articulación a polos científico-tecnológicos (en Argentina se constituyó a fines de los años '50). De ese modo desde 1945 se produjo un incremento en progresión geométrica en el número de universidades, profesores universitarios y estudiantes, de estudios de posgrado.

El mundo de la posmodernidad

El mayo del '68 es un ícono emblemático en Europa y Estados Unidos, del que Argentina podría mostrar muchos otros. En realidad el mundo universitario y científico argentino no fue muy conmovido por tales hechos. Sí por diversas situaciones de la región y en particular por aquella sombra que se abatió en Argentina a partir de 1976. Este proceso tuvo graves consecuencias para las Ciencias Sociales, en cuanto a que una generación entera de universitarios fu desaparecida, expulsada o silenciada. Con ella, muchos saberes se perdieron Luego vinieron las democracias, la caída del Muro y el Consenso de Washington. Pero los hechos iniciados en los '70 habían dejado sus marcas indelebles. Entonces paulatinamente las ciencias sociales se volvieron hacia los estudios de los pueblos originarios, los marginados, la pobreza, los problemas de género. Se multiplicaron las áreas y esos temas fueron fuertemente subsidiados por organismos internacionales y Organizaciones de la Sociedad civil. Muchos investigadores sociales pasaron a transformarse en consultores de Tanques de Ideas, consultoras privadas y Organismos Internacionales. En el área de la economía una creciente matematización apartó a las jóvenes cabezas de toda reflexión acerca de los humanos reales y concretos. Finalmente y tras críticas, a veces fundadas y otras no, al positivismo (del cual de manera poco fundada se consideró una variante al marxismo) se dio en estas Ciencias, la predominancia del llamado "Giro Lingüístico" que sostiene "lo social es discurso". Junto a ello se dio el auge de los *estudios culturales*.

Así entonces, en este contexto parece comenzar a borrarse la partición en disciplinas propia del siglo XIX. O al menos éstas son las recomendaciones que provienen de los más altos círculos del saber científico. También se percibe un fuerte impulso a las investigaciones centradas en casos y un progresivo abandono de la construcción de teorías en relación con los avances empíricos. Todo lo cual no puede ocurrir sin consecuencias para la comprensión de los problemas de la Región.

JORGE SARQUIS: Bueno, va a hablar Rolando Karothy, doctor en psicoanálisis.

2. Por el psicoanálisis

ROLANDO KAROTHY: En 1932 Freud dictó una conferencia que se titula *"En torno de una cosmovisión"*. Esa conferencia comienza con el señalamiento de la incompatibilidad del psicoanálisis con la idea de una cosmovisión y lo conduce a la crítica de esta noción de *Weltanschauung* como habitualmente se dice citando la clásica expresión alemana. Cito a Freud en este punto donde define la cosmovisión: *"una construcción intelectual que soluciona de manera unitaria todos los problemas de nuestra existencia; a partir de una hipótesis suprema, dentro de ella, por tanto, ninguna cuestión permanece abierta y todo lo que recaba nuestro interés halla su lugar preciso. Como el término lo indica, una cosmovisión es una visión totalizadora, casi una visión sobre la visión"*. Freud fue muy preciso al decir que el psicoanálisis no es una cosmovisión, idea que hace eco con la famosa frase de Marx: "yo no soy marxista".

Una cosmovisión es una visión totalizadora en la que nada falta, tal vez por eso, como agrega Freud, *"poseer una cosmovisión se cuenta entre los deseos ideales de los hombres, creyendo en ella uno puede sentirse más seguro en la vida, saber lo que debe procurar, como debe colocar sus afectos y sus intereses de la manera más acorde al fin."* Es importante recordar que la palabra cosmovisión remite a *cosmos*, que significa un mundo organizado (su equivalente en latín es *mundus*), un orden, también remite a los adornos de mujer, indica los adornos de tocador, los vestidos de mujer, de ahí proviene la palabra *cosmética*, que se refiere al arreglo de la propia apariencia. De este modo lo que no pertenece al mundo es lo que tiempo después Lacan va a señalar como lo *inmundo*, entendido habitualmente como sinónimo de lo sucio.

¿De qué se ocupa el psicoanálisis? El psicoanálisis se ocupa de tres cosas: se ocupa del lenguaje que nos constituye como sujetos hablantes; se ocupa de la relación con el semejante, es decir todo el campo que remite al amor, al odio, a la rivalidad, a la dimensión sádica, que no es lo mismo que el odio, y a los fenómenos de los grupos pequeños hasta las grandes masas, por supuesto no al modo de una cosmovisión; y se ocupa en tercer lugar precisamente de aquello a lo que ese término que mencioné recién, lo inmundo, remite: se ocupa de la manera en que cada uno goza, y cuando digo de la manera en que cada uno goza, lo que digo se comprueba en la práctica, es que cada uno encuentra su propia forma de gozar porque no hay nada, ni en el microcosmos ni en el macrocosmos, que garantice cuál es la programación como para que alguien encuentre un poco de satisfacción en la vida.

Así es que el llamado neurótico, para el psicoanálisis, es justamente aquel que no deja de quejarse por no encontrar un poco de satisfacción en la vida. Y va a encontrarse con otros sujetos, que el psicoanálisis denomina perversos, que constituyen realmente el sueño del neurótico, es decir aquellos que se ofrecen como sabiendo sobre los modos supuestamente universales del goce, haciéndose eco del discurso que hoy tiene dominación a escala planetaria, que es el discurso capitalista. Porque el discurso capitalista no hace más que renegar la idea que el goce no puede universalizarse. La satisfacción, lo que para el psicoanálisis es satisfacción pulsional, es decir un concepto que no es muy simple pero que intuitivamente se puede captar, siempre de un modo aproximado, muy aproximado.

Lo que el discurso capitalista propicia es crear objetos que funcionan como semblantes de goce para todos. Quizá una frase, que era una propaganda publicitaria, puede evocar esta pretensión universalizante de los modos de goce: "todo va mejor con Coca Cola". Esta expresión indica justamente esta pretensión del discurso capitalista que intenta establecer los semblantes de goce para todos, es decir ofrecer en el mercado aquello que fascina a los sujetos para que rápidamente cambien los objetos de consumo, es decir que aumente el consumo. Hace un tiempo existía una propaganda, muy curiosa, aparecían la imagen de Alejandro Magno, la imagen de Hitler y la imagen de Stalin, y abajo una pequeña botella de Coca Cola; la leyenda, también pequeña, decía: "de todos estos, sólo uno dominó el mundo".

Entonces, ¿cómo surge el psicoanálisis? El psicoanálisis surge a fines del siglo XIX, en la época donde el paradigma de la ciencia era la física. La medicina de la época, particularmente la neurología, consideraba que los sueños eran vana espuma, es decir que los sueños eran el resultado de la acción anárquica del funcionamiento cerebral. En cambio Freud postula que tomando como punto de partida, no el sueño tal como es soñado, sino el relato del sueño, porque no hay acceso a la observación del sueño ni siquiera por parte del propio soñante, tomando el relato del sueño, tomando una experiencia de palabra, puedo trabajar lo que se dice en el sueño, puedo interpretar. Esta primera idea permite recortar a Freud un campo en el cual él sostiene una hipótesis, la del inconciente. Él utiliza el término *Annahme* que es mejor traducir como supuesto (legítimo y necesario, dos palabras textuales de Freud en un trabajo del año 1912). Este supuesto permite que Freud trabaje algo que había abandonado transitoriamente: el problema de los síntomas. Entonces Freud intenta preocuparse particularmente de esa experiencia de palabra ya que la experiencia de palabra y la posibilidad de pensar el sentido del sueño y el sentido de los síntomas, no de los síntomas en la medicina, porque los síntomas en la medicina son pensados de otro modo.

La medicina no es una ciencia, la medicina se nutre de la ciencia, y organiza su método diagnóstico de esta manera: si un paciente tiene ictericia, coluria y acolia, o sea color amarillento de la piel, orinas oscuras y materias fecales blancas o blanquecinas, un médico rápidamente hace un razonamiento que le permite ubicar esa entidad clínica dentro de un cuadro nosológico, y entonces dice que se trata de un síndrome coledociano. Después se trata de investigar las causas, pero rápidamente hay un acuerdo en que eso se llama así, si el médico no es ignorante entonces lo llama síndrome coledociano. Esa es la manera pertinente de pensar el síntoma en la medicina, y es la manera en que también se piensa el síntoma en la psiquiatría Si un paciente para un psiquiatra se le presenta, por ejemplo, con un delirio no alucinatorio de mecanismo interpretativo y de contenido persecutorio que empieza después de los cuarenta años, un psiquiatra dice automáticamente paranoia, porque la paranoia es un delirio que empieza más o menos después de los cuarenta años, persecutorio, sin alucinaciones, y que además no produce deterioro. Muy bien, ese es un modo de pensar y describir el síntoma, pero eso no implica que se ha encontrado la causa del síntoma, la psiquiatría no ha encontrado la causa del síntoma porque con su metodología no puede encontrar nunca la causa del síntoma.

Estoy haciendo un panorama en general de cómo fue surgiendo el psicoanálisis porque yo tengo la siguiente hipótesis:

el problema no es si el psicoanálisis es una ciencia o no es una ciencia, el problema es qué es hoy la ciencia desde el momento en que existe el psicoanálisis. ¿Por qué? Porque el psicoanálisis tiene una deuda con la ciencia, poniendo por lo menos por un rato entre paréntesis si es una ciencia o no. El psicoanálisis tiene una deuda con la ciencia, ¿por qué? Porque la ciencia moderna surge en el mismo momento en el que se logra el establecimiento de un modo de reconocer, como decía Galileo que la naturaleza está escrita con caracteres matemáticos. Y si la naturaleza está escrita con caracteres matemáticos, la ciencia consiste en establecer, en la medida de lo posible, la formalización, es decir las fórmulas, que posibilitan la lectura de ese saber que ya existe en lo real. Por eso cuando se establece la ley de la gravitación universal que dice que las masas se atraen en forma directamente proporcional según esa masa, o en forma inversamente proporcional al cuadrado de la distancia que los separa, se establece una fórmula que lee los caracteres matemáticos de la naturaleza, como decía Galileo. Así surge la ciencia moderna.

La ciencia moderna que también es la ciencia actual aunque ahora se hable de postmodernidad que yo creo que en realidad es la ultramodernidad, o sea sigue vigente la idea originada en la ciencia moderna. Esa es la gran transformación de la ciencia moderna, el haber podido despejar la posibilidad de la formalización. Pero lo que la ciencia produce en ese mismo movimiento es lo que Lacan llama la forclusión de la verdad, ¿qué significa eso? Significa que la ciencia, para decirlo en términos sencillos, ya que tengo poco tiempo, en el mismo momento en que se ocupa de establecer esencialmente la causa, para citar a Aristóteles, esencialmente formal, no trabaja la causa en el sentido de la verdad del sujeto que investiga, ni tiene por qué hacerlo, porque justamente es por eso que puede ser ciencia.

Dicho de otro modo, a mí no me importa si cuando Einstein escribe la fórmula de la relatividad, en la teoría de la relatividad generalizada, que es $e = mc^2$, si cuando escribe la m que representa a la masa es que la escribió la m, o se equivocó y tuvo un acto fallido y escribió una n, e interpretar que entonces quizá tiene algún conflicto con la mamá porque no puede escribir la letra m. A mí no me importa en absoluto para saber la verdad de la fórmula, la verdad de la teoría einsteniana, si él estaba angustiado en ese momento, es decir si él tenía algún problema con la mamá o cosas por el estilo, no tiene ninguna importancia para la ciencia.

Sin embargo, en la medida en que la ciencia tira a la basura aquello de lo que no debe ocuparse, y hace muy bien en no ocuparse de eso, porque sino no sería ciencia, en el mismo movimiento tira a la basura la verdad del sujeto, es decir la historia del sujeto, su angustia, lo que Freud llamaba la verdad reprimida del sujeto, es decir los conflictos del sujeto si lo quieren decir de una manera muy simple y problemática también. Por lo tanto el psicoanálisis se alimenta de los basureros de la ciencia, el psicoanálisis se alimenta de aquello que la ciencia tiró a la basura, esta es la deuda que el psicoanálisis tiene con la ciencia, el psicoanálisis tiene una deuda enorme con la ciencia porque sin la ciencia el psicoanálisis no podría existir.

Si Freud hubiera existido en la Edad Media, no hubiera podido descubrir el psicoanálisis, no hubiera podido despejar el campo del psicoanálisis, no sólo por el oscurantismo prevalente en la Edad Media sino porque se requería esa operación que surge en el momento en que aparece la ciencia moderna.

Freud decía que la primer herida narcisística para el ser humano fue la infligida por Copérnico cuando descentra, cuando elimina la teoría ptolomeica en la medida en que ya no es más la Tierra el centro del universo. Tiempo después Lacan va a enfatizar la teoría del famoso epistemólogo francés Alexandre Koyré, para decir que en realidad la verdadera revolución no la hace Copérnico sino que la verdadera revolución, o mejor subversión, la hace, por un lado Giordano Bruno, que decía que el Universo era infinito y por eso lo quemaron vivo, y en segundo lugar esencialmente Kepler que describe la trayectoria elíptica de las órbitas, porque la elipse no tiene centro, en todo caso tiene un supuesto doble centro o dos focos, con lo cual el verdadero excentramiento lo produce la teoría kepleriana.

El campo del psicoanálisis es un campo acotado. El psicoanálisis no da la verdad de todo, no habla de toda la realidad humana. El psicoanálisis puede iluminar algunos fenómenos, de los que nadie puede ocuparse como el psicoanálisis, no porque otros no puedan ocuparse de cosas muy importantes, eso no es el asunto. Como les decía, el psicoanálisis se ocupa de una experiencia de lenguaje, se ocupa de una tesis sostenidamente reafirmada en la práctica, que es la tesis del inconsciente por un lado, la tesis del inconsciente que para decirlo de algún modo quiere decir que cuando hablamos no sabemos lo que decimos, aunque creemos saber lo que decimos, tenemos necesariamente que tener esa ilusión referencial, como decía Roland Barthes, de que nosotros cuando hablamos queremos decir algo y que el lenguaje tiene esencialmente la función de trasmitir información.

El psicoanálisis tiene una teoría sobre el lenguaje que cuestiona a la teoría del lenguaje como transmisión de información que es la clásica teoría que tiene ya dos mil quinientos años que es la teoría de Aristóteles, pero bueno, ese sería otro tema. Porque en el psicoanálisis se trata por un lado de despejar qué quiere decir hablar, quién habla cuando hablamos, si hablamos nosotros, como si dijéramos habla el yo voluntariamente y lo que decimos es lo que queremos decir, o en nuestros dichos hay algo que se escapa a lo que queremos decir y que sin embargo se puede leer entrelíneas. Pero, por otro lado, también nos ocupamos de otra dimensión, la de la satisfacción pulsional, que está indicada a partir del giro freudiano de 1920: el ser humano no cesa de golpearse con la misma piedra y de gozar de aquello mismo de lo que sufre y se queja.

3. Por las ciencias del hábitat en el territorio

JORGE MORELLO: Hay consenso en considerar que la ecología estudia la relación patrón-proceso o sea que analiza la relación entre estructura y función en sistemas naturales domesticados o totalmente creados por el hombre (Matteucci, 2007).

Del mismo modo que no existe ningún proceso que ocurra fuera de una estructura, la ecología reconoce que no hay ningún proceso ni ninguna estructura que no sea espacialmente explícita.

Los estudios territoriales exploran la influencia de la heterogeneidad del paisaje es decir de los patrones de variación del territorio sobre:

- Los tipos de procesos ecológicos y sociales-productivos (tipos de vegetación, tipos de hábitats, de cultivos, etc.)
- Ritmos de los procesos (etapas de la sucesión vegetal, del cultivo, tasa de inflamabilidad del bosque y pastizal, fonología, reproducción, migración, germinación, dispersión de frutos, etc.).
- Procesos que modifican espacialmente el medio en que ocurren (desmontes, inundaciones, lluvia de cenizas, incendios, sobrepastoreo, sobrerramoneos, sobrepesca, defaunación).

Los objetivos de los análisis territoriales han evolucionado mucho pero se mantienen algunos desde principios del siglo pasado como: Identificación de sitios aptos para actividad agroproductiva, crecimiento urbano, construcción de infraestructura aeroportuaria, caminera, de generación de energía, industrial, urbana, etc.

Análisis particular de algún territorio en relación a determinada demanda de espacio para un tipo actividad productiva especifica.

En fechas recientes (1980-1990) la modelización ha permitido analizar el comportamiento global del planeta y hacer predicciones de cambios globales.

No hay duda de que la ecología del paisaje es desde principios de siglo la herramienta idónea para "comprender y manejar las relaciones dialécticas entre la configuración espacial y los procesos naturales y sociales" (Matteucci, 2007, p. 2).

Como campo del conocimiento nace, aun sin nombre propio al inicio del siglo cuando fitogeógrafos soviéticos como Lavrevnko y Sotchava lograr comenzar a integrar lecturas del territorio hechas de manera monodisciplinaria por la edafología, la geomorfología, la biogeografía, Zoogeografía la transforman en una herramienta para el estudio de los fenómenos naturales y antrópicos que ocurren en determinado sitio o región.

Se considera que la ecología del paisaje nace en Rusia en 1898 y en Francia en 1912 fuertemente ligada a la necesidad de los países que colonizaron espacios ocupados por coberturas vegetales naturales o poco modificadas, lo que podríamos llamar "terras irredentas", cuyo potencial productivo era mal conocido y donde se producían fenómenos naturales de extensión y duración desconocida (sequías, inundaciones, incendios, migración de fauna).

Este periodo de la ecología del paisaje se caracteriza por demandar el conocimiento de los recursos naturales patrimoniales, los distintos usos que le dan los pueblos originarios y las posibilidades de desarrollarlo para satisfacer las demandas de las metrópolis. Se bautizó como disciplina en África en 1948 cuando C. Troll definió sus objetivos de conocer los usos actuales y potenciales de la tierra a partir de indicadores de calidad del soporte edáfico del comportamiento de elementos clave de la biota.

En esta época de la segunda Guerra Mundial aporta un avance tecnológico de gran aptitud sintetizante, asimilando la posibilidad de ver áreas más amplias y sustituir la visión oblicua (tipo cumbre de montaña) por la vertical, de comprender el "anidado" de los elementos del paisaje y de elaborar clasificaciones jerárquicas de unidades ambientales.

Ello abrió la posibilidad de establecer niveles jerárquicos de complejidad Ambiental.

Esa orientación de los estudios del territorio se extendió de 1940 a 1970 fue llamada por Matteucci "El paradigma de la homogeneidad" y los estudios se centraron en ubicar y delimitar unidades homogéneas a la escala de análisis basándose en pocos criterios que se consideraban de aptitud sintetizante básicamente los tipos de vegetación las grandes geoformas, las unidades de suelos.

La idea subyacente era que si un sitio con determinados valores de variables preseleccionadas era adecuado para determinados usos, todos los sitios con valores similares de las variables elegidas pueden tener usos parecidos o iguales.

Los espacios homogéneos se agregaban en conjuntos jerárquicos de nivel superior definido por variables distintas a las del nivel inferior generando distintos niveles de complejidad en una clasificación jerárquica de ambientes o de sobrerelieve.

La clasificación que usa Parques Nacionales tiene como unidad mayor a la ecorregión, definida por variables climáticas y de historia geológica, subregión donde el factor discriminante es la geomorfología, los complejos de ecosistemas definidos por los grandes grupos de suelos, los sistemas ecológicos donde comienza a incluirse la biota, y grupos de comunidades, los tipos de tierra.

En la planificación se consideraba que cada conjunto de elementos semejantes paisaje reaccionaba de la misma manera frente a la presión humana. Por ejemplo que en cada arbustal de resinosas el fuego iba a avanzar de la misma manera, resistiría la invasión de plagas de manera similar y su comportamiento a las inundaciones seria parecido.

En conservación se consideraba que dado que la fragmentación es inevitable, un área protegida debía tener un tamaño mínimo crítico suficientemente grande como para que se pudieran conservar el mayor numero de especies o de firmas biológicas.

Al llegar a los '70 se descubrió que el tamaño de un fragmento del paisaje tenia como atributo importante sino que, su forma, las características de sus bordes, si era vecino cercano o no a otro similar, si este ultimo era mas chico o mas grande, en que matriz estaba incluido el conjunto de parches, si algunos estaban en distinta etapa de sucesión distintas al del bosque maduro que se quería conservar, si esos parches estaban disectados por caminos anchos y angostos.

Al mismo tiempo se hizo claro que las interacciones entre parches o fragmentos y la conectividad entre parches contiguos o alejados eran atributos sumamente importantes para conservación, manejo y planificación.

Lo más importante fue, en mi opinión, el reconocimiento de que el paisaje es un complejo de interacciones entre escalas.

Se estableció que la estabilidad de un conjunto de sitios depende más de las interacciones horizontales entre los parches y las matrices de esos sitios que de la homogeneidad interna de dichos elementos o componentes.

Por ejemplo la estabilidad del parque Tres de Febrero incluyendo sus lagos, bosques e infraestructura construida depende las interacciones entre la cancha de golf, las de tenis, las comu-

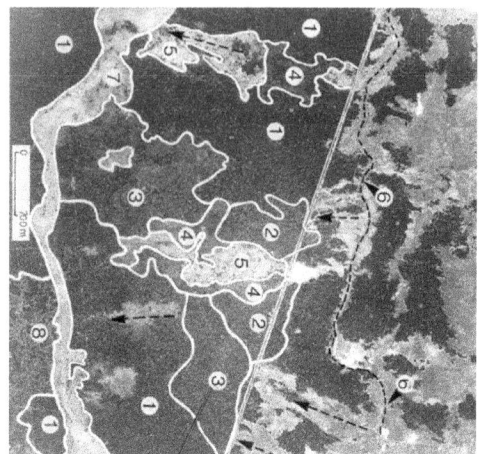

nidades vegetales de las islas, los jardines, los museos y las presiones que ejercen distintos actores sociales sobre cada parche y sobre la matriz.

En esos años llegan las imágenes satélite y se desarrolla el GIS, madura la geoinformática y la ecología comienza a usar herramientas de estadística matemática que facilita y enriquecen las comparaciones entre sitios y el análisis de cuan distintas y cuan parecidas son términos de determinado conjunto de variables.

Desde 1993 cuando se funda IALE en Holanda las preguntas que privilegia nuestra disciplina son:

- ¿De qué manera los flujos de seres vivos, energía y materiales, se relacionan con la heterogeneidad de un territorio?
- ¿Qué Procesos morfogenéticos se relacionan y son responsables del diseño actual de determinados paisaje?
- ¿De qué manera la heterogeneidad del paisaje afecta la

propagación de las perturbación, lluvia de cenizas, humo, incendios, erosión, sedimentación?
• ¿Cómo puede aumentarse el manejo de los recursos naturales teniendo en cuenta la heterogeneidad de los paisajes y sus interacciones?
• ¿Usan las herramientas de Ecología del Paisaje para planificar el desarrollo sostenible de aglomerados urbanos?[1]

4. Por las ciencias del hábitat urbano

JORGE SARQUIS: Me gustaría un poco de intercambio. Tanto el Dr. Karothy como el Dr. Morello si pueden responder a la pregunta (tal vez no se pueda) de cómo se produce conocimiento en psicoanálisis y cómo se produce conocimiento en las Ciencias del Hábitat, en estos campos abiertos, en estos espacios abiertos. Pero como contribución a ésto yo voy a tratar de presentar mi ponencia en cinco minutos. Primero porque la mayoría de los que están presentes ya me conocen y conocen todas las teorías que yo sostengo, creo que los únicos que no las conocen son ustedes cuatro, entonces por respeto a la mesa y a la gente que está presente quiero decir que como lo que motivaron estas mesas redondas, tenía que ver con la Comisión que integramos con el Dr. Morello, la CTA,[2] que es la de las Ciencias del Hábitat, y la mayoría de las presentaciones tenían que ver con los saberes de esta Facultad de Arquitectura, Diseño y Urbanismo, yo había pergeñado dos días, uno como hoy para todos los saberes y el día de mañana dedicado a esta casa de estudios con todas sus Carreras.

---

[1] MATTEUCCI, S. D. "Ecología del paisaje, filosofía, conceptos y métodos", en Matteucci, S. *Panorama de la Ecología del paisaje en Argentina y países* Sudamericanos. INTA, UNESCO, p.1-12.
[2] Comisión Técnica Asesora de la Universidad de Buenos Aires.

Pero me parecía que no podía estar ausente, y por eso había yo pedido a Graciela Silvestri que se ocupara un poco en la mesa anterior, y más o menos se ocupó de cómo se produce el conocimiento en estos campos, y ella centró muy bien la cuestión en el trabajo que nosotros hacemos en nuestro Centro de Investigación que tiene que ver con lo que llamamos Investigación Proyectual, que es referido a la arquitectura, o más específicamente a la arquitectura urbana; cómo es allí la producción de conocimiento y en qué consiste. Pero lo segundo es más complicado, era definir cómo se produce ese conocimiento, pero sobre todo cómo se puede validar ese conocimiento; cómo hacer para que ese conocimiento sea argumentativamente validado y sobre todo descubrir cuál sería la eficacia del descubrimiento o del conocimiento incorporado. Y en ese sentido, los arquitectos, dada la práctica profesional que tenemos, es lo primero que viene a nuestra mente, por eso aclaro que voy a referirme más a la arquitectura. Para los diseños, habrá mañana todo un día, para el urbanismo también será mañana con Luis Ainstein y Alfredo Garay, que ya presenté aquí.

Me quiero centrar en cómo se producen los conocimientos en la Investigación Proyectual, que, como dijo Graciela Silvestri, tiene una cadena de transmisión con la disciplina misma, porque lo central de nuestra disciplina y de toda esta casa de estudios es que aquí todo el mundo proyecta, los urbanistas tienen un poco en cuestión esto porque llevan razón cuando dicen que no sólo es una cuestión de proyecto, sino que hay muchos otras cuestiones implicadas en el urbanismo. En cuanto al proyecto, lo que nosotros decimos es, como dije antes, a partir de una cuestión práctica, es decir mirando la historia de la arquitectura uno ve que los arquitectos incorporaron invenciones, no usamos la palabra descubrimiento, innovaciones, más ligado a invención o a ingenio, o a ingeniería, conocimientos que otros arquitectos tomaron y reprodujeron.

Entonces quiere decir que cuando un arquitecto como Le Corbusier inventa una espacialidad de la vida cotidiana de un determinado tipo donde se organizan estos componentes que Graciela Silvestri citaba como de las formas de vida, la parte de la firmeza o la parte de la expresión formal, que son por otra parte componentes históricos de la arquitectura, desde Vitruvio en el siglo I, pasando por el siglo XV con Alberti y en adelante, con todos los cuestionamientos que se hacen y muchas veces con razón. De todas maneras, esos son componentes fundamentales e inescindibles de la arquitectura, pero lo que más nos interesa a nosotros, o por lo menos a mí en este momento y frente a ustedes, es que sepan de estas preocupaciones de validación, y que la validación argumentativa puede ser muy convincente incluso en las representaciones icónicas, Graciela Silvestri hablaba de tres tipos de representación: icónico, geométrica y textual.

El caso de Mies van der Rohe, un arquitecto alemán que hacia 1920 realizó una serie de dibujos sobre proyectos arquitectónicos que incorporaban una serie de innovaciones que se transformaron, con sus argumentaciones, con sus dibujos y sus cuestiones geométricas, incorporaban un nuevo modo de ver las formas de vida de su tiempo, él decía que todavía no se había diseñado la vivienda del siglo XX, que le parecía que había que hacerla. Hubo validación argumentativa, pero no hubo eficacia. Nadie, casi nadie, muy pocos realizaron proyectos siguiendo la línea de Mies van der Rohe. Y de esa manera podríamos hablar de muchos otros elementos prácticos que tuvieron eficacia reproductiva pero no eficacia muchas veces argumentativa, por lo tanto es una cuestión problemática.

Un tema que para nosotros es fundamental, para los arquitectos, es que este conocimiento se puede leer compartimentado: por los *fines* que se persiguen; por los *componentes* de la arquitectura; por sus *dimensiones* de saber –teoría, metodología y técnica–; por sus *campos de actuación* –profesional, formativo o investigativo–.

Pero básicamente lo importante no es tanto la fragmentación de esos componentes y el análisis de esos componentes, sino la lectura global de la obra, en qué medida se resuelve esta tensión de fragmentos que tiran cada uno para su lado, de intereses que están absolutamente tensionados para no crear una obra unitaria, una obra unitaria pese a todas las discusiones sobre la importancia o no de la unidad de la obra en el mundo contemporáneo.

Lo que sí está claro es que los arquitectos, en esta doble vertiente del proyecto como prefiguración y de la obra como realización, en los dos casos es imposible desentenderse de leer esa globalidad, por supuesto que la lectura de los dibujos, de las representaciones gráficas es muy propio de los especialistas arquitectos, no lo puede leer un lego, le cuesta mucho; nosotros las experimentaciones y trabajos que hacemos en las villas, ofreciendo vivienda, el mayor trabajo no es tanto explicarles las viviendas, sino que puedan leer los planos, la gente no lee y no porque sean de la villa, sino porque mucha otra gente no lo lee.

En cambio, cuando las viviendas se construyen y la gente las habita uno puede después hablar a ver cuál es la performance que ha tenido ese proyecto, esa innovación, que no sólo resuelve problemas sino que muchísimas veces la arquitectura crea problemas, en el sentido de que capta ciertos aspectos latentes de la sociedad que no se han construido, y pone en evidencia en las obras, de esa manera conjunta de estos componentes, y ofrece obras de arquitectura, y hay muchos ejemplos en nuestro país, la casa Curutchet en La Plata o la casa de Victoria Ocampo en Buenos Aires, o las obras de estos arquitectos en el mundo, donde la familia a la que está destinada la obra no ha podido vivir en esa obra dada la tensión que existe en esa innovación tan fuerte que no le ha permitido a una gente acostumbrada a una forma de vida, acostumbrada a una visualidad, acostumbrada a una espacialidad, le plantean estas obras innovadoras; eso para mí es un conocimiento en arquitectura que no se traduce fácilmente, por eso me pareció interesante el aporte de Graciela, pero creo que yo tenía una respuesta en el sentido éste que le estoy transmitiendo a ustedes cómo se produce un conocimiento en arquitectura.

Y con esto quiero cerrar lo mío para pasar a escuchar si ustedes tienen alguna respuesta a esto que yo planteaba que era preocupación mía, personal y del grupo para este tema. Usted, Dr. Karothy.

ROLANDO KAROTHY: Yo creo que hay que diferenciar en primer lugar la ciencia del discurso de la ciencia. En el psicoanálisis, en realidad en la época del mayo francés, no por casualidad, Lacan elaboró la llamada Teoría de los Cuatro Discursos, que a mí me parece que después se pueden encontrar los límites de la teoría de los cuatro discursos, pero es realmente una transformación a mi gusto extraordinaria del modo de pensar el lazo social, ya que la palabra discurso significa eso, un lazo social.

Las cuatro formas de lazo social que existen entre los seres humanos, porque no hay más, son el discurso del amo, el discurso universitario, el discurso analítico y el discurso histérico, no hay más, pero no tengo tiempo de decir por qué. Solamente voy a decir que hay un discurso, que es el discurso del amo, que tiene una modificación, una variante, que es el discurso capitalista.

Y el discurso capitalista se asienta en el discurso de la ciencia. ¿Por qué se asienta el discurso de la ciencia en el discurso capitalista, y por eso es inexorable que los productos de la ciencia entren en el discurso capitalista? Porque el discurso de la ciencia, no la ciencia como producción de saber, sino el discurso que lo acompaña, es un discurso impositivo, universalizante, que se cierra. Por eso Lacan dijo: *"El campo de concentración y su consecuencia, que es el campo de exterminio, no en el sentido del concepto hitleriano solamente, sino en el sentido del universo en* que vivimos, es eso, un universo concentracionario que existe sólo desde el momento en que existe el discurso de la ciencia". Esto ya lo había anticipado Adorno y Horkheimer en su famoso libro "Dialéctica del Iluminismo", lo que pasa es que también tiene sus problemas la interpretación de Adorno.

Pero cuando el discurso es universalizante, y no puede ser de otro modo el discurso de la ciencia, eso es una variante del discurso del amo, por eso es que el discurso capitalista no es el resultado de la voluntad de algunos, es el discurso que necesariamente se ha impuesto porque no tenía otra alternativa más que imponerse, imponerse a nivel planetario, imponerse sobre los sujetos, porque impone una dimensión cerrada, que es la dimensión del mercado donde se imponen los objetos de consumo, que son los objetos productos de la ciencia; ahora eso está destinado a reventar, eso no es el resultado de la voluntad, la revolución francesa tampoco es el resultado de la voluntad, y justamente la muestra de que no es el resultado de la voluntad es que terminó en el terror, esa es la historia.

LUIS ALBERTO QUESADA ALLÚE: Que terminó en el terror no cambia que haya existido la revolución, pero no cambia nada...

R.K.: La Revolución culmina en el terror, la revolución no cambió el discurso...

Q.A.: Cambió el mundo para siempre.

R.K.: No, no, la Revolución Francesa, la palabra revolución quiere decir volver al punto de partida, la verdadera revolución no debe ser revolución, debe ser subversión, perdón por el uso de la palabra que en nuestro país trae reminiscencias complicadas.

Q.A.: No hay ninguna razón por la cual el conocimiento tenga que ser obligatoriamente apropiado por el capital, en teoría...

R.K.: Digamos, si hablamos de ciencia en el sentido más popperiano, como usted habló, usted habló de ciencia en el sentido popperiano, hay pruebas fundadas de que en este momento la privatización del conocimiento científico es un hecho, un hecho probado, documentalmente probado, que la investigación como proceso creativo, digamos que un investigador creativamente pueda sentir la libertad de crear, sí, seguramente; pero la ciencia como proceso social, como práctica social, está siendo apropiada por el capital, está apropiada...

Q.A.: La educación también, a ver ¿qué cosa no hay apropiada por el capital?

SUSANA MURILLO: No, pero hoy hablamos de ciencia...

Q.A.: Pero la ciencia forma parte del todo. Dígame algo que no sea apropiado por el capital, dígame algo...

J.M.: El conocimiento empírico...

Q.A.: ... El conocimiento empírico, discúlpeme Morello, discrepo con eso (yo también, acota Susana Murillo) hay varios programas multimillonarios recolectando información de los aborígenes, y yuyos y conocimiento de los aborígenes, o sea que también se han apropiado, o sea todo está apropiado por el capital, entonces saltamos de plano, no es algo propiedad de la ciencia, es algo propiedad de la sociedad que en conjunto, por la razón que sea, ha decidido –y esto es universal– que la mayoría de la gente prefiere un régimen capitalista, eso es una realidad, que sino no habría eso, ¿por qué hay si no entonces?

S.M.: Me parece que decir que la sociedad ha decidido es muy fuerte porque es suponer que cada uno de estos individuos que habitamos el planeta hemos como votado, es olvidarse que la fuerza de las cosas es mucho más grande que la voluntad individual. Esto es creer que la voluntad individual, la racionalidad individual puede gobernar el mundo, digo ojo, aquí hay mucho saberes, como los saberes del psicoanálisis, los saberes sociales... lo digo realmente, es muy fuerte:

Q.A.: ... Pero perdón, cada tanto las sociedades deciden que no va más el sistema y lo cambian con una revolución.

S.M.: ¡Pero la sociedad no es un sujeto pensante!

J.S.: Estás hablando de la sociedad como un todo que se pone de acuerdo absolutamente homogéneo... no hay una tal sociedad!

Q.A.: No, no se pone de acuerdo, es un producto, la sociedad es un producto. La sociedad es una caja negra que tiene un *output*, el *output*...

J.S.: Perdón, dejame decir algo, no es lo mismo hablar de la sociedad de los países metropolitanos capitalistas, a la sociedad en la India, a la sociedad en China, a la sociedad árabe, a la sociedad aborigen de Paraguay o de donde sea; a mí me parece que tu concepción en ese sentido es homogeneizante, que es una pretensión del capitalismo: leer el mundo homogéneamente, y a mí me parece que hay muestras, de individuos, de colectividades, expresiones del arte del siglo XIX, XX y XXI que escapan a esa concepción que vos decís, y si me preguntás cuales son te digo la lectura que hace Picasso, Duchamp, John Cage, la que hacen muchísimos artistas en el siglo XX, muchísimas investigaciones sociales que tratan de descubrir cuál es el meollo, cuál es la lógica, cuál es el relato que construye el capitalismo para tratar de encontrar otros saberes, y no siempre es la ciencia…

Q.A.: Pero no se ha logrado predominar hasta ahora, hasta ahora lo que predomina es eso, negar la realidad es lo peor que se puede hacer, si alguien me niega que el gobierno que tenemos acá en este momento es porque lo votó la gente, yo entonces no sé, yo soy marciano, si alguien me niega que la gente acepta al imperio norteamericano como el factotum mundial y en su momento aceptó al inglés y en su momento… hay que entender lo que es aceptar. Aceptar es no rebelarse en algún momento de la historia.

J.S.: Pero no necesariamente, a mí me parece que vos emparejás dos conceptos que no son fielmente acoplables. Aceptar no significa alentar, ni mucho menos celebrar, es decir… (aceptar significa "no resistirse a", acota Quesada Allúe), lamentablemente existe el imperialismo yanqui, una cosa es decir lamentablemente existe y otra cosa es decir existe y a otra cosa, como en la posmodernidad, hay que adecuarse a esta situación que es la contemporánea y es la que nos toca vivir, no hay que rebelarse contra esta situación, hay que encontrar otros mecanismos mentales, psicológicos, sociales, para convivir con estas situaciones. Yo en ese sentido no comparto esa idea…

Q.A.: Pero yo opino que hay que rebelarse, perdoname, lo que pasa es que muy poca gente opina como yo… porque si todos opinaran que hay que rebelarse, problema solucionado…

J.S.: Pero es abstracto todo lo que vos decís, sí es abstracto porque cuando vos decís que hay que rebelarse..., entonces como nadie se rebela...

Q.A.: No es abstracto, en absoluto, la Revolución Francesa, la revolución de las castas en la India no fue abstracto, la revolución en la Unión Soviética no fue abstracto, y hay muchas cosas que no son abstractas... cuando la gente quiere un cambio de verdad, cuando la sumatoria de las voluntades de las sociedades quieren un cambio, se llega... son hechos absolutamente demostrables que cuando la suma de voluntades quiere un cambio, el cambio se produce.

Q.A.: Son palabras... más allá lo que dice Buda o lo que diga el vecino de la esquina de mi casa, que son personas que dicen cosas, más allá de eso, hay hechos...

J.S.: La lectura de los hechos también es discursiva...

Q.A.: ... Hay hechos...

R.K.: Los hechos no existen, los hechos son hechos del lenguaje...

Q.A.: ... y hay interpretaciones de los hechos. El marxismo, el lenguaje del marxismo es el lenguaje de la ciencia. ¿Por qué va a ser sólo del capital?

S.M.: De qué ciencia... cuidado. ¿De qué ciencia estamos hablando? Me parece que aquí habría que armar otra mesa y discutirlo en todo caso; porque a mí me podés decir que el lenguaje del primer Freud, por ejemplo, es el lenguaje de las...

Q.A.: Pero Freud... disculpame, yo pediría por favor no hablemos de un señor que escribió cosas en base a seis casos y que tiene sus opiniones, que no puedo comprobar, no es comprobable absolutamente nada de lo que dijo ese señor; es decir, hablemos de personas... o sea, yo tampoco puedo comprobar lo que dijo Buda, no puedo comprobar lo que dice el Sai Baba y no puedo comprobar lo que dice mucha gente, hablemos de cosas que sean comprobables, porque si no estamos hablando de otras cosas. Ahora, si quieren que hablemos de opiniones...

J.S.: Pero muchas veces la ciencia (...) cuando cambia el paradigma, se da cuenta que lo que dijo comprobable en este paradigma, ahora ya no es comprobable. Entonces, vos le asignas a la ciencia una especie de religiosidad...

Q.A.: No es religiosidad, es un método; justamente el método es cambiar continuamente, yo lo expuse, es formular una hipótesis provisoria, o cumple o no cumple, y si no cumple, se cambia provisoria, pero entre tanto hay pruebas fehacientes de la etapa que se cumplió...

R.K.: Y eso no es un método, es un círculo vicioso, el método hipotético deductivo de origen popperiano es un círculo vicioso, con el hecho quiero responder con el concepto, al concepto respondo con el hecho es un círculo vicioso...

Q.A.: Discúlpeme, yo religiones y cosas como el psicoanálisis, me superan, son cosas que me superan...

R.K.: Perdón, no estoy hablando de psicoanálisis, estoy hablando del método...

Q.A.: Como yo digo, es más comprensible...

R.K.: El método hipotético deductivo es un método un poco caduco, ¿no?

S.M.:[3] Es un proceso que Estados Unidos se haya establecido imperio y lo hayan reconocido como una potencia mundial que dirige los destinos en esta etapa de este mundo. Pero es un proceso que viene de años, pero también es un proceso en el que nosotros hemos dejado hacer; es decir nuestros científicos, nuestros cerebros, nuestra gente educada en esta universidad; pero aspiraba veinte o treinta, quizá ahora menos, verdad, porque de repente los conocimientos se han difundido de una manera mucho más, quizá abierta, que todavía nosotros estando acá podemos llegar a sacar algún conocimiento por derecha o por izquierda; se genera en Estados Unidos y tenerlo más rápidamente aquí. Pero hubo un momento donde nuestros científicos y nuestros profesionales iban deseosos para ahí porque sabían que tenían los elementos para investigar, y Estados Unidos hacía todo un lavado de cerebro para que ellos vayan y estudien allá, y evidentemente los arraigaba y los dejaba. Ahora, que pasa, nos pasó durante décadas estar mirando hacia afuera y no podemos mirarnos a nosotros mismos, para dónde estábamos yendo, y verdaderamente qué era lo que nosotros (...) necesitábamos, y de repente dejamos que nuestro país dejara la industria, dejara el desarrollo científico, dejara irse a los científicos, dejara irse a los profesionales y el Estado a su vez pagándoles todo un dinero que se generaba acá en la Argentina, incluso la mayor barrera es el idioma, el inglés está impuesto en todos lados, y evidentemente hace también a eso...

---

[3] N. DEL COMPILADOR: En este caso la desgrabación entregada no reconoce la voz de una mujer que habla. Por el texto suponemos que es la Dra. Susana Murillo.

Q.A.: Te puedo hacer una acotación. El Imperio Romano comenzó a caer por el año 300 y todavía no terminó de caer, todavía tenemos a la Iglesia Católica que es el relicto y la organización del Imperio Romano que todavía está ahí. El Imperio Inglés cayó mucho más rápido. El Imperio Americano, los propios americanos están analizando que ya hay síntomas del comienzo de la inversión de la curva y de la caída y será sustituido por otro imperio que será el brasileño o el chino, el chino tiene problemas, puede ser más el hindú que el chino.

Pero, lo que quiero decir es que son fenómenos supra sociales, que finalmente es un fenómeno de poder, es lo que hablábamos, es el darwinismo llevado a la escala de los países, es un tema de dominación y de sojuzgamiento, ahora eso impide que haya esperanzas en que existan otros tipos de sociedades, algunas sociedades lo intentaron y les salió realmente muy mal, porque probablemente por lo que haya que empezar es por la educación. Lo que vos contás de la emigración de científicos, me gustaría saber si hubiera sido de tal manera si acá no hubiera existido laica y libre, acá la gran primer batalla que ganan las fuerzas oscuras modernas en el país es "laica y libre" que permite una educación confesional y un modo de diagramar cerebros de gente, que después se van a Estados Unidos porque es la panacea.

R.K.: Bueno, brevemente. Es todo un tema del psicoanálisis el pensar la relación entre el saber y el conocimiento que para mí no es igual, no es lo mismo. Nosotros hacemos una diferencia entre lo que es el conocimiento y lo que es el saber, ya que la palabra saber la pensamos más en relación con el saber inconsciente, esa es una definición, diríamos una re-definición de los términos en nuestro campo. Hay una particularidad del psicoanálisis, y es que la experiencia psicoanalítica, quiero decir la práctica, el tratamiento psicoanalítico es altamente singular, y el trabajo requiere de una relación a un analista con su nombre propio, y requiere un momento inicial en el cual lo imprescindible es que aparezca una demanda en el sentido de una queja.

Un analista necesita como primer paso para poder procesar lo que escucha y elaborar teoría y producir teoría y hacer avanzar la teoría, requiere una situación muy particular porque es un compromiso donde se pone en juego, para decirlo así, su persona. En la medida en que no hay experiencia en el análisis, ya que yo no lo llamaría ahí experimento, no hay experiencia, no ponga en juego su dimensión diría subjetiva..., pero en realidad no es exactamente subjetiva, es más bien la dimensión subjetiva del paciente donde la demanda y la queja en términos de lo que diríamos en el campo de la neurosis es la insatisfacción, hace que entonces le solicite al otro alguna posibilidad de que encuentre alguna vía para la satisfacción en la vida; cosa que si un analista está a la altura de lo que Freud pensó, nunca va a poder decirlo, porque no existe nada prefigurado que indique para el conjunto de los sujetos cual es el camino adecuado para encontrar satisfacción en la vida, sino que para eso es necesario que el paciente hable, y lo descubra prácticamente por él mismo, prestando cada uno la escucha y la posibilidad de descifrar lo que el paciente dice, pero para eso se requiere de una particularidad que es la presencia del amor de transferencia, entonces es una situación muy especial, porque ahí es como si jugará una dimensión que tiene que ver con el arte.

Bueno, Lacan dijo una vez que las dos disciplinas artísticas principales son la arquitectura y la música, porque la arquitectura es el modo de procesar el vacío y la música es el modo de procesar el silencio.

Entonces para nosotros, a partir de esa experiencia, ¿cómo se produce el conocimiento? A partir de esa experiencia se produjo un conocimiento que recortó el campo del psicoanálisis que fue la producción del conocimiento en el fundador del psicoanálisis, ahí aparece el primer armado de la teoría psicoanalítica. La manera de hacer avanzar el psicoanálisis tiene una especificidad que es poder llevar lo que parte de esa experiencia que tiene una alta dimensión diríamos artística, poética, también en el sentido griego de la experiencia, de la palabra, a un campo de conocimientos que a la vez se validan en esa experiencia, y para que esa producción de conocimientos sea posible es necesario que el psicoanálisis se alimente de otras disciplinas, no para ampliar un campo de saber con lo que otra disciplina en sí dice, sino para redefinir sus conceptos.

No existiría el psicoanálisis, no podría avanzar sin la redefinición que posibilita el psicoanálisis de lo que es la lingüística, la literatura, la historia de la religión, la cultura en general, así desde esa doble fuente, la redefinición de los conceptos de otras disciplinas, del reconocimiento de la deuda con la ciencia, del compartir con la ciencia la aspiración a la formalización, porque en Lacan en particular, es la matematización, y por el otro lado la fuente principal es la experiencia del análisis.

Una última cosa. Freud decía esto mismo en un trabajo clásico –"Construcción en el análisis"–. Porque Freud siempre tenía ese crítico interno que lo explicitaba en sus trabajos. Un paciente dice tal cosa, y usted interpreta; el paciente dice que sí, que tiene razón, entonces usted tiene razón. Pero si el paciente dice que no, que lo que usted dice no es verdadero, entonces usted dice que tiene una resistencia. Por lo tanto usted siempre gana. Es como ese juego en el cual usted le ofrece al otro, jugamos a cara o ceca, si sale cara gano yo y si sale ceca perdés vos, entonces siempre ganás. Esto decía Freud con su interlocutor interno. Entonces Freud le responde, una respuesta muy talentosa a mi gusto, le dice: "No, no, no se trata de eso, cuando el analista interpreta, cuando a partir de ahí puede procesar lo que el paciente le dijo, la única manera de validarlo es con lo que el paciente sigue diciendo, no porque le diga sí o no, si le dice sí o no, no tiene ningún valor". Nada más.

Q.A.: No me acuerdo como se llamaba, el *"abivolador"* de Leonardo da Vinci que lo sacó de la nada, de observar a las aves, y que no funcionó. Con los materiales modernos, están probando que sí hubiera funcionado. Y otro tipo de investigación que rompe con todo lo anterior es cuando alguien formula, descubre (eso tiene que ver con el descubrimiento), descubre relaciones que no pueden ser explicadas más que por una teoría absolutamente nueva, y es un rompimiento total con el conocimiento anterior, como fue la teoría de la evolución de Darwin o como fue la teoría de la gravedad por Einstein, entonces es un rompimiento.

Pero esos son destellos de un camino continuo, no es lo cotidiano. En la vida real hacer ciencia, que es el objeto de esta charla, no es tan simple y tan genérico como parece, porque la primera pregunta es: ¿quién paga? En el momento en que alguien paga está decidiendo lo que investiga. Ahí ya se decidió toda la investigación, eso pasa en toda las ciencias. Después, quién impone los temas que van a ser financiados. Bueno, están lo que se llaman *las modas*, las modas son ineludibles y casi nunca son inocentes; lo que llamamos modas son intereses de los países centrales como Estados Unidos, que por sí solo hoy crea el cincuenta por ciento de toda la ciencia del mundo, impone los temas.

Otra manera de encarar la investigación es, si la investigación está a cargo del Estado y el Estado tiene autonomía suficiente y no quiere sujetarse a modas, se diseñan, se apoyan investigaciones en base a intereses sociales o intereses nacionales.

Algo que siempre está dando vueltas es que, por ejemplo, los organismos de financiación siempre piden que uno declare que es lo que va a descubrir, y no solamente piden que uno declare que es lo que va a descubrirse sino a los seis meses o al año quieren un informe diciendo que uno cumplió, porque si no cumplió no lo financian más.

Ahora, eso es una contradicción interna para muchas situaciones, es absurdo, eso resta originalidad, cómo va a descubrir uno algo que no sabe ni siquiera que existe, si está encajonado a descubrir cosas predecibles, totalmente predecibles. Entonces, en la vida real las cosas son muchísimo más complejas, hay maneras de darle vuelta... ¿Qué implica todo esto? Implica que el conocimiento hay que gestionarlo, no solamente que hay que gestionar cómo se genera, cómo se planifica la investigación, cómo se financia, cómo se coordina, cómo se ejecuta, y especialmente, sobre todo en países como los nuestros, cómo se controla; sino que una vez generado el conocimiento se plantea el problema de quién se lo apropia. O sea: ¿cómo es la captura del conocimiento?; ¿es algo público, abierto, está disponible? Eso no es simple.

Una vez decidido quién se lo apropia y cómo se asimila, cómo se integra a la sociedad, está el problema de cómo se difunde, difundir *per se* y además como se transfiere, que no es exactamente lo mismo, transferir implica interacción, una polea de transmisión para transmitir el conocimiento. Y el talón de Aquiles, lo que mata a todo, porque puede ser bueno pero puede ser muy negativo, es el uso, el uso del conocimiento que, como ya hemos dicho antes, cuando lo que prevalece en el uso es el mercantilismo, especialmente si hay una orientación de capitalismo salvaje, el conocimiento va a ser usado no socialmente sino, independientemente de que sea bueno o no para la sociedad, es bueno para quién lo usa....

Y lo que sucede entonces qué es, en la práctica, si se hacen descubrimientos, si se adquiere conocimiento, se genera un cuerpo, un cuerpo que permite hacer lo que se llama avance científico, o sea, todo el mundo sabe más de ciertas cosas, y eso puede producirse localmente o en el extranjero, si se hace en el extranjero uno puede tener o no acceso al mismo, si está patentado por ejemplo no. Las innovaciones tecnológicas que deberían ser a demanda de la sociedad, y en general lo son, pueden ser locales o pueden ser generadas en el extranjero, si son en el extranjero uno las puede comprar o las puede robar, es lo que se hace normalmente. Y una vez que se adquirió la innovación tecnológica, en general, se implementa, sobre todo si económicamente, esto lo discutimos en la otra mesa, es posible, y eso mejora la productividad, sin discusiones; la productividad puede ser de un individuo, de un sector, inclusive de un país.

La que ya no es tan clara es la etapa siguiente, es si eso repercute en un avance social, si eso realmente genera un avance socioeconómico significativo a nivel de empresa, a nivel de sector o inclusive al nivel del país. Lo que en general es más difícil de alcanzar, y de hecho en los países subdesarrollados estamos viendo que no se alcanza o se alcanza muy poco, es que al final de la cadena alcancemos un progreso social o cultural para toda la población, que realmente la población dé un paso delante de mejora. Bueno, corto acá.

J.S.: Dr. Morello, reitero la pregunta ¿cómo se producen los conocimientos en el tema de su competencia, el ambiente, la ecología, en fin, como usted lo quiera abordar.

J.M.: Como ya te dije, soy medio ignorante. Lo que puedo decirte es qué hacemos. Tenemos el trabajo más importante que ha hecho la FADU, lo ha hecho con Parques Nacionales, y las preguntas de Parques Nacionales fueron: ¿qué heterogeneidad tiene el país? y ¿qué tamaño tienen que tener las unidades de conservación que tenemos? A algunas de las cuales se las considera demasiado grandes, a otras demasiado chicas, a otras demasiado divididas, demasiado fragmentadas. ¿Cómo trabajamos? Trabajamos, primero, determinando unidades homogéneas a distintas escalas, a distintos niveles de análisis. Segundo, aglomerando esas unidades homogéneas en un conjunto que permitía hacer una clasificación jerárquica de unidades y cada unidad definida por determinados criterios, por ejemplo la unidad mega, la eco-región, la eco-región se clasifica exclusivamente por una historia geológica semejante y por un clima semejante en algunas cosas, semejante en la estacionalidad de las lluvia, semejante en homogeneidad climática.

J.S.: Muy bien, muchas gracias, doctor. Vamos a abrir un poquito a las preguntas o al intercambio de la mesa. ¿Preguntas desde el público? Bien. ¿Algunas preguntas internas de la mesa?

SUSANA MURILLO: No sé si preguntar o complementar lo que decía el Dr. Quesada Allúe respecto de la problemática actual de la ciencia a nivel internacional, que a mí me parece que es un problemática que no podemos dejar de lado. Hasta la Operación Manhattan, o sea hasta el período de la Segunda Guerra Mundial, en las grandes universidades europeas, sobre todo en las inglesas, quien tomaba la tetera y servía el té en sala de profesores, que era el más importante, era el profesor de griego, por la importancia que se le daba a los griegos, latinos. Después de la Operación Manhattan, que es cuando se construye la bomba, y la física hace un aporte importantísimo, quien toma la tetera es el profesor de física. Esto está vinculado digamos a que se comienza a ver a nivel internacional, o los poderes internacionales la importancia que tienen las ciencias en el desarrollo social. Entonces se constituye un esquema de política científica que se le llama algo así como "empuje de la ciencia", donde el esquema, que es el viejo esquema que nos trae Bunge, es que la ciencia básica empuja a la ciencia aplicada, ésta al desarrollo tecnológico, y éste a su vez se derramará, perdón por usar la palabra derrame de manera incorrecta, en el desarrollo social.

Sin embargo, en la década de los '70 se produce lo que se conoce como la Tercera Revolución Industrial, algunos la llaman así, que no es solamente una revolución de carácter tecnológico sino socio-técnico, porque afecta absolutamente a la subjetividad en todas sus dimensiones en la vida social, en todas sus dimensiones y porque no fue una mera revolución tecnológica sino que fue entre otras cosas una forma de utilizar la tecnología para modificar la forma de gobierno de los sujetos y de las poblaciones que resistían fuertemente al orden establecido, quiero decir de ninguna manera me parece que podemos separar la tecnología de lo que es el gobierno de los sujetos y de las poblaciones, esa llamada tercera revolución industrial, etc. modifica el esquema de la ciencia y la tecnología, que se llama hoy "del empuje del mercado", que está ligado hoy a la privatización de la ciencia, la ciencia hoy ya no se considera, no sé si alguna vez lo fue, patrimonio universal, pero el esquema de política científica es que hay una demanda del mercado, que es como el gran otro que nos habita creo yo, es muy interesante eso, la demanda del mercado impulsa al desarrollo de la ciencia aplicada, ciertas líneas de tecnología que son las que interesan y el mercado es el gran otro, que además tiene nombre y apellido: empresas trasnacionales; esto a su vez determina los avances en ciencia aplicada y esto a su vez en ciencia básica.

Esto se articula con que los organismos internacionales plantean, y el Banco Mundial plantea, un triálogo, le llaman triálogo a la relación entre los estados nacionales, los organismos internacionales y la sociedad civil, triálogo que debe ser coordinado por el mercado. Entonces en este contexto es muy difícil pensar, no digo imposible porque siempre hay grietas, lo humano tiene grietas, lo humano supone finitud y falta, en algún lugar aparecen grietas. Pero me parece muy importante plantear lo siguiente: el capitalismo siempre utilizó a la ciencia, a la tecnología como una forma de expulsar fuerza de trabajo del mercado, este es el objetivo fundamental que ha tenido siempre el capitalismo, que no es que el capitalismo salvaje sea un poco más salvaje que el otro capitalismo, simplemente que de capitalismo en su etapa financiera, ahora el mercado se muestra ya, con total cinismo digamos, como ese gran otro que determina el desarrollo de la ciencia y de la tecnología. Me parece que este es un punto, que no creo contradecir al Dr. Allúe, me parece que lo estaba simplemente complementando en cuanto a la importancia de vincular, creo yo, cualquier reflexión acerca de la ciencia con ese gran otro que es el mercado en este momento, no porque yo acuerde sino porque hay algo que existe a nivel descriptivo.

Q.A.: Eso es porque se lo deja hacer.

S.M.: No es una cuestión de voluntad.

Q.A.: Si no se lo deja al mercado no tiene por qué dirigir, y además no es cierto que el mercado siempre apunte a sacar fuentes de trabajo, cuando le conviene como en China porque es mucho más barato tener miles de chinos ensamblando cosas, no expulsa fuerza de trabajo; o sea que al capitalismo lo único que lo guía.

S.M.: ¿La incorpora con qué salario, con qué tasa de plus valor?

Q.A.: Eso es lo que me pregunto. Lo que rige a las leyes de mercado es la optimización de la ganancia, es lo que rige todo. Así que la ciencia no es distinto a absolutamente cualquier cosa, es al arte, absolutamente a cualquier otra cosa, la diferencia es que, y eso un país como Estados Unidos se dio cuenta ya hace mucho de que es un valor que tenía que preservar, la diferencia es que la actividad científica original y creativa, y especialmente la básica, tiene un poder de transformación del mundo y de la sociedad que lo hace muy deseable para ser apropiada.

5. Por la ciudad*

ALICIA NOVICK:[4]

Notas sobre la construcción del conocimiento y de la ciudad

En la convocatoria del seminario que dio origen a esta publicación, se plantearon una amplia gama de interrogantes para ser considerados en los diferentes paneles de debate. ¿Qué es un conocimiento en el campo de la arquitectura, de los diseños y del urbanismo?, ¿cuáles son sus modos de validación?, ¿cómo se construye el conocimiento de –y sobre– la ciudad? fueron algunas de las preguntas abiertas. Si nos centramos en la última pregunta, es posible considerar que en los procesos de construcción del espacio urbano, operan múltiples formas de conocimiento. En efecto, si entendemos los alcances del conocimiento en sentido amplio –"la totalidad de la información adquirida y de las capacidades necesarias para resolver problemas"–,[5] las diferentes formas de conocimiento –explícito, implícito, científico– son

---

* La ponencia que se presenta a continuación fue enviada con posterioridad a los organizadores del Coloquio, quienes han considerado muy valioso su aporte y por ello se ha decidido incorporarla.

[4] Dra. Arq. en Historia Moderna, Magister en Planeamiento Urbano y Regional, Magister en Investigación Histórica. Facultad de Arquitectura, Diseño y Urbanismo.

[5] Esta definición, así como las nociones y conceptos referidos al *"knowledge"* utilizados son tributarios del documento elaborado por Manuel Flury y Reto Weiese (14/11/2006) para la Agencia Suiza para el desarrollo y la Cooperación del Swiss Ministry of Foreign Affaire, *Glosssary Knowledge Management and Capacity Development*.

resultado de los saberes y de la experiencia de los múltiples actores presentes. Al igual que las representaciones –definidas como tales en el marco de los estudios culturales– las formas de conocimiento presiden los modos de acción. Según trataremos de poner de manifiesto, en las operaciones urbanas interactúan –en coalición o en disputa– los conocimientos de quienes toman las decisiones desde la esfera política, de quienes imaginan las soluciones inscriptas en los referentes técnicos y/o disciplinares, de quienes viven en la ciudad o son objeto de las intervenciones.

Desde ese horizonte de sentido, a los efectos de iluminar algunas aristas de la problemática nos propusimos volver sobre los resultados de una investigación que cerramos en fecha reciente. Esa investigación se había propuesto examinar los procesos de toma de decisiones en proyectos urbanos –desde las primeras ideas hasta su materialización– con el objetivo de identificar las lógicas que están por detrás de las intervenciones en la ciudad. Se trataba de examinar los factores, los actores –sus recursos, sus estrategias– así como las configuraciones del espacio que se jugaron en cada uno de los momentos. Para ello se analizaron tres proyectos de rehabilitación de centros históricos en diferentes ciudades.[6] Sobre esa base, y en este texto, nos proponemos identificar las representaciones y los tipos de conocimiento que estuvieron en juego en esa operación.

---

[6] En Bangkok, el equipo de Yong Thannit Pimonyean analizó la rehabilitación del barrio de la comunidad de Tha Thian; en la Habana, el equipo de Carlos García Pleyán y Patricia Rodríguez Aloma, analizó las operaciones sobre la Plaza Vieja. Por nuestra parte, el equipo de trabajo de Buenos Aires, a mi cargo, se centró en el rehabilitación de la Manzana de San Francisco y estuvo conformado por Natalia da Representaçao, Estela Cañelas, Viviana Colella. La dirección general del proyecto estuvo a cargo de Adriana Rabinovich de la Escuela Politécnica de Lausanne, Suiza y la coordinación de los estudios de caso a cargo de Andrea Catenazzi. Se trató de un proyecto desarrollado entre el 2006 y el 2009 inscripto dentro del , Programa del National Centre of Competence in Research North South (NCCR), la Swiss National Science Foundation (SNSF) y la Agencia del gobierno de Suiza para el Desarrollo y la Cooperación.

Se trata entonces de revisitar las alternativas de la rehabilitación de la manzana de San Francisco, iniciada en 1990, financiada –en el marco de los festejos del segundo centenario del descubrimiento de América– por la Junta de Andalucía en cooperación con la Secretaría de Planeamiento de la Municipalidad de Buenos Aires. La investigación intentó restituir el proceso –desde la puesta en marcha del proyecto hasta la actualidad– recurriendo a la realización de una amplia gama de entrevistas, al análisis de fuentes documentales y a una revisión de la literatura internacional.[7] Para presentar el caso, en un primer punto presentamos algunos datos de la operación, luego analizamos brevemente las etapas del proceso y lo que estuvo en juego en cada una de ellas para abordar, en un tercer ítem, la multiplicidad de miradas y valoraciones que suscitó la operación.

1. Algunos datos de la operación

En 1989, pocos meses después de un cambio de gobierno nacional y municipal en la Argentina, se firmaba un convenio entre la Junta de Andalucía y la Municipalidad de Buenos Aires que establecía el financiamiento de varias actividades, entre las cuales se incluía la rehabilitación de la manzana de San Francisco. El acuerdo recibía los auspicios de la celebración del Quinto Centenario del Descubrimiento de América (1492-1992) y se inscribía dentro de un Tratado de Cooperación y Amistad entre el Reino de España y la República Argentina. La intervención de la Junta de Andalucía apuntaba a promover la recuperación patrimonial de los edificios, la conservación de la función residencial en el centro y la permanencia de los habitantes en el sitio, en consonancia

---

[7] Para informaciones complementarias, cfr. Novick, Alicia, da Representacao, Natalia, Cañelas, Estela, Coléela, Viviana (2008), *Role players and processes in the rehabilitation of the block of San Francisco in Buenos Aires. Preliminary presentation of materials and research results*, Research Report, 15/11/2008.

con el ideario de la época. La idea central era la de promover la construcción de conocimiento para el desarrollo, mediante la implementación de proyectos piloto en diversos países.

La "manzana de San Francisco" estaba conformada por una serie de cuartos de alquiler –"conventillos"– ocupados por familias amenazadas por el desalojo. La localización central, a dos cuadras de la Plaza de Mayo, se presentaba como una vidriera significativa. Hacia 1982, la Orden franciscana solicitó el desalojo de los ocupantes del inmueble y en este contexto se creó una primera Comisión de lucha, que defendía los intereses de los habitantes. Si bien en ese contexto de incertidumbre muchos de los viejos habitantes abandonaron el inmueble, las renovadas demandas de los vecinos lograron el cese de los desalojos. Con la vuelta de la democracia, se fueron instalando en las agendas públicas el tema de los "alquileres", las "casas tomadas" y las condiciones precarias de hábitat en "albergues, hoteles y pensiones". En ese contexto, la puesta en marcha de la operación de rehabilitación, fue el resultado de una confluencia de actores y estrategias muy diversos. Sucedió en un clima, donde se articuló la demanda de los vecinos y los saberes de los especialistas que creían poder sumar en una misma ecuación soluciones para resolver el hábitat de los pobres, para rehabilitar el centro histórico y para promover una gestión urbanística con énfasis en mecanismos participativos. En 1993 se inauguró una primera etapa y en 1995 se cerró la segunda, quedando instaladas más de 120 familias.

Las alternativas del proceso y los resultados de la intervención fueron controvertidos. Las viviendas renovadas, en una localización céntrica privilegiada, siguen –en su mayoría– ocupadas por los vecinos originales. Sin embargo, la manzana, incluida dentro del área del Plan de Manejo del Casco Histórico no es ni fue objeto de políticas explicitas y el estatuto de los habitantes es incierto, pues enfrentan permanentemente el peligro de perder su vivienda.

2. Los momentos del proceso

El análisis del proceso de toma de decisiones muestra que en cada una de las etapas de la operación y en un contexto institucional local sin continuidad de gestión, fue cambiando lo que estuvo en juego. En un primer momento, fue una dinámica desde "arriba", pues a pesar de las demandas de los vecinos en peligro por el desalojo, primo la oferta de la Junta en combinación con los especialistas de la Secretaría de Planeamiento. Al final de la operación, lo que estuvo en juego fue la movilización "desde abajo", de los vecinos que intentan defender sus derechos. En ese sentido, es ilustrativo contrastar las múltiples y heterogéneos tipos de conocimiento en juego, en una muy breve reseña, que esta lejos de ser exhaustiva.

En la puesta en marcha de la operación estuvo presente la movilización de los vecinos y la nueva gestión de Planeamiento, que se instalaba dentro de la Municipalidad de Buenos Aires. Junto con ellos, y por sobre todo, se dirimía un amplio zócalo de consensos entre una amplia gama de especialistas que apoyaba las operaciones participativas, referidas al hábitat social y al patrimonio. La Junta de Andalucía fue un indudablemente el promotor principal, como ente financiador pero también seleccionando un tipo de operación que le permitía "exportar" su propia experiencia. Conceptualmente, fueron ellos quienes propusieron articular en sus programas internacionales la "rehabilitación patrimonial", el hábitat de las poblaciones de menores recursos y a la "gestión participativa". El objetivo explícito del programa era la intervención en centros históricos con el fin de llevar vivienda a espacios que estaban degradados a causa de políticas nacionales que promovían u otorgaban vivienda en las periferias y del bajo nivel socioeconómico de aquellos residentes de áreas centrales.

Concretamente, el Programa Internacional de la Junta se proponía apoyar las instituciones públicas que hayan manifestado interés en programas que solucionen el problema del alojamiento.

Entre los objetivos se planteaba la sensibilización a la preservación de edificios y su uso como vivienda social, la puesta en marcha de programas de rehabilitación que subvencionan intervenciones en viviendas para poblaciones de escasos recursos. Pero sobre todo, el interés estaba colocado en los esfuerzos por incorporar instancias de capacitación para a mejoras en los procesos de proyecto y de contratación, en las competencias de los habitantes para participar, en los procedimientos democráticos de gestión, etc. Para ello se trabaja sobre tres líneas: Ejecución de experiencias Piloto, Acciones Formativas y Acciones de Fomento. Se trataba de configurar experiencias piloto, capaces de ser transferidas a las acciones rutinarias de los diferentes municipios, en una suerte de "conocimiento para el desarrollo".[8]

Esa estrategia por "transferir el conocimiento", entendida como una herramienta clave para promover el desarrollo, entraba en consonancia con los esfuerzos por "hacer obra" y "dar visibilidad" a la gestión, propia de funcionarios. Pero, en este caso, los funcionarios fueron a su vez especialistas destacados en el campo. Este tema es significativo pues fue un momento político en que la gestión técnica tuvo un peso importante en la adjudicación de recursos y en definir las prioridades. En esa instancia se presenta un "conocimiento explícito", que puede ser argumentado y justificado.[9] En esa disyuntiva, se seleccionó "un conventillo

---

[8] Podríamos suponer que ese programa de Andalucía, destinado a países de América Latina y África se inscribe en los términos de la capacitación, de la construcción del conocimiento para el desarrollo, que consiste en construir competencias y capacidades en los países del Sur. Según lo define el documento de la cooperación suiza: *"'Knowledge for development' is a key asset and a key resource for development. The aim of activities related to knowledge sharing and knowledge development as that the partners in the South and in the East have access to and control over the knowledge necessary to overcame poverty and injustice"*, Swiss Ministry of Foreign Affaire, *op. cit.*, p. 5.

[9] *"'Explicit knowledge' is expressly and clearly able to be formulated in words and figures, documented and substantive. It can easily be shared, but is suitable only for pieces of*

con patios a ser restaurado" en consonancia con los requerimientos de la Junta. Desde la perspectiva de los vecinos amenazados por el desalojo, se trata de un escenario de oportunidad para salir de su situación de precariedad, aunque hicieron prevalecer "su experiencia" y su "conocimiento implícito" para defender sus reivindicaciones.[10] En síntesis, en la toma de decisiones se articulan estrategias y experiencias de muy diferente naturaleza.

La operación se inició, y para ello se firman una serie de contratos entre el municipio y los vecinos, que les aseguraba el acceso a su vivienda por siete años. Es ahí donde los vecinos rechazan la posibilidad de tener las viviendas en alquiler y luchan por asegurar una vivienda futura. Finalmente, se acordó que luego de siete años de alquiler, sería adjudicatarios de una vivienda en el radio de capital, proporcionada por el municipio. Ese convenio permitió que el traslado temporario a un hotel durante la realización de la obra no fuese tan dramático. Se trató de un reaseguro tanto para los vecinos como para los coordinadores de la Municipalidad. El proyecto respondió in toto a los criterios de los especialistas en rehabilitación: se conservan las fachadas y los patios –desde sus valores patrimoniales– se recurre a la obra nueva en los sectores vacíos y, más ampliamente se apunta a consolidar la tipología porteña. El proyecto no fue "experimental", consistió en aplicar al caso una serie de principios ya probados en otras intervenciones internacionales. Desde esta perspectiva, se operó una suerte de "conocimiento científico",[11] si consideramos además

---

knowledge that are not too complex and possess a low degree of dynamism or mutational probability", Swiss Ministry of Foreign Affaire, *op. cit.*, p. 4.

[10] *"'Implicit Knowledge' is not expressly stated, but rather non-explicitly intended, unsaid, to be deduced from the circumstanced. Implicit knowledge is not or cannot be formulated in words and figures. It belongs to those by whom it as carried, and it the wealth stored in the head of colleagues. It is characterized by being identified and distributed only with difficulty"*, Swiss Ministry of Foreign Affaire, *op. cit.*, p. 4.

[11] *"'Scientific knowledge' is acquired information which has been substantiate and submit ted to severe validation axioms, and its institutionalized in the sciences. Scientific knowledge*

que el campo del urbanismo no tiene un campo epistemológico preciso, sino que se articula sobre saberes de diferentes disciplinas en relación estrecha con experiencias sistematizadas.

Meses después, en el marco de un cambio de gestión, la operación concluyó quedando en una suerte de "limbo administrativo". En ese contexto, el protagonismo lo asumió la Comisión de Vecinos de la Manzana –presidida por un líder con fuerte personalidad y trayectoria política previa– que obtuvo la personaría jurídica y se transformó en interlocutor de las autoridades. Tras la crisis de fines de 2001 surgieron nuevas fuentes de incertidumbre, pues las pautas contractuales no siempre se cumplieron. Las asociaciones de vecinos emprendieron una serie de acciones retomando protagonismo y se valieron a tal efecto de su experiencia previa en la realización de gestiones ante las autoridades. Dicho de otro modo, a lo largo del proceso construyeron sus competencias y sus capacidades. Dicho de otro modo, el conocimiento adquirido les permitió operar en nuevos escenarios. Por su parte, también los funcionarios de la Junta y del municipio acumularon experiencia en formas de operar en contextos inestables y diferentes. Si bien no los pudieron aplicar en el seguimiento de esa operación, fue un recurso sustantivo para desempeñarse en otras instancias de su trayectoria.

3. *Miradas y valoraciones*

¿Cómo fue vista la operación? Las miradas y las valoraciones no fueron idénticas para todos. ¿Se trata de un mismo objeto construido por múltiples miradas o, cada mirada construye su propio objeto? La pregunta retórica esta en el centro de los debates sobre la ciudad y el caso es ilustrativo.

---

must be well-founded and able to meet with approval in any competently and rationally debate", Swiss Ministry of Foreign Affaire, *op. cit.*, p. 4

Como mostramos, la operación se enmarca en la decisión política de transformar un sector "degradado" del centro de la ciudad, con la impronta distintiva de orientarse a radicar familias cuya situación de ocupación del inmueble era muy inestable. La intención era recuperar una tipología de patios tradicional que conformaba el paisaje urbano. Sin embargo, las dos lógicas que, articuladas, motorizaron inicialmente la operación: las de rehabilitación histórica y la del hábitat no parecen similares resonancias en las representaciones. El conocimiento "científico" y explícito de funcionarios y especialistas internacionales y locales no coincide siempre con la percepción de los vecinos. Para los especialistas, las operaciones de rehabilitación en el centro eran un modo de intervención y gestión probado y exitoso, que permite promover dinámicas virtuosas desde las políticas urbanas y sociales. Para los vecinos, vivir en el centro y tener vivienda son cuestiones prioritarias, a diferencia de "lo patrimonial" que no fue consignado como tal.

Tanto los funcionarios como los vecinos advierten que uno de los aciertos de la operación fue que las familias lograran quedarse en el sitio. El acceso a la vivienda fue una de las razones de peso para reconocer el éxito de la operación. Sobre todo para los que actuaron desde el Municipio. La certeza de que permanecer allí es un derecho adquirido y refrendado por una norma escrita se expresa fuertemente en la sostenida oposición a los desalojos y en los esporádicos reclamos colectivos frente a la Legislatura, a las gestiones municipales e incluso a la Junta de Andalucía. A esto podemos sumar la importancia de haber logrado organizarse "desde dentro", disputando liderazgos entre los propios vecinos. *"La ventaja que nosotros tuvimos es que no dejamos entrar a ninguna organización porque nosotros podíamos resolver este problema... vale mucho el dirigente porque desde adentro va a pelear en vez de cinco, diez años. Si es de afuera, no son las mismas necesidades"*, afirmaba uno de los miembros de la Comisión de Vecinos. En este punto, su "conocimiento" sobre las organizaciones, construido sobre múltiples situaciones similares, fue central.

¿Cuáles son los temas que valoran los habitantes? En sus propios términos, acceden a una vivienda digna, relativamente estable gracias al convenio –que marca una primera diferencia respecto de la situación de ilegalidad de otros ocupas– y al derecho a una localización céntrica. *"La gente se organizó, segundo, la gente incorporó una victoria y por lo tanto la organización se fortaleció. La gente cambió objetivamente su vida, pasó a vivir en un departamento bastante razonable. Tercero, la organización fue lo que defendió que no se despliegue un mercado ahí. Porque esas viviendas eran un bien de cambio ahí. No sé como estará ahora pero durante mucho tiempo la gente fue básicamente la misma",* afirmaba un funcionario de la entonces Secretaría de Planeamiento.

No obstante, el acceso a viviendas "rehabilitadas" o la pertenencia a un área patrimonial, que es clave para los funcionarios de la Junta y para los especialistas no parece formar parte sustantiva de la valoración por parte de los habitantes: *"¿Vos te pensás que acá a algún negro, me incluyo, le importaba si acá había vivido Mitre, San Martín? No, lo que le importaba era que no lo rajaran y lo dejaran en la calle. Nada más, es muy simple esto. A vos te parecerá grotesco pero es así. No le importa estar dentro del casco histórico... Y esto es histórico, sabés por qué, por aquella puerta y la cúpula... Lo que sí nos benefició es la recuperación de los edificios, de que no nos sacaron de acá y nos tiraron a cualquier lado. Pero después que estuviéramos dentro del casco histórico, fuera del casco histórico, que pusieran esa luminaria o no, para nosotros no era de vital importancia",* comentaba uno de los dirigentes de la Comisión de Vecinos. El vivir dentro de una vivienda restaurada, no era ponderado, contrariamente, el "derecho a la ciudad" y el "derecho a la vivienda", valor compartido por todos.

Un razonamiento similar, tal como lo puso de manifiesto el trabajo de Viviana Colella,[12] se suscita en torno de las imágenes de los documentos oficiales y de los vecinos, En los folletos realizados por el equipo de Planeamiento del Gobierno de la Ciudad de Buenos Aires la Manzana se presentó mediante dos juegos de opuestos: el "antes vs. el después, el "desorden vs. el orden". Por un lado, la fotografía da cuenta del "antes" de desorden, que se muestra en imágenes blanco y negro en oposición al "después" de las fotos color que muestran la obra, nueva, los patios y las paredes recién pintadas. En esa orientación, en las imágenes del proyecto que se repartieron en los medios gráficos prevalece la geometría de las axonometrías, las líneas de las fachadas y de las plantas, donde la figura del "patio" preside el conjunto de esa manzana "proyectual", obra inmaculada, contracara de cuartos atiborrados. De igual modo, se presenta una ordenada secuencia de las etapas de la obra: un proceso que pasa de su estatuto antes de la rehabilitación, en proyecto, en obra y terminado. El folleto precisa la relación entre los objetivos y los logros, en una imagen armónica que soslaya las incertidumbres del controvertido proceso. De igual modo, aunque los especialistas y quienes participaron de la operación saben de las caminos zigzagueantes, la comunicación oficial transmite la unidad de la obra construida mediante los artificios de esas vistas "a vuelo de pájaro" que remiten a "la manzana".[13] Es evidente que los instrumentos de la disciplina contribuyen a "ordenar" el desorden de la realidad y en esa transposición revela las estrategias y valores de los especialistas.

Para los habitantes, "la manzana" como unidad no existe, se trata de una yuxtaposición de los distintos lugares, que caracteri-

---

[12] COLELLA, Viviana, "La manzana bajo el prisma de las publicaciones", en NOVICK, Alicia, DA REPRESENTAÇAO, Natalia, CAÑELAS, Estela, COLELLA, Viviana, *op. cit.* p. 52-63.

[13] Junta de Andalucía, Agencia Española de Cooperación Internacional, Gobierno de la Ciudad de Buenos Aires (1997), *La Manzana de San Francisco. Rehabilitada*, Buenos Aires, GCBA.

zan desde la experiencia cotidiana. En ese marco, identifican las distinciones que se dirimen entre "sus lugares" y aquellos de "los otros" marcando diferencias y construyendo identidades. Los vecinos se reconocen en relación a las calles de sus casas. Así hablan de "los de Moreno", "los de Alsina" y "los de Balcarce" marcando así sus territorios y sus diferencias, pues les asignan atributos positivos o negativos. Por ejemplo, la calle Alsina –al igual que sus habitantes– con más mantenimiento parecen tener un estatuto más alto. En oposición, los edificios de Balcarce son visualizados como los más conflictivos. Según los relatos, allí viven quienes tienen antecedentes penales, donde se registra la mayor cantidad de "ventas informales" y ocupaciones ilegales de departamentos. Ese desorden cargado de valores es inscribe en la experiencia y en los conocimientos implícitos de los habitantes, y organizan sus modos de acción. Más allá de sus diferencias, los vecinos entrevistados dan cuenta de la ubicación de privilegio de su vivienda. La centralidad les asegura un valorado acceso a servicios e infraestructura. Pero no ven la "manzana en la ciudad", se ven a ellos mismos viviendo en el centro. Dicho de otro modo, si para los especialistas la manzana fue un objeto proyectual, un problema de gestión, una operación modélica con cierta unidad, para los habitantes, lo que prevalece es la percepción de sus prácticas que remiten a los múltiples sitios, no siempre previstos por el proyecto.

¿Cómo vio la prensa la operación de la manzana? A diferencia de los folletos y las entrevistas que realizan una reconstrucción de procesos, los artículos remiten a otro universo de significaciones que difiere según los registros. Los artículos especializados –publicados en las secciones de arquitectura y urbanismo sobre materiales proporcionados por las oficinas técnicas– privilegian los alcances de la operación en tanto modelo de referencia, aunque no dejan de tener un sesgo "propagandístico".

De modo similar, las gacetillas también responde a la publicidad directa o indirecta de las gestiones locales, cuyo interés es comunicar lo que se hace. En contrapunto, cuando la operación se presenta en las secciones periodísticas de "Interés general", se privilegian los dramas o peligros de modo de suscitar el interés de los lectores. Los periódicos se fundan en la existencia de un lector interesado en hechos singulares con valoraciones variables no desprovistas de ideología. En algunos casos, presentan las viviendas restauradas, ocupadas o precarias como nido de delincuentes y de drogadictos, como un peligro social. En contrapunto, se pone el énfasis en las operaciones salvajes de propietarios privados u organismos públicos que promueven los desalojos y dejan a familias enteras sin hogar. Ambas figuras polares encuentran sus raíces históricas en el periodismo y la fotografía de la ciudad de fines del siglo XIX y conservan su vigencia.

Dilemas a modo de cierre

El análisis, tal como lo presentamos, da cuenta de la multiplicidad de representaciones en pugna que están por detrás de la construcción de la ciudad. Por un lado, y simplificando al extremo, podríamos plantear que por detrás de esas representaciones, interactúan saberes explícitos, científicos o implícitos, propios de los diferentes actores. En términos amplios, se podría suponer que, por un lado, se dirimen los "saberes explícitos" de quienes pueden plantean sus propuestas con palabras, con documentos y con una clara fundamentación. Es el caso de quienes están a cargo de la gestión y son capaces de adjudicar los recursos para que las operaciones se lleven a cabo. Los organismos internacionales de ayuda al desarrollo, plantean la necesidad de construir conocimiento, como un instrumento clave para contrarrestar la pobreza y la injusticia. Y, ciertamente esos valores estuvieron en el origen del proyecto. Asimismo, los funcionarios y especialistas extranjeros y locales coinciden en las ventajas que resultan de llevar a cabo operaciones de rehabilitación en centros históricos que tiendan a conservar en el sitio a los habitantes de bajos recursos a los efectos de evitar la gentrificación. Allí, opera un conjunto de "conocimientos explícitos y científicos" o de "conocimiento para el desarrollo", propio de la cooperación internacional. Por otro lado, se dirimen los "saberes implícitos" que no puede formularse ni justificarse con argumentos, pero se manifiestan en situaciones precisas y están muy vinculados con la construcción de la experiencia. Se trata de un conocimiento fundado en las modalidades de percibir, actuar y observar los contextos y en sus efectos.

Ahora bien, volviendo a las preguntas iniciales, ¿cómo se construye el conocimiento de –y sobre– la ciudad? Como vimos, la respuesta es plural pues los procesos de construcción de la ciudad, son arenas de disputa entre actores, portadores de capacidades y diferentes tipos de conocimiento, atravesados por las estrategias, objetivos y –sobre todo– por recursos extremadamente desiguales.

Desde esa perspectiva, y en primer lugar, es de constatar una especificidad espacial, que no puede reducirse a lógicas económicas, políticas y sociales. La localización, la materialidad edilicia, la interacción con el medio construido, la calidad del diseño y la construcción son temas problema. Hay un espacio urbano que es resultado pero también causa de esos combates y que debe ser tomado en cuenta.

Desde esas aristas, en segundo lugar, las conclusiones del estudio están lejos de ser propositivas, cuando ya alejadas las ilusiones de los mecanismos participativos, la complejidad impide la simplificación. En efecto, no se trata solamente de "escuchar" y hacer participar a los habitantes, de "racionalizar" las decisiones políticas o de incorporar las lógicas y los tiempos políticos en los saberes y procedimientos técnicos, pues el principal dilema en los procesos de constitución-gestión de la ciudad reside en considerar ese heterogéneo conjunto de actores. "Tomar conocimiento" de los múltiples formas de conocimiento es un punto de partida de cualquier estudio/intervención urbana. En todo caso, desde ahí se puede contribuir a mejor plantear los problemas, aunque no siempre identificar los problemas sea parte de la solución.

Finalmente ¿para que sirve construir conocimiento de —y sobre— la ciudad? En sentido amplio, la respuesta remite indudablemente a la esfera de una política capaz de promover acciones orientadas a construir sociedades y ciudades mejores, es decir mas equitativas. En esa orientación, conocer factores, actores, espacios y procesos, identificando los modos de conocimiento, sus características y sus diferencias no parece un insumo menor.

TERCERA MESA REDONDA | VIERNES 16 DE MAYO DE 2008

Sobre la producción de conocimientos en arquitectura, diseño industrial, gráfico, de imagen y sonido, de indumentaria, del paisaje, del urbanismo
Procedimientos de producción y validación
MARÍA LEDESMA | PRESENTACIÓN, COORDINACIÓN

JORGE SARQUIS: La coordinadora de esta mesa va a ser María Ledesma, y los ponentes van a ser Silvio Fischbein por la temática de imagen y sonido, por no decir la carrera porque nadie representa en el sentido oficial a nadie, sino representa los saberes que traen ellos; Ricardo Blanco en el tema del diseño industrial, Andrea Saltzman por diseño de indumentaria y textil, Enrique Longinotti por diseño gráfico, y Luis Ainstein por el urbanismo. Lo que les quiero recordar a todos, a los ponentes y al público que lo que se trata, lo mismo que ayer, es de ver si podemos recortar, de una manera más o menos precisa, qué es un conocimiento en cada una de estas disciplinas. A ver si amerita algo que nosotros venimos sosteniendo desde el interior de esta Facultad y en las comisiones, en la CTA de la UBA que nos toca actuar, en la Comisión de Doctorado, es que si realmente la investigación produce conocimiento, si los conocimientos son producto sólo de las investigaciones, o lo son también del Campo Profesional o de la Formación, si esos conocimientos que son el núcleo de la problemática pueden identificarse, pueden delinearse, pueden perfilarse, y pueden desde el punto de vista casi epistemológico decir en qué consiste y cuándo hay conocimiento y cuándo no hay conocimiento y cómo se valida.

MARÍA LEDESMA: Buenas tardes. Si les parece bien vamos a escuchar a todos los ponentes y después hacemos una síntesis e intercambiamos. Entonces va a comenzar Ricardo Blanco, siguiendo el orden del programa. El arquitecto Ricardo Blanco, por los saberes del diseño industrial.

1. Por el diseño industrial

RICARDO BLANCO: Primero quiero hacer una corrección de estilo. Acá me pusieron "'Por diseño industrial': Ricardo Blanco, arquitecto y diseñador industrial". No es cierto, yo no soy diseñador industrial. Aclaro eso porque diseñador industrial es un título universitario que da esta Facultad, y así como los arquitectos no quieren que se los deje de nombrar como arquitectos, me parece que los diseñadores industriales tienen el derecho de ser llamados diseñadores industriales.

J. S.: Si está Ricardo Blanco representando el diseño industrial, es porque ha hecho méritos equivalentes en el medio universitario para ser considerado un diseñador industrial.

R. B.: Tal vez haya hecho méritos como docente de diseño industrial, pero no me pueden poner el título de diseñador industrial. Este es un tema que en el periodismo lo hemos tratado de decir permanentemente y no nos hacen caso. Y esta propia facultad a veces, llama a concurso no de profesores, sino concursos profesionales mezclando a todos, y me parece que no está bien, sobre todo cuando hoy están las disciplinas específicas. Ese es uno de los principios que para mí rigen en este conocimiento, en el desarrollo de estos conocimientos. O sea, si se ha decidido que hay una diferenciación entre las disciplinas del diseño, me parece que tiene que ser evidente en su reconocimiento.

Esto tiene que ver con la generación en el campo del diseño industrial de un conocimiento propio. Yo diría que, desde ya, es un conocimiento pluridisciplinario, también se lo puede llamar multidisciplinario, ya que abarca muchas disciplinas. En general se configura una red de conocimientos, debería haber conocimientos humanísticos, científicos-técnicos, sociales, estéticos, y diríamos que la carrera está estructurada de esa manera.

El diseño industrial tiene una historia corta pero intensa pues como práctica fuerte empieza después de la segunda Guerra Mundial, y ya en 1963, el ICSID,[1] el organismo que agrupa a todas las organizaciones de diseño, nombró una comisión para determinar y dar una definición del diseño industrial. Es notable porque eso en otras disciplinas no ha sucedido, que haya una definición oficial. Esa definición, hoy en día toca algunas partes del problema que ha cambiado mucho y la enseñanza y el aprendizaje del diseño ha variado muchísimo. Para los que no me conocen, yo tengo cuarenta años de docencia universitaria específicamente en diseño industrial y continuo. Cuando estaba en La Plata como profesor, en los años '70 no había historia del diseño, y en pocas universidades, en pocas escuelas del mundo se daba historia del diseño, no había, todavía no existía una historia

---

[1] ICSID (International Council of Societies of Industrial Design): Entidad fundada en 1957 para impulsar la disciplina del diseño industrial a nivel internacional, ICSID es una organización no estatal, sin fines de lucro, que es financiada por sus miembros –sociedades profesionales, promocionales, educacionales y comerciales de todos los continentes.

del propio diseño industrial; hoy en día la hay, o sea que en veinte, treinta años cambió ya toda una mirada totalmente fuerte, porque es mirar hacia atrás, hacia lo que se hizo, y sobre eso construir un presente y un futuro. Me parece que eso le da un cambio, una particularidad bastante especial, que creo no es común en otras de las disciplinas del diseño.

Si uno ve al diseño industrial como una disciplina o como una actividad, cada una de estas maneras de mirar nos implica la reflexión desde distintos lugares. Como disciplina la reflexión sobre lo producido, lo que se está produciendo, y lo que se debe o puede producir es importante; y en la actividad, la praxis materializa una necesidad bastante importante ya que el diseño industrial, hoy en día, se ocupa de mantener el sistema de producción industrial en movimiento en el mundo, o sea, tener ocupada a la gente trabajando, la fuerza mayor del trabajo está en la producción de productos industriales. De ahí que en el diseño industrial en cuanto a los saberes que se necesitan para generar después una práctica, son variados y permanentemente renovados. En un momento dado los aspectos sociales fueron los que implicaron la necesidad de profundizar los conocimientos; en otro momento fue la tecnología en todas sus versiones, en otro fue la estética.

Es decir, si nosotros analizamos como aparece el diseño industrial como una área en donde se estetizan los objetos de uso cotidiano, los objetos utilitarios, lo podemos ver desde una evolución eminentemente estética. Si lo vemos desde la antropología "genérica o social", vamos a poder ver como esos productos han afectado a las estructuras sociales en cada momento, es decir no se puede excluir al diseño industrial del consumo o consumismo, así como no se puede excluir al diseño industrial de las nuevas tecnologías en su doble aspecto: como utilizador de las nuevas tecnologías y como generadora de esos objetos que hacen al uso. Es decir, si nosotros vemos el diseño industrial en su comienzo cuando había que resolver las necesidades de la gente, tenía un perfil bastante claro o nítido: la gente tenía necesidades, necesidades que se cubrían o se podían solucionar con objetos, el diseño aportaba a la resolución de esos objetos.

Digamos que para ese grupo de la sociedad, no digamos la más necesitada, sino la sociedad (llamémosle para recortar) occidental, esas necesidades ya están cubiertas, no hay necesidad de seguir haciendo objetos que resuelvan esas necesidades, no hay ninguna necesidad de seguir haciendo una silla, pero se siguen haciendo. Desde ahí podemos ver dos aspectos, uno que es la necesidad de que haya una generación permanente para mantener la rueda de la industria en funcionamiento, y la otra es que la sociedad apela a otro recorte que no es el de la necesidad sino el del deseo. Esto va dando un cambio de mirada sobre la praxis del diseño bastante importante.

En el diseño industrial, inicialmente, el actor al cual había que atender era el usuario, pero ese usuario, si lo planteamos desde una mirada eminentemente empresarial que es la que produce los objetos, pasó a llamarse consumidor, y hoy en día ese "usuario" inicial ya ha superado esa instancia y pasa a ser –le pongo un nombre– un "fruidor", es decir aquel que tiene los objetos porque le gustan, porque los quiere tener, nada más, porque los desea, no los necesita, pero sí los quiere tener. Entonces la manera de atender a ese grupo social, o a esa parte importante de la sociedad, genera un perfil de conocimientos necesarios para un profesional del diseño bastante particular. Por otro lado, si nosotros vemos al diseño industrial establecido como los patrones que estableció el Movimiento Moderno, que eran bastante dogmáticos, y en el fondo morales también, o sea la cosa *tenía* que ser de tal o cual manera, hoy en día eso ha variado notablemente, hoy puede ser de una manera o de la otra.

Me parece que hay un campo importante también que es la precisión del actor principal del diseño, que es el objeto. Al objeto, en el caso del diseño industrial, yo lo metería en la cadena que plantea Heidegger, desde la cosa, el objeto y la obra; y me parece que entre el objeto y la obra, que es la obra de arte según él, está el diseño, es decir algo que no se aparta de ser un objeto utilitario, lo utilitario está ahí, pero está acercándose a la obra, en esa cadena teleológica, no digo con esto que el diseño sea arte, sino que está en un camino en donde se puede acercar bastante; pensamos que en un momento de la historia la obra de arte era *"utilitaria"*.

Desde ahí si nosotros tomamos todos estos puntos podemos plantear al diseñador industrial, o sea el otro actor, el que hace el objeto de diseño, como un profesional técnico, formado, con los conocimientos básicos para que el producto se haga, se materialice y funcione, y se pueda comercializar; o podemos considerarlo como un operador cultural en tanto su objeto entra en el campo de la cultura cultivada, todo objeto entra en la cultura, pero hay un recorte particular que es aquel que hoy en día participa de los lugares que institucionalizan a las actividades, y el diseño toma un carácter bastante particular: no es solamente resolver el objeto y que funcione, sino que tenga una presencia en una dimensión cultural mayor.

Veamos por ejemplo lo que está pasando hoy en día en que el diseño de objetos utilitarios entró en los museos, hay coleccionismo, hay digamos situaciones que funcionan en base a reproducciones de esos objetos, en fin, está siguiendo un camino que el arte ya lo recorrió y que, vuelvo a la situación diferenciadora no por el arte, sino la diferenciadora de cómo empezó el diseño y en el momento en que está, y podemos imaginarnos adonde nos lleva.

Es decir, una de las miradas sobre la generación del objeto o el futuro del objeto es precisamente la eliminación del objeto, dejar la función solamente, eliminar el objeto. En arte ya pasó, la *performance* reemplaza a la obra. Parecería ser que embrionariamente empieza desde el Bauhaus, este concepto de eliminar el objeto, primero la miniaturización de los componentes, y hoy en día que en diseño se está trabajando y se opera y se analiza el uso de la nanotecnología, es la posibilidad de meter objetos funcionales dentro del cuerpo, con lo cual desaparece pero se cumple la función, creo que ese es un poco, no digo un futuro que va a venir pero que está ahí en algunas miradas presente.

Como síntesis, quiero expresar cual es mi concepción educativa:

- Creo que el diseño es un hecho eminentemente de síntesis, es decir, cuando uno resuelve algo hace una síntesis de todos los problemas o temas señalados, pero para enseñar a hacer esa síntesis se ha hecho un trabajo totalmente analítico, decidimos enseñarlo a través de cinco años, cada año dividido en seis materias, cada materia en veinte bolillas, cada bolilla en ocho temas, cada tema en seis parciales, y así sucesivamente. Hemos atomizado la posibilidad de conocer la génesis de una práctica como es el diseño, que termina siendo una síntesis a través de un hecho totalmente analítico, me parece que eso es la dificultad y el desafío de generar saberes en estas disciplinas.

- En definitiva, el producir saberes en D. I. desde la investigación es posible primero, si se considera válida esta atomización, ya que uno puede enseñar a generar objetos teniendo en cuenta su performance en la sociedad una vez que esté realizado o sea analizando su influencia, técnica utilitaria, etc. en cada individuo. Pero también puede pensarse holísticamente las necesidades primarias del hombre para resolverlas con los objetos.

- Todo esto es posible si aceptamos algo tal vez anacrónico. ¿El diseño industrial se ocupa de la materialidad de los objetos y ese objeto debe tener los tres componentes: utilitarios, tecnológicos y formales (estéticos-semánticos)? O: ¿el diseño industrial se ocupa de resolver las necesidades ya sea con o sin objetos, con planificación o desde la técnica solamente, por ejemplo?

• El diseño industrial ha generado sus propios saberes desde varios puntos: desde la investigación (aplicada), ya sea técnica o social, pero también lo ha hecho desde la práctica, indagando cómo se produce ésta. No olvidemos los estudios de métodos de diseño planteados por Christopher Jones en los cuales se indaga y ordena el proceso de diseño y desde las cátedras universitarias, en tanto se generan ejercitaciones en donde no son los temas lo importante, sino los conceptos que devienen de ellos y logran una reflexión disciplinaria, se están generando nuevos saberes a los que luego hay que connotar.

MARÍA LEDESMA: Continuamos con Enrique Longinotti.

2. Por el diseño gráfico

ENRIQUE LONGINOTTI: Buenas tardes, llamaré a mi ponencia "El diseño, el conocimiento y Ulises: opciones, peligros y pasajes".

La propuesta de reflexionar acerca de la producción de conocimiento en el ámbito del diseño gráfico, me pone en la incómoda situación de representante de un escenario muy complejo de pensamientos e ideas, que se gestan continuamente en la comunidad académica a la que pertenezco. En este sentido, solicito que las reflexiones que siguen sean tomadas como una mirada posible pero no excluyente y, mucho menos, como doctrina cierta o única en un terreno tan rico e innovador.

Lo primero que me llama la atención es que esta mesa está compuesta por cinco "perversos", cinco personas que ostentamos el título de arquitecto y que de alguna manera volcamos en alguna curva del camino, hacia actividades menos canónicas desde un punto de vista profesional y social tradicional. Pero, de alguna manera, esta condición perversa de nuestras cuatro naturalezas está muy íntimamente ligada a la *fermentación* disciplinar que implica su presencia en esta facultad. Se trata, de hecho, de una *corrupción*; y me parece interesante la palabra corrupción, no desde su costado delictivo (omnipresente en nuestra penosa cultura periodística) sino asociada a su sentido biológico, que tiene que ver con los procesos orgánicos. Entonces, se trata de la corrupción de una disciplina *madre*, que engendra gérmenes de otras disciplinas, y a la vez propone nuevos terrenos, nuevos suelos, un *humus académico* distinto, que es el que habitamos y del cual salimos y al cual enriquecemos, de alguna manera.

Por otra parte, la nomenclatura disciplinar actual no es muy convincente, porque en general reproduce los nombres de las carreras universitarias respectivas... ¿Qué es primero? ¿El nombre de la carrera o el de la disciplina? Es claro que toda separación o diferenciación disciplinar es una acción deliberada, estratégica, con una historia precisa. Actualmente, de hecho, se está transitando un momento en el que esas "denominaciones de origen" exhiben zonas de fusión y de encuentro, contrastando con lo que alguna vez fueron regiones o feudos, entre los que se dieron verdaderas "guerras" de diferenciación disciplinar. Hoy en día hay puntos de encuentro inesperados, por ejemplo puntos de encuentro entre el diseño de indumentaria y el diseño gráfico, en lo que hace a las problemáticas de la marca, la identidad o incluso en lo vinculado a la condición gráfica de los textiles.

La división *maldonadiana* de áreas de la Facultad (que ha sido derogada recientemente), establecía vecindades deseables y a la vez obligatorias, en un intento por dar cuenta ordenada de la novedad. Nada mejor que cambiar de taxonomía cuando aparecen nuevas especies. Las áreas eran: Área Espacial, que siempre sonó más a algo relativo a la NASA que a la arquitectura y al diseño del paisaje, el área objetual (diseño industrial y diseño de indumentaria y diseño textil) y el área comunicacional (diseño gráfico y diseño de imagen y sonido). Se trataba, quizás, de legitimar el relato fundacional del diseño, tronco polimorfo con varias ramas, un árbol del Paraíso, que puede generar infinitas ramas sin perder su unicidad, una Trinidad de áreas que pueden albergar infinitas personificaciones de carreras, pero siempre una y la misma Divinidad Proyectual. La debilidad congénita de este modelo fue siempre su misma pretensión de cartografía absoluta, que daba cuenta de un territorio –en realidad creciente y en mutación– a través de categorías basadas en una doctrina que supone una ontología clásicamente moderna, la de la división especializada de las funciones, materialidades y modos de producción. Por lo tanto vemos que la misma convocatoria de este encuentro reproduce de alguna manera una visión de compartimentos que naturaliza coincidencias no tan fáciles entre nombres de carrera, presuntas pertenencias disciplinares y praxis profesional del mercado.

La palabra *conocimiento* para nuestras carreras, en tanto que universitarias, siempre ha sido una zona de conflicto. La gran pregunta que le hace la Universidad de Buenos Aires a nuestras carreras es: ¿ustedes qué hacen? Que es como decir: en términos universitarios, ¿cómo se reconoce lo que hacen? A partir de esta dificultad podemos rastrear una larga "no trayectoria" en investigación, oferta y obtención de becas y demás, que tiene que ver con esta cierta afasia conceptual para decir en términos académicos en qué consiste la producción de conocimiento de las disciplinas vinculadas al diseño.

Parecería que la ciencia también ostenta sus cambios cartográficos provocados por la diferenciación, como esa especie de división "táctil" entre ciencias duras y blandas, que fue una batalla dada por las ciencias sociales en su momento para obtener su carta de ciudadanía. Esta diferenciación, en cambio, no es muy eficiente ni ha dado muchos frutos para las disciplinas del diseño, quizás porque no contesta esta pregunta: ¿Hay realmente en el diseño, en su condición de acción pragmática, inserta en sus contextos habituales, producción de conocimiento en el sentido exacto en que se lo plantean las ciencias?. La oposición entre hacer y pensar, la de la práctica y la teoría, como dos principios oponibles pero equivalentes, es una lucha activa en occidente desde hace algunos siglos. Es en el Renacimiento donde se da la primera batalla, en la que los que hacían quisieron rápidamente pasar al bando de *los que pensaban* para mejorar su calificación en una especie de *casting disciplinar* (si se me permite la ironía) que intentaba superar las taxonomías antiguas. La Arquitectura, con Alberti, se postula como quehacer de humanistas, mientras que Serlio insiste en la universalidad de métodos y recetas de los cinco órdenes. Lo intentó siempre Leonardo, con el énfasis en la naturaleza científica de la observación y el estudio necesarios para la Pintura. La idea era pasarse del bando de los que hacían, de los mecánicos, de los técnicos, al bando de los que pensaban, de los que oraban (en el sentido de la oratoria), de los que podían filosofar. Pero en el fondo lo que estaban planteando era una herida irresuelta aún, y que es la de esta presunta disputa entre teoría y práctica, y sus correspondientes y presuntas soluciones, que van desde la equivalencia y la homologación, a la ratificación de un orden jerárquico y sus consiguientes efectos de derecho a control y regulación de un campo sobre otro. En nuestros usos idiomáticos más comunes acechan aún estos fantasmas discursivos: "pragmático" o "teórico" pueden ser una acusación o un elogio, según los contextos y los códigos. En definitiva, esa lucha también atraviesa nuestro campo, o mejor dicho, nuestro campo se constituye en torno a esta discusión.

Otro aspecto concurrente de esta disputa de palabras, y que reproduce la larga batalla entre hacer y pensar al interior de la propia disciplina, estriba en la misma denominación de diseño gráfico, que propone su zona de insatisfacción: mientras algunos lo asocian a la proyectación y concreción de objetos físicos, inclinando la precaria balanza hacia al lado de los hacedores, otros lo vinculan a las instancias más virtuales de la comunicación visual, destacando sus aptitudes simbólicas y discursivas por sobre su vinculación con el mundo de los artefactos. En este último sentido, hay consenso acerca de la pertinencia del diseño gráfico con respecto a la visualización de información, a través de sus distintas especialidades como el diseño editorial, la esquemática, o el desarrollo de interfaces didácticas. Podemos mostrar y demostrar, entonces, que ciertos accionares del diseño se relacionan con pensar los modos visuales del conocimiento. Pero la pregunta debería problematizar si el diseño produce este conocimiento o más bien lo vehiculiza.

En los '60 Herbert Simon afirmó que el diseño es *la ciencia de lo artificial*. Entendía por diseño, una especie de *planning* absoluto vinculado a la sociedad moderna, y proponía que aquello que distinguía a las ciencias de las profesiones, a los científicos de los profesionales era el diseño. El diseño es el saber de los profesionales, es su propia ciencia, la que tiene que ver con un hacer que da cuenta de sí, con un hacer de alguna manera científico, y que lidia con las problemáticas del mundo artificial, del mundo construido. Un *animus metodológico*, cibernético, recorre y da aire a estas ideas de administración de lo artificial, según las lógicas de lo racional, de lo calculable, de lo conveniente, de lo preferible. Cuarenta años después, esta idea de cientificizar lo cotidiano, en el contexto del colapso de muchas presunciones científicas acerca de la ciencia misma, se revela como una caracterización un poco grande, un poco holgada y sobre todo, un poco difusa.

¿Y si la respuesta fuese que no? Si el diseño no produjera conocimiento en el sentido que produce conocimiento la antropología o la biología, tendríamos un problema o, mucho mejor, un cambio de pregunta. Quizás se trata, en el fondo, del problema de la respetabilidad, que siempre se define en contextos precisos y a veces antinómicos.

Para observar mejor esto, propongo una imagen, o mejor dicho, el recuerdo de una imagen mítica. En el canto XII de la Odisea, Homero describe uno de los más interesantes peligros que afrontó Ulises en su errático vagar hacia su tierra. Se trata del famoso estrecho flanqueado por Escila y Caribdis. Pasaje letal, ya que ambas calamidades, Escila, un monstruo de muchos brazos y bocas que anidaba en una gruta lateral de uno de los promontorios y Caribdis frente a él, un vórtice o torbellino que succionaba y hundía cualquier embarcación, ponían al capitán de una nave en el difícil trance de elegir entre dos males... Ulises (aconsejado por Circe) decide pasar, no por el medio –como algunos hubieran aconsejado desde un utópico posicionamiento neutral– sino más cerca de Escila que de Caribdis, calculando que mientras el vórtice se devoraría a la embarcación con todos sus tripulantes, el monstruo de muchos (pero no infinitos) brazos y bocas, atraparía un número equivalente de compañeros, haciendo un daño grande pero no total permitiendo a la nave seguir su curso, de todos modos. Entonces, Ulises no eligió el camino del medio (en el que se hubieran puesto en igualdad de condiciones un riesgo parcial y uno total) sino que se inclinó por el mal menor.

Supongamos ahora que el diseño es la nave de Ulises...Y que los dos "peligros" (entendamos la idea de peligro en el marco de reflexión propuesto, es decir, el de la autonomía disciplinar y sus procesos de diferenciación) que lo acechan son la Teoría y el Mercado. Aclaro que el reemplazo de uno de los dos términos de la antinomia –*mercado* en vez de *práctica*– no es una distracción sino que intenta dar cuenta de la clave contemporánea que define el tono de la oposición. Volviendo al dilema de Ulises, y con respecto a los dos riscos de la Teoría y el Mercado, no querría definir taxativamente qué monstruo es cada quién. Prefiero que el lector haga sus atribuciones. Queda como sugerencia que uno de los dos es más letal que el otro y que no se puede pensar en una simplificadora intención del justo medio. El problema de este pasaje, de esta navegación disciplinar no es solamente el pasar *entre*, sino el estrellarse, como por ejemplo, la praxis contra la teoría o el pensamiento contra el mercado. En definitiva, parecería que la disciplina del diseño está como en estas aguas procelosas, tratando de perseverar, acercándose o alejándose tácticamente de estas dos referencias. Aclaremos que este dilema es imaginario, quiero decir, constituye el imaginario del campo del diseño. Toda propuesta de opción instituye y regula los procederes y también la significación de los mismos.

En un segundo plano de análisis, podemos calificar o caracterizar el ánimo dominante de cada alternativa. *Potencia* e *im/potencia* pueden ser dos términos que pongan de relieve la naturaleza de estas opciones para el diseño. El mercado tiene que ver con la potencia, el mercado es el escenario del juego económico, productivo, la existencia concreta, material, fáctica del diseño. La teoría aparece, desde esta mirada, desde el escenario de la praxis, como la impotencia de la reflexión, o si prefieren, la debilidad de *pensar sobre* frente a la fuerza del *hacer*. La praxis luce, para el arrecife de la teoría, como un mero hacer sin posibilidad de dar cuenta formalizada de su *saber*. Podemos detectar en el campo del diseño (y por supuesto, y aún más evidente en el campo de la arquitectura) que hay una especialización de las tareas de la teoría y las de la praxis, con poquísimas excepciones. Aquellos que se dedican a la teoría y la investigación suelen no transitar el mercado, no operan en él. Se confirma, por otra parte, que los profesionales que protagonizan la actividad económica de su disciplina son renuentes al discurso o la reflexión disciplinar. Es interesante interrogarse sobre esta división del trabajo profesional, sobre todo porque quizás se esté naturalizando un esquema artificioso, que reproduce las antinomias expresadas anteriormente.

Además, en el ámbito estricto del diseño gráfico, del diseño de comunicación, surge con fuerza un discurso pragmatista, mercado-técnico, en el que su afirmación central es que no hay campo disciplinar propio del diseño. Para este posicionamiento, el campo del diseño no es un campo disciplinar reconocible, sino que está constituido por otros, se lo puede desintegrar o deconstruir en otras prácticas y saberes, como el mercadeo, los temas técnicos de la producción, y sobre todo, con la identificación esencialista del diseño con un "servicio", en el que sólo existiría una acción de diseño propiamente dicha cuando existe una encomienda explícita y concreta. En los términos de nuestra imagen mítica, nos encontramos quizás con una disolución absoluta del diseño, perdidas sus propias referencias, su nave misma, y en el fondo, amputado de toda posibilidad de producción de conocimiento.

Finalmente, un aspecto de la cuestión, ya en el ámbito mismo de lo académico, que reproduce esta disyuntiva. Se trata de dos escenarios didácticos: el escenario del *simulacro* y el escenario de la *conjetura*. Son, en realidad, dos modos de entender la enseñanza del diseño, pero que afectan a su concepción misma. A veces estas dos maneras van juntas, pero es muy poco común, y más bien se suelen oponer.

El escenario del simulacro es el clásico taller de diseño, en el cual se pone en escena una hipotética situación de "la realidad", un simulacro en definitiva, en el cual se intenta que los estudiantes reproduzcan un proceso de diseño con consignas y referencias propias de esa situación "real". El ápice de este simulacro es el docente/cliente, que se sienta delante del alumno y establece un diálogo ficcional como si fuera el que encargó el trabajo o un Usuario Modelo. Sin entrar en una crítica detallada de estos procedimientos y su capacidad de totalizar una experiencia compleja como lo es la del mercado, llama la atención su condición de signo presuntamente eficaz, desde el punto de vista de las evaluaciones y conclusiones a la que puede dar lugar.

Frente a esta puesta en escena, aparece otro tipo de planteo, que podemos denominar *conjetural*, en el no se intenta reproducir una situación externa al ámbito académico, sino que se trabaja sobre una *hipótesis de conocimiento*, que no intenta la homologación o la confusión con una situación concreta, y que no pretende presentar rasgos de verosimilitud. Se la supone autoportante, autosustentable, en esto de activar la posibilidad propositiva y crítica, más que la mímesis de un comportamiento o un producto. Se puede tratar de un proceso de diseño, de un objeto, de una interfaz específica, pero siempre reconociendo las condiciones de laboratorio de la experiencia didáctica. La producción de conocimiento, según esta mirada, no consiste en la reproducción de lo aceptado sino en la proposición de lo alternativo, entendido no como mera aberración de la costumbre, sino como apertura proyectual en su sentido más esencial.

Desde este punto de vista, habrá que inclinar con inteligencia la nave, cediendo presunciones y prejuicios para conmover y enriquecer el territorio disciplinar. Mirar la producción de conocimiento en el diseño desde lo planteado por estos escenarios didácticos permitirá, espero, reconciliar acciones y reflexiones, destrezas y críticas en un modelo más lúcido, más abierto, en el que el diseño encuentre sus propias coordenadas investigativas y su propia hoja de ruta en el territorio del conocimiento universitario.

3. Por el diseño de imagen y sonido

SILVIO FISCHBEIN: Una cosa que yo hice bien en mi vida fue dedicarme al cine porque tengo una fobia muy grande a hablar en público. En función de la perversidad desarrollada en esta mesa, y de la perversidad que significa ser un realizador de cine porque le obliga a ver la realidad desde el punto de vista de la cámara que uno decide donde pone esa cámara, yo les voy a hacer ver una película y después voy a tomar los minutos que nos restan como para hacer alguna reflexión sobre la generación de conocimiento a partir de la imagen en movimiento.

La película se llama *Eût-elle été criminelle...* (2006 de Jean-Gabriel Pierrot).

Bueno, yo también quisiera hacer una reivindicación disciplinar. La carrera de imagen y sonido se creo hace veinte años en la Facultad y para diferenciarse de lo que en ese momento eran los audiovisuales, que era una cinta de grabación pasada con diapositivas se la llamó *"de imagen y sonido"*, veinte años después se sigue llamando de imagen y sonido, y en realidad estamos hablando de cine, cine en el más puro sentido de la palabra.

En la Facultad de Arquitectura, Diseño y Urbanismo hablar de cine, pareciera ser que eso corresponde a los *shoppings*, en su momento a la calle Lavalle, o a la calle Corrientes, pero pareciera ser que no es una disciplina que merece tener una lugar dentro de la Universidad de Buenos Aires, pero lo cierto es que estamos hablando de cine; cine viene de *kine*, que es imagen en movimiento. La pregunta de cómo generar conocimiento dentro del mundo del cine es una pregunta que lo primero que a mí me despierta es preguntar dentro de qué ámbito del cine, si desde la teoría, la historia, o de la realización y la producción.

Obviamente, supongo que será dentro de la realización y la producción, y también espero que no se esperen una respuesta, porque es una disciplina tan abierta y tan cambiante que cualquier definición de cómo generar conocimiento la estaría limitando y le estaría cercenando ese mundo tan abierto que tiene, pensemos que en sus 110 años de cine, pasamos del monoplano al multiplano, del blanco y negro al color, del mudo al sonoro, de las pantallas chicas a las grandes, de la ceremonia de la sala al *living* de las casas, de la proyección en pantalla a la televisión, y hoy hemos llegado a la telefonía celular, al *video game* y a la página web.

Con lo cual es muy difícil, a mi entender, definir qué significa generar conocimiento en este dominio, lo que si sé es que hay conocimientos que no son decibles, que no son escribibles, y que sí son registrados en el cine. Y creo que esta es una película que cuenta de eso, de la posibilidad de a través de la imagen trasmitir conocimientos que son muy difíciles de ser dichos o de ser escritos. En general, tomando el ejemplo de Longinotti de los dos arrecifes, yo creo que el des-espacio audiovisual o del cine siempre se debate entre dos arrecifes que pueden ser la teoría y la práctica, el documental y la ficción, el blanco y negro y el color, la televisión y la pantalla, pero que en realidad no son arrecifes, aunque se trata de mostrar como arrecifes, sino que son áreas que permiten redefinir a la otra, y fundamentalmente quiero destacar algo que tiene que ver con la emoción y la razón.

Pareciera ser que son elementos opuestos pero por el contrario creo que hay ciertos conocimientos que si no son afectivizados realmente no pasan al rango de conocimiento, en el sentido de que hay que sentir algunas cosas para realmente que esas cosas puedan ser transformadas en un conocimiento, y desde ese aspecto creo que el área de cine es un elemento en que este realimentarse entre la emoción y la razón son muy válidos y que la combinación entre ambos elementos es la que permite la generación de estos conocimientos.

Pensemos, yo les quiero remitir algunas imágenes, que a todos ustedes les deben haber quedado grabadas, como por ejemplo el final de la escalera del "Acorazado", de Eisenstein, o al pobre preso limando o rasqueteando la puerta de su prisión en "Un condenado a muerte se escapa", o el barco que navega por las calles de Nueva York del "Día después de mañana", que son imágenes que han generado conocimiento, pero conocimiento que no puede ser puesto en palabras. Desde el punto de vista de lo que yo hago en mi cátedra aquí en la facultad y cómo yo encaro mi tarea, es el aprender a mirar. Podría decir que aprender a mirar inteligentemente, pero simplemente inteligentemente porque es un mirar con preguntas, y en ese mirar con preguntas se pueden establecer objetivos para la producción y ahí está la generación de conocimiento en el área cinematográfica y que, insisto, son conocimientos que producen un determinado compromiso afectivo y es a partir de ahí que realmente adquieren el rango de generación de un conocimiento nuevo.

4. Por el urbanismo

LUIS AINSTEIN: Buenas tardes y gracias, y sobre todo a Jorge por haber inventado este conveniente evento. Yo voy a plantear posiciones mías, no porque las considere únicas sino precisamente porque el campo de lo urbano es tan complejo que ha dado lugar a posicionamientos muy diversos, tanto en el tiempo como en los mismos tiempos, y esto no podía sino ser así. La primera cuestión que surge es que la denominación misma del campo ya constituye fuente de discusión y problema. Hay dos grandes sectores del mundo que llaman a este campo de maneras significativamente distintas, el mundo de lo latino lo llama urbanismo y el mundo de lo germánico lo llama planificación regional urbana, o algo similar. Y esto no es meramente formal, porque efectivamente en el origen del desarrollo de las culturas relativas al hábitat de dos de esas grandes tradiciones culturales hay posiciones estructuralmente diversas, algunas mas contemplativas, otras más interventivas, que yo creo que en esencia ha generado estas maneras de nombrar en esos dos sectores del mundo.

La siguiente cuestión que quiero remarcar, porque desde mi punto de vista califica definidamente y explica la diversidad de posiciones que hay en relación a este campo, es que este es un campo que está algo así como necesariamente clamando por alimentadores ideológicos por una parte, y también por teóricos, así en ese orden, porque lo teórico también suele estar ideologizado, desde mi punto de vista no puede estar sino ideologizado, no solamente en este campo sino en general.

Entonces yo lo que voy a hacer es nombrar un conjunto de grandes categorías que son las que desde mi punto de vista constituyen significativamente el campo, para después aludir al modo en que ellas se articulan. La primera cuestión que aparece es la de que el campo del hábitat está definidamente marcado por cuestiones de espacio y de tiempo. Esto hay que remarcarlo porque hay ciertos posicionamientos en relación al campo que son definidamente espacialistas, es lo más habitual, las remisiones así llamadas fisicalistas que tienden a olvidar o a preferir no considerar la cuestión del tiempo. Y el tiempo en la configuración del hábitat humano es una cuestión absolutamente central por una diversidad de razones que van a ir apareciendo, y desde este punto de vista, la mejor recomendación probablemente que se le pueda dar a los que inician estudios en este campo es ir a ver la *Crítica de la Razón Pura*, donde esta ubicación de los eventos humanos en términos de espacio y tiempo resulta imbatible.

En relación a las escalas de espacio que resultan involucradas en las cuestiones de hábitat, hay por lo menos tres escalas que diferenciar, no porque tengan jerarquías distintas, sino porque tienen identidades distintas, cada una tiene importancia similar a las otras y las tres resultan articuladas entre sí por otra parte. La primera es la que tiene que ver con las escalas macro-macro, y lo que va metido ahí son las cuestiones relativas a regiones, y muy particularmente en los tiempos que corren lo que se denominan redes urbanas, es decir la diversidad de sitios urbanos, históricamente llamados ciudades, pero que ya a la fecha la noción de ciudad tiene un nivel de crisis tan absoluto que no debiéramos estar aludiendo a ella de manera general, sino casualmente apelar a la noción lógica de sitio urbano, o configuración urbana, que es mucho más abarcativa que la noción de ciudad.

La siguiente escala es la que puede ser llamada macro-meso, y allí las cuestiones que van implicadas son desde ya la cuestión de los grandes aglomerados, que en los tiempos que corren constituyen el componente dominante del hábitat humano, en la Argentina, entre otros países, muy particularmente porque los niveles de concentración urbana son espectaculares, en Buenos Aires vive un tercio de la población argentina, las tres mayores aglomeraciones argentinas concentran no menos del 50% de la población argentina, estamos hablando de un país extenso y diverso.

La tercer escala, la escala de los meso, incluye tanto ciudades medias y pequeñas en su conjunta como sectores de grandes aglomerados.

Desde el punto de vista de las gamas de tiempos que están implicadas en estos fenómenos hay categorías estructurales de tiempos muy diversas; están por ejemplo los tiempos de las dinámicas de la naturaleza que tiene aspectos o manifestaciones muy largas, es decir dinámicas de transformación muy largas, por ejemplo no es inhabitual aludir a los problemas, a ciertos aspectos de la dinámica de la naturaleza, en escalas de tiempo de cien años, lo que se llaman recurrencias centenarias, las inundaciones regionales por ejemplo, típicamente se caracterizan de esa forma porque tienen esos tiempos de comportamiento. Hay también dinámicas de la naturaleza de medianos tiempos, que de todas maneras siguen siendo largos, cincuenta años, los cincuenta años del calentamiento global de la posguerra, por ejemplo, y hay evidentemente dinámicas más cortas.

Otra gran categoría de las dinámicas que interesan en términos de hábitat son las dinámicas sociales, entre las cuales también podemos diferenciar entre escalas extendidas por ejemplo los treinta últimos años en los que se viene produciendo lo que se llama la transición demográfica, es decir el cambio estructural en las dinámicas demográficas, urbanas particularmente, y dinámicas sociales de tiempos más restringidos, por ejemplo los diez años del cambio cultural en curso. Y existen también dinámicas de carácter urbano propiamente dicho, de carácter agregado, y de ese punto de vista podemos hablar, por ejemplo, o mejor dicho solemos hablar de pervivencias permanentes, las que se refieren a lo patrimonial, que se supone que tiene que seguir estando allí hasta el fin de los tiempos, hasta pervivencias medianas, que tienen que ver por excelencia con valores "residuales" de carácter tanto vivencial como económico.

La siguiente gran categoría que nos interesa en relación a hábitat es la que tiene que ver con la necesidad de la pluri-dimensionalidad. En términos de hábitat no se puede no aludir y no implicar lo ambiental, lo físico, lo funcional, lo social, lo cultural, lo tecnológico, lo económico, lo institucional. Pero además, lo que aparece de manera perentoria, es que cada uno de ese conjunto de dimensiones no es de carácter autónomo, sino que están vinculados mutuamente de manera sistémica, es decir con complejas relaciones de realimentación, "corrección", etc.

Por fin la última gran categoría que voy a nombrar es la que se refiere a los actores que intervienen en los procesos de hábitat. Y de este punto de vista, y lamentablemente aludiendo al orden en que al presente parecen tener prevalencia, entonces cabe hablar de los mercados, muy particularmente de los mercados inmobiliarios, cabe hablar de los grupos sociales, cabe hablar del tercer sector, y por fin acerca del Estado, o de los niveles y ramas del Estado. Entonces, la consecuencia de una tal diversidad de fenómenos de carácter espacial, de carácter temporal, de carácter temático, de carácter actoral, ha llevado a que todo el mundo acepte a la necesidad de que los abordajes en relación a este campo tienen que ser al menos pluri-disciplinares e idealmente trans-disciplinares, y también a que, como consecuencia de estos niveles de diversidad y complejidad, cuando se establecen abordajes en relación a esta cuestión, hay que adoptar posiciones explícitas que no son unívocas en ningún caso, que se refieren a lo epistemológico, lo estratégico y lo metodológico. Hasta ahí llego entonces en esta primera vuelta, gracias.

MARÍA LEDESMA: Bueno, completamos la ronda con Andrea Saltzman.

5. Por el diseño de indumentaria y textil

ANDREA SALTZMAN: Reflexionar sobre la construcción del conocimiento en la FADU, nos posiciona, nos ubica. Es pensarnos y tratar de entender sobre lo que atañe a este espacio disciplinar.

¿Qué tipo de conocimiento desarrollamos? ¿De qué modo este conocimiento baja o es absorbido por la sociedad?

Esta facultad tiene una característica fundamental que es la capacidad de generar proyectos. En este sentido se podría hablar de la FADU como de una usina de energía productiva. Aquí, imaginamos y desarrollamos formas que todavía no están instaladas en la sociedad y este es quizás el rasgo esencial inherente a las diferentes carreras que aquí se llevan adelante.

Hace poco estuve leyendo el catálogo de una muestra muy interesante que se presentó este año en el Museo de Arte Moderno de la ciudad de Nueva York, El título de la muestra, *"Design and the elastic mind"* (el diseño y la mente elástica), se refiere a la flexibilidad del diseño como adaptación a los cambios que se producen en nuestro modelo de vida.

La muestra surge de una asociación entre científicos, artistas y diseñadores. El planteo de la misma se centra en la capacidad del diseño para asimilar los avances científicos tecnológicos y culturales e introducirlos a la vida cotidiana mediante la generación de objetos, arquitectura, vestimenta e interfaces.

Se habla de traducir el lenguaje abstracto de las ciencias en conformaciones que implican modos, maneras, comportamientos. Lo que el arquitecto Doberti denomina "el Habitar".

Me parece que este modo de pensar el diseño es un buen encuadre para situarnos en el tipo de conocimiento que se genera en este ámbito.

En ese sentido creo que la Facultad es, y debería ser un gran laboratorio para experimentar en formas novedosas y el conocimiento que aquí se produce tiene que ver con la posibilidad de pensar, percibir e intuir los cambios que se gestan en nuestra sociedad y traducirlos en formas que devienen en conducta, o en conductas que devienen en formas. Es decir, aquí trabajamos sobre la capacidad de comprender lo que esta ocurriendo en distintos ámbitos para imaginar cómo insertarlos en la vida cotidiana.

Y aquí me gustaría plantear una cuestión que creo que todavía no somos capaces de debatir, y es si lo que nosotros desarrollamos en la Facultad es la enseñanza del oficio, lo que implica un modo preestablecido y ya instalado de llevar adelante la disciplina, o si nuestra labor, desde la enseñanza, se refiere al desarrollo del conocimiento proyectual. Que va mucho más allá del cómo hacer e implica una reflexión mucho más profunda y cierta falta de certeza.

En este sentido creo que la experiencia del diseño de Indumentaria es sumamente interesante. Justamente por esta situación de generación de una carrera, sin un precedente local. Con esto no quiero decir que nunca antes existió un diseñador de indumentaria, pero lo cierto es que no existía un concepto acerca de lo que era ni de lo que podía llegar a ser un diseñador de indumentaria.

Recordemos que esta carrera nace ante la necesidad de generar en la Facultad de Arquitectura, carreras cortas, en cuanto a su duración. En 1985 nacieron Gráfico e Industrial, pero con otro estatus. Ambas carreras resultaban familiares a los arquitectos. De hecho algunos realizaban trabajos de esta índole y contaban con publicaciones afines a la arquitectura. Existía material teórico que las legitimaba.

En el '89 surgen indumentaria e imagen y sonido.

Lo que estoy intentando poner en relevancia es este marco inusual, en el que se gesta la carrera de diseño de indumentaria. Era muy poco lo que se esperaba de nosotros, no había expectativas. No contábamos con una historia del diseño si no de copia de un modelo ajeno. Y básicamente teníamos todo por aprender e inventar. Hubo que manejarse con un importante grado de intuición para sumergirse en la experiencia y desde allí poder arribar a los conceptos para aproximarnos a una teoría del diseño.

Lo que quiero poner en evidencia, es esta posibilidad única de tener que pensar las cosas desde su esencialidad, y no de la empiria porque lo poco que había no nos servía.

En ese sentido entender que el diseño de indumentaria se refiere al cuerpo creo que fue un punto fundamental.

Si bien todas las carreras de diseño tienen una relación con el cuerpo en el caso específico de la indumentaria el cuerpo es la estructura, la forma previa, el soporte del objeto de diseño.

El vestido como su nombre lo indica plantea una relación. Viste, transforma, modifica un cuerpo, configurando una espacialidad en torno al mismo. Pero a diferencia de la arquitectura, este elemento no tiene estructura propia, no es autoportante, siendo a partir del cuerpo usuario que logra su conformación.

Como seres sociales somos y nos reconocemos como cuerpos vestidos. El vestido implica una concepción cultural del cuerpo. Un modo de ser y hacer del individuo que lo condiciona en sus gestos, su actitud corporal, su percepción del mundo

No hay posibilidad de diseñar la vestimenta si no es en relación a un cuerpo. Pero ese cuerpo no es sólo soporte, anatomía u organización morfológica. Ese cuerpo es vivencia.

Quiero remarcar es que a partir de trabajar desde el cuerpo como protagonista del diseño, el foco del proceso proyectual se centraliza en la vivencia. En la experiencia del sujeto como protagonista del diseño. Recordemos que en el caso de la indumentaria esta experiencia se facilita al trabajar con el modelo en escala uno en uno.

Esta manera de transitar el diseño, no sólo significa la posibilidad de trabajar con los elementos compositivos propios del diseño de indumentaria, sino también en un modo de abordaje que permite al diseñador introducirse al diseño desde el compromiso de la experiencia. Desde aquí, el espacio se traduce en acontecimiento.

Asimismo, esta noción de comprender y pensar el diseño desde el cuerpo impulsa a entender el espacio como un universo entramado y continuo. Induce a involucrarse desde la vinculación del habitar, entre el vestido, los objetos, la arquitectura, la ciudad, que a modo de layers interactúan y se superponen al usuario. Es decir, si el espacio es una experiencia, deja de ser algo que está fuera del cuerpo, porque el cuerpo mismo es intercambio. Entonces, la noción de espacio se centra en el enlace, el vínculo.

Creo que este modo de adentrarnos en el proceso proyectual plantea nuevas posibilidades de comprensión del espacio, que no sólo atañen al caso especifico de la indumentaria, sino al resto de las disciplinas de esta facultad.

Es llamativo que hace unos años cuando la FADU organizó las diferentes carreras en áreas, diseño de indumentaria quedó inscripta dentro del área objetual. Nada más lejos que la concepción del vestido a objeto, de hecho la ropa fuera del cuerpo pierde su función fundamental, que es la de vestir. El eje de esta disciplina gira en torno al cuerpo y al espacio, trabaja con la espacialidad del cuerpo y su relación con el mundo circundante.

Entender el campo de construcción de conocimiento implica situarse, pero también comprender la posibilidad de interacción y aporte de una carrera a otra.

Sí, pero, ¿cómo se construye?

Por ejemplo: inventando soluciones para problemas que sin este conocimiento no se podrían resolver. O detectando o creando problemas y luego intentar resolverlos mediante la construcción de indumentos. ¿A qué podemos llamar un conocimiento en este quehacer o disciplina?

Se construye con dibujos, maquetas, *renders*, ideas, ¿o todo eso junto? ¿Cuáles son los imaginarios (lo que la gente piensa desde el sentido común) que esta posición ataca?

Estas me parecen que son preguntas específicas que estamos buscando. Todo lo demás está muy bien y es pertinente tratándose de una disciplina tan joven.

Como cierre, quisiera referirme a una cuestión que planteé

en el comienzo de esta charla. ¿Cómo baja o cómo es absorbido este conocimiento por la sociedad?

Es difícil establecerlo por el grado de complejidad que plantea.

Pero hay algo que es indiscutible y es que la facultad se revindica a partir de la labor de sus egresados. En la Carrera de Indumentaria esto fue muy claro. La creación de barrios de diseño, la distinción por parte de la UNESCO de Buenos Aires como capital del diseño, habla de un cambio de situación rotunda. Cuando comenzamos con la Carrera y planteábamos que el diseñador de indumentaria sería esencialmente un "generador de ideas" esto producía un desconsuelo generalizado. Los empresarios textiles en su mayoría pensaban que las ideas venían de Europa y bastaba una señora de buen gusto para armar una colección con dos viajes al año. La contra estación venia de maravillas.

Los diseñadores gráficos fueron los primeros en tener trabajo en las marcas de indumentaria. Desarrollaban etiquetas y graficas en la ropa. Poco a poco, el diseñador de indumentaria fue ganando su espacio en el área de "producto". Estaban regulados por el departamento de marketing, Un departamento que no hablaba de conceptos sino de formas y que invitaba a los diseñadores a viajar a los países desarrollados en busca de tendencias.

Fue hace pocos años cuando los diseñadores cansados de estar condicionados por las marcas se agruparon y comenzaron a llevar adelante desarrollos propios. Fue recién con la crisis del 2002 y cuando la mayoría de las marcas se cae, por lo tanto o se armaba un proyecto propio o había que irse a trabajar afuera, que surge un verdadero desarrollo del diseño nacional.

Recién entonces los diseñadores se reconocen como fuente potencial de un país. Como productores de ideas con capacidad de exportación y valor comercial.

Ahora que se habla del Bicentenario esto es pasar de ser un

país colonizado a idóneo, lo que significa poner un valor la propia identidad.

Hoy, con la cantidad de emprendimientos y publicaciones que categorizan a Buenos Aires como centro de tendencia, (de hecho por primera vez el INTI así lo reconoce) pareciera natural el lugar del diseñador dentro de nuestra sociedad. Sin embargo este es quizás uno de los cambios más profundos que ha generado esta carrera, es decir su gente, este lugar que como una vez definió el arquitecto Borthagaray "es esencialmente un espacio de encuentro de saberes" entre los estudiantes y los profesores que día a día, nos vemos movilizados por la energía que genera este encuentro.

MARÍA LEDESMA: Bueno, ahora si les parece bien abrimos la ronda de preguntas.

A. S.: Lo que quería decir es que hay dos visiones en esta interacción que vos decís. Por un lado hay una, más institucional, que se plantea desde lo que sería el Ciclo Básico con materias como Proyectual y Dibujo que tienen realmente esta experiencia de integración, y que se fueron rediseñando a sí mismas a partir de esta "integración" de las distintas Carreras, y que creo que han hecho, digamos, un vuelco muy interesante porque incluso en las Carreras de Grado nosotros sentimos una preparación, por lo menos a mí me pasa con los alumnos porque siento que cada vez vienen con miradas mucho más amplias del problema a partir de la integración de las diferentes disciplinas. Por otro lado, están estas materias electivas que también tienen la posibilidad de cruce y que es muy interesante porque son los alumnos los que deciden muchas veces la materia por la posibilidad de cruce con las diferentes disciplinas, o sea, ya estamos hablando de esta posibilidad de enriquecimiento a partir de una experiencia de convivencia con las otras áreas. Pero por otro lado, es muy difícil esta integración desde este monstruo que es la Facultad, acá siempre hay entrecruces que son interesantes, que son más rizomáticos, diríamos, y muchos de nosotros hemos tenido esta posibilidad de enriquecernos con gente de las distintas áreas porque ningún proyecto tiene que ver con una cosa que se cierra en sí misma, nadie se puede alimentar solo y, además, los límites son cada vez más imprecisos. De hecho hasta en la cátedra tenemos trabajo con gente de Imagen y Sonido, que tiene que ver con los tipos de lenguaje, que empiezan a ser los lenguajes más habituales. Hoy un chico agarra un teléfono y filma. Entonces qué le vas a pedir, que vuelva a pensar el proyecto solamente con las láminas. Y también en los equipos. Dentro del equipo de la cátedra empieza a haber convivencias diarias muy interesantes.

Lo que quiero decir, y no sé si estarán muy de acuerdo o no, pero frente a este conocimiento racionalista, o esta visión más mecanicista que se planteaba en algún momento, me parece que también empieza a haber como decías vos antes (por Silvio Fischbein), de esta situación como más conmovedora e intuitiva, o este universo poético, que creo que también empieza a cobrar como más fuerza y más confianza frente a esta situación en la que siempre nos sentimos descolocados por ser un área que tendríamos que ser científica, porque somos académicos y universitarios, me refiero al encuadre en el que estamos englobados, como yo decía antes, el conocimiento venía o las ideas venían, ponerse en el lugar del cambio y decir somos generadores de ideas es un cambio muy radical en la sociedad, esta cosa de empezar a pensar que el diseño sí está mas asociado a un pensamiento poético y que si yo soy generador de formas, evidentemente no puedo estar repitiéndome a mí mismo, sino que tengo que estar metiéndome en territorios que produzcan cierta conmoción para que el diseñador se pueda proyectar y abrirse a esa experiencia desconocida de adonde va a estar llegando con el diseño, creo que acá también hay algo novedoso que se está gestando en esta Facultad.

ENRIQUE LONGINOTTI: Yo creo que soy un poco optimista en las ideas pero bastante pesimista en la implementación. A mí me parece que la idea de un conocimiento compartido, compatible, básico, tiene algunos problemas. Por ejemplo, una cosa que yo distinguiría es que yo no sé si el conocimiento común o el momento común tiene que ser básico, por ejemplo. Hay una tendencia a pensar que es muy posible, este trauma bauhasiano digamos persiste, es muy posible, es muy deseable un conocimiento vinculante. Me estoy refiriendo a cuando esto se lo tiene que plantear, enunciarlo, con contenidos, con programas y demás. Yo creo que ahí aparece una idea de que todo el mundo parecería que votaría porque sí. A mi me parece que antes que votar porque sí o porque no, si eso es posible o no, me preguntaría si tiene que ser básico o no, ahí me parece que hay una diferenciación; mi experiencia personal en estos años de docencia es que es mucho más natural interesarse por lo del otro, cuando uno sabe algo de lo propio, y es mucho más difícil interesarse por lo general cuando uno no sabe nada.

La situación, para mí un poco paradigmática, es el CBC en este caso, que yo creo que es una instancia absolutamente notable, yo particularmente ejerzo una cátedra, aunque no soy docente del CBC, pero reconozco una experiencia bastante única, que no ha sido incluso muy analizada en este sentido, y la experiencia no es fácil. El CBC tiene que producir, por lo menos en cuatro materias (que es bastante, de las seis o siete que se dictan), la idea de situación integral. Al menos en teoría son las encargadas de generar esta situación. No es fácil para las cátedras del CBC, tanto las que están vinculadas al dibujo o al proyecto, no es sencillo, hay como tendencias, algunos que proponen que los alumnos pasen por todas las experiencias específicas, otros que proponen situaciones pre-específicas que teóricamente son sólo proyectuales, en distintas versiones. La verdad es que no creo que la experiencia haya podido clausurar el problema ni siquiera ponerlo como clarísimo, de hecho cada vez que hay una reunión de carreras o de campos disciplinares hay propuestas de que haya un año común, olvidando que el CBC es ese año en común, entonces estarían hablando de que tiene que haber dos años en común.

Lo único que yo propondría como reflexión, o agregaría a esta confusión, es por qué pensarlo como básico, lo general no necesariamente es básico, la capacidad de generalización es una capacidad de abstracción, y la capacidad de abstracciones no son básicas, entonces, y con esto cierro, mi experiencia docente me ha mostrado que el interés por la capacidad de vinculación surge en un momento de la maduración de conocimientos de un estudiante o incluso de un docente. Avanzado un trecho, digamos, se pueden producir contactos fenomenales y no descarto que se puedan producir contenidos en común, pero no asociarlos a esta idea de básico porque entonces si parece ser un dogmatismo, y no me parece bueno ser dogmáticos en esto, sino lo más inteligentes que podamos.

PÚBLICO: Una pregunta que tiene que ver con esto que se hablaba del pensamiento poético (...) con la apología del pensamiento poético, no lo digo desde un punto negativo. ¿Cómo se compatibiliza esto del pensamiento poético, de las carreras de diseño con la posibilidad de incursionar en el campo de la investigación, de ganar un lugar en el campo de la investigación. Si ustedes creen que es posible investigar desde el proyecto, cuando está asociado al mundo poético y a la idea.

RICARDO BLANCO: No estoy de acuerdo con el pensamiento poético. Creo que, como estructurante de una manera de generar proyecto, es una tendencia más. Mi tendencia, o sea, donde oriento la cátedra, es que el pensamiento poético puede ser una operación totalmente estratégica racional, con lo cual no me importa demasiado si es poética o no. Es decir si no se lo transfiere a una operación controlable, estratégica y racional.

ANDREA SALTZMAN: Yo creo profundamente en el pensamiento poético, creo que es una situación disparadora de universos no reconocidos, y creo que la investigación, y sobre todo la investigación proyectual, la creo cada vez más importante y más importante en todo lo que hace a la construcción de un propio universo de conocimiento, de una situación que nos identifique como ciudadanos, como miembros de una comunidad, porque hay una necesidad como de proyectarse a uno mismo, y creo que la investigación tiene que ver con esta situación. Si la investigación es realmente empezar a asociar lo que dijo éste o lo que dijo el otro, y remitir a todo esto que ya está construido, o que la emoción esté inmersa, esa situación vivencial, en esta pulsión, en este deseo de investigar.

SILVIO FISCHBEIN: Yo particularmente no usé el término poético, pero lo podría suscribir totalmente, así que bueno... Yo creo que no hay caminos fijos, y que la necesidad de, o la posibilidad de la emoción para la generación de conocimiento es una instancia posible. Casi te diría que emoción en el termino así concreto y metafórico de la herida, o sea poder sentirse herido por una imagen o por algo que te produzca conocimiento, o sea el sentimiento que algo te puede despertar y que a partir de eso se genere un saber que racionalmente no se pudo dar, y desde ese aspecto yo creo que obviamente que se puede trabajar en el terreno de la investigación haciendo esta redefinición entre lo racional y lo emocional, porque no es lo uno o lo otro, sino que cada uno permite una redefinición del otro aspecto, y entre este ir y venir entre lo emocional y lo racional yo creo que es dable la generación de conocimiento.

Yo quiero traer una anécdota que para mí es fundamental y que estoy seguro que casi todos ustedes conocen, que es la que Barthes describe en "La cámara lúcida", cuando encuentra la foto del invernadero, y buscando a la imagen de su madre muerta, el está con el cadáver de su madre, encuentra a su madre en una foto cuando la madre tenía cinco años. Ahí hubo una herida, un conocimiento a partir de algo que él jamás había vivido pero que eso le permitió conocer a su madre.

ENRIQUE LONGINOTTI: Yo creo que en la pregunta que vos hacías, había una parte que orientaba hacia este reconocimiento en términos de la institución universitaria, y si, interpreto no, si la palabra poético era la mejor como política. A mí me parece que una cosa interesante es, en términos "bourdianos", el campo de la investigación universitaria, un campo como cualquier otro en términos de idea de lucha. Bourdieu plantea que hay dos maneras de prosperar en el campo, o heredar o subvertir; los que apuestan a heredar se quedan cerca de los que tienen, los dueños del capital, y esperan a formar parte y ser asimilados, y los que subvierten. O, sea digamos dos perspectivas para los recién llegados, están los dueños del campo y los recién llegados. Los recién llegados o heredan o subvierten. La manera de subvertir es convertir al otro en viejo, es condenarlo a la historia. Ese es un aspecto que sería como temporal.

Con respecto a las disciplinas vinculadas al diseño y su capacidad de insertarse en el ámbito de investigación creo que no ha habido todavía una política en ese sentido, y por lo tanto, sea la palabra poética o cualquier otra, tiene que ver en realidad con la concepción de la lucha del campo y no con la concepción de un mero reconocimiento gratuito que nadie va a dar y nadie va a otorgar. Por razones de capitalismo económico y de capitalismo simbólico. Y una referencia interesante es cómo la psicología logró, por ejemplo, un lugar intenso en determinado centros universitarios como ciencia, y yo diría que la psicología en términos de su propia construcción como conocimiento, es un objeto bastante más lábil y bastante más incierto que por ejemplo el que tiene que ver con aspectos proyectuales o tecnológicos del diseño. Sin embargo, dio la batalla de una manera muy hábil, y si bien hasta hace poco estaban habiendo una impugnación, casi de la psicología como ciencia, o tipos como Bunge que jamás aceptaron que la psicología tuviera ni siquiera la chance de ser un conocimiento, lo bien que le va en términos de su manejo en el campo.

Sí... la psicología se estructura en torno a la terapia psicoanalítica, digamos. Una psicología sin psicoanálisis, una psicología no freudiana sería una psicología pre-freudiana, y no, me parece que el punto ahí es que la batalla fue dada. Yo creo que el punto para mí es que lo central es cómo se organiza la política de combate en términos de apropiación de capital, básicamente eso.

JORGE SARQUIS: Me interesó la reflexión que diste recién porque incorpora una problemática importantísima cual es la de la mirada de la cultura, no solo con Pierre Bourdieu que coloca en todos sus textos la problemática de la creación, sino Williams, y otros como Carlos Altamirano de Argentina, lo que él llama el proyecto creador, cómo se inserta en la sociedad capitalista y cómo se inserta en los cuerpos de saber, y esta apropiación de lo simbólico. Y respecto de los jóvenes, Bourdieu tiene también una opinión interesante, hay dos tipos de autores, aquellos que trabajan con un público que existe y aquellos que crean su propio público. Es decir aquellos que crean su propio público son los emergentes, los nuevos, los que se incorporan al debate de la producción simbólica, y entonces esos necesitan hacer un esfuerzo y una batalla mucho más grande. Los que trabajan para un público constituido, el esfuerzo es menor, se trabaja para lo que piden, explícita o implícitamente.

Pero yo quería recentrar el tema. Se ha hablado de la enseñanza, pero el interés que para nosotros tiene la convocatoria a este evento está relacionado con la producción de conocimiento, pero no sólo con eso, sino con su validación y legitimación. ¿Por qué esta especie de obsesión, o preocupación? En realidad es una preocupación un tanto excéntrica en esta Facultad que está dedicada a la producción de objetos de diferentes tipos, que nos han expuesto aquí y los que vimos ayer, aunque muchos de los temas que están trayendo a discusión hoy, es una pena que los que están preguntando no presenciaron el debate de ayer, porque psicología, psicoanálisis, el Dr. Rolando Karothy, o Luis Quesada Allúe, y otras discusiones que trajeron filósofos y sociólogos ayer, se debatió bastante por ese tema. Yo quería aprovechar la mesa que tiene un representante de cada sector de las carreras de esta Facultad. Lo primero que quiero aclarar es que podríamos haber armado la mesa por otra división, es decir por lo que está instalado en la Secretaría de Investigación de esta Facultad, *urbanismo, tecnología, morfología, teoría del habitar y proyectual*. Pero eso deja afuera otras cosas, y a mi me parecía que la estructuración de las carreras de la Facultad es muy fuerte y me parece muy importante todavía la instalación de la difusión y la discusión de los cuerpos de saber de cada una de estas disciplinas que se enseñan; y sobre todo me interesaba mucho porque nosotros estamos atravesando, como casa de estudios, dos instancias institucionales muy importantes.

Primero, esta Facultad ya ha incorporado el Doctorado. Como integrante de la Comisión de Doctorado tenemos muchas dificultades en definir qué es un conocimiento en el campo proyectual (María Ledesma forma parte de esta Comisión, también algún otro que esté en la sala), y detallar en cada propuesta de tesis, qué conocimiento sostiene que va a aportar a la disciplina. Y a veces tenemos dificultades, porque la persona que se presenta a un doctorado, como no ha sido el *metiér* en nuestra formación, desconoce el tema.

Y la segunda instancia es que la UBA acaba de constituir, después de mucho empeño de muchos de nosotros, una Comisión que se llama de las Ciencias del Hábitat. Se discutía si era Hábitat Humano o no, finalmente quedó como Ciencias del Hábitat, entonces nos han llegado ochenta expedientes, formulaciones de pedidos de subsidios, y a veces nos encontramos con dificultades para calificar los planes de trabajo, que si bien van a evaluación externa, la Comisión evalúa solamente los antecedentes del postulante, una cuestión casi numérica, desde afuera vienen las evaluaciones de los trabajos. Allí es donde a todos les emerge la dificultad de esgrimir criterios demasiado sólidos para evaluar rigurosamente, propio sin duda de un campo en formación. Por eso, no quiero desaprovechar la oportunidad, al tenerlos a todos ustedes, y querría insistir nuevamente en esclarecer la problemática de la producción y validación de los conocimientos en ADU.

Insisto que lo principal de esta casa de estudios es la producción de objetos, de cosas, de artefactos, de edificios, que son portadores de significados. En el caso del urbanismo no estoy tan convencido de dicha opinión, pero en el resto podría decir que la producción de objetos, más allá de su destino, es un claro objetivo de la FADU. Hay muchas definiciones de la obra de arte que se apoyan en esta idea; pero creo que también vale para la producción simbólica en general, un objeto que hable más allá de sí, que diga cosas acerca de la cultura. Y sobre eso tal vez podríamos encontrar un punto fuerte respecto de qué es un conocimiento. Yo me encuentro bastante cerca, y sorprendido, de la definición que da Andrea Saltzman cuando dice que la organización de su ámbito se basa en la búsqueda de una idea, entonces yo digo bueno, una nueva idea de alguna manera es un conocimiento que antes no estaba puesto sobre la mesa. Pero además tiene otra característica interesante, ese conocimiento no está siendo preparado para ser enseñado a otro, ni tampoco tiene que ver con un conocimiento que existía, que se trae y se lo trasmite a alguien, es decir no tiene que ver con la enseñanza, aunque desde luego que en el ejercicio de la enseñanza, como en el ejercicio de la profesión, se pueden producir objetos que generen conocimiento, va a depender ahí de la lectura, de quien interprete ese objeto.

Ricardo Blanco concluyó en que en la formación y en la organización de la carrera, hay una instancia muy fuerte de composición analítica y después hay un proceso de síntesis donde aparece el producto. Desde ahí me gustaría dejarle a Ricardo una pregunta que es: ¿existe una posibilidad de lectura de ese objeto y ver si ese objeto ha producido un conocimiento, si es posible? Porque yo sé, para la gente que enseña, hay un conocimiento que puede ser de la estrategia metodológica de la enseñanza, que se da mucho en el CBC, quizá el CBC es el que más trabaja en esa línea, porque está prácticamente en una situación de creación.

Enrique Longinotti nos habló de ver el tema del conocimiento y de la producción, cuando nuestra problemática es conocimiento e investigación, porque efectivamente, esta Facultad es profesionalista y productivista en general, pero yo quería llevar a forzar una situación de decir, pensemos cómo se produce un conocimiento y cuándo hay conocimiento en diseño gráfico. La metáfora que él trae, sobre los famosos acantilados y ese relato, del mercado y la teoría, la impotencia y la potencia, a mí me parece que hay dos reflexiones interesantes sobre esto, que son bastante coincidentes, Aristóteles, 300 años a.C. y Kant, 2000 años después de Aristóteles, 1750 d.C. Los dos dicen (sobre todo Aristóteles, en un texto muy pequeño sobre la cuestión de la práctica). Mucha gente piensa que la teoría es mejor que la práctica, o que la práctica es mejor que la teoría, lo que Enrique deslindó, que los que conocen a través de los casos, saben por casualidad, y los que conocen a través de las causas, conocen por causalidad. Y por supuesto con una ironía en esto del saber por casualidad. El saber de las causas es muy importante, es el saber de los fundamentos, porque eso es lo que va a posicionar a ese conocimiento en un lugar más universalizable, más transmisible. Ricardo hablaba de no ceñirse a ese pensamiento poético porque puede ser difícil de difundir y hablar más bien de estrategias.

Me parece importante esto de la transmisión del conocimiento. Silvio Fischbein nos pasó una película y manifestó la imposibilidad del conocimiento por ideas, pero dijo algo que me parece que rescata esto anterior que yo dije de hablar más allá de sí, y que tiene que ver con afectos y emoción para la producción y la captación del conocimiento. Y Luis Ainstein nos describió las carreras y cómo se divide el conocimiento (...), pero yo me quedé sin saber qué es un conocimiento en urbanismo.

BEATRIZ GALÁN: Yo quería simplemente decir esto que dijo Jorge, que lo nuestro es un saber basado en estrategias, que de alguna manera tenemos una, un saber de tipo experiencial, que en realidad nosotros debemos poder estructurar el pensamiento de tal manera que dé un conocimiento o al menos problematice las situaciones para resolver. Esa es la capacidad que tiene el sujeto práctico, y que no la tienen ni el sujeto teórico ni el filósofo. Me parece que esto ya está instalado, porque trabajar desde la práctica aunque, me parece que no solamente, es débil. La debilidad del conocimiento experiencial es su fortaleza, porque yo creo que nosotros, los que conocemos el cómo se genera el conocimiento, las políticas, y las mediaciones que otros toman en el orden de las categorías y de los modelos y llegan al oído de las personas, entonces nosotros tenemos que insistir en ese eslabón, que es un eslabón necesario en el sistema.

JORGE SARQUIS: Pregunto, ¿qué es un conocimiento para ustedes en vuestro campo?

LUIS AINSTEIN: Un conocimiento para nosotros consiste por excelencia en dos tipos de contenidos, uno de carácter descriptivo y explicativo acerca de cómo y por qué los eventos regional-urbanos son los que son o son los que fueron, o son los que fueron y son. El otro, que es de carácter bien distinto, aunque se apoya en aquel otro, es el que tiene que ver con qué hacer, cómo hacer, cuándo hacer, para que ese tipo de entidades regional-urbanas sean cambiadas, creadas, amplificadas, canceladas, etc.. En eso, desde mi punto de vista, consiste el saber en relación al campo de lo regional urbano; pero ese saber de lo regional-urbano, aunque necesariamente tiene que ser pluridisciplinar, también reconoce instancias de formación o mundos, respecto de lo cual estaba tan inquieto Enrique.

RICARDO BLANCO: Jorge había agendado una pregunta, de cómo se genera el conocimiento. Yo creo que en diseño industrial hay una instancia que está muy descuidada, nosotros enseñamos acá, generamos un conocimiento de cómo hacer el objeto, cómo producirlo, cómo insertarlo, pero estamos hoy en deuda en una evaluación más profunda de lo que pasa con ese objeto en la sociedad. Y ese es uno de los temas que para mí es muy importante.

Y eso me parece que no está, y creo que es parte de lo que el conocimiento puede hacer. Por eso la generación de conocimiento para mí tiene que ver con esa racionalidad que digo, es decir si existe lo poético en la generación de un objeto, en tanto se puede transformar ese accionar poético en una lectura racional podemos transmitirla y generar conocimiento. Desde ahí es mi ubicación en eso.

ENRIQUE LONGINOTTI: Yo no dije conocimiento y producción sino que el título es la producción de conocimiento, e hice una reflexión sobre esto porque me parece clave. Un poco se trató acá, Ricardo sobre todo, qué es la idea de producir, que yo creo que es amplia para todas las disciplinas que nos convocan, la construcción también, la arquitectura tiene una dimensión industrial y la gráfica por supuesto, pero digamos esta disyuntiva entre la producción de determinadas cosas, objetos, interfases, incluso procesos, y si a la vez se está produciendo conocimiento o si la instancia de producción de conocimiento es paralela deliberadamente, es anterior o es posterior es un reflexión interesante, quiero decir, en el fondo es esta discusión sobre si el proyecto es conocimiento, y esta discusión ha estado en el Doctorado de la Facultad, en las Comisiones de Investigación de la UBA, como determinar si un proyecto, por ejemplo, equivale a una tesis doctoral.

Y esta discusión que puede tener un aspecto meramente formal, y casi babélico o de palabras que no se entienden entre sí, o léxicos que no se terminan de entender, en el fondo representa un problema más interesante que ese, que es dónde se da esta producción de conocimiento, si se da durante todo el proceso, si es un conocimiento anterior, de otras disciplinas que los diseñadores toman, si es un conocimiento que se produce pero el diseñador nunca va a poder ver y que lo ven otros, por ejemplo sociólogos que estudian objetos, hay sociología de los objetos hace ya años, o si es un conocimiento que los diseñadores adquieren cuando producen cosas y que luego pueden formalizar, bueno estas preguntas me parece que son preguntas que en la Facultad no se han contestado demasiado, y se las patea para un lado o para otro según a uno le gusta uno de los dos arrecifes, pero en realidad me parece que están en el medio del problema, que quizá por eso juntar producción y conocimiento es un par eléctrico interesante porque son dos situaciones que a veces se tratan de deslindar como opuestas pero en el fondo estamos tratando de ver que tienen en común.

ANDREA SALTZMAN: Lo que quería decir es que mucho de lo que nosotros planteamos tiene que ver con nuestros propios conflictos, el conflicto es el que nos mueve en general, yo cuando empecé la charla hablé de esta dificultad de tener una identidad, si las ideas vienen de afuera hay un conflicto que tiene que ver con la propia identidad, y en ese sentido para nosotros el pensamiento poético tiene que ver con esta instancia, yo digo de sensibilización, donde el concepto es posterior a una situación vivencial; o sea el concepto es posterior, es experiencia.

SILVIO FISCHBEIN: Yo quisiera contestarte específicamente desde la realización cinematográfica, y entre paréntesis yo sé que a veces no tengo que hablar porque yo no reconozco haber dicho que no se empezaba por las ideas, sino todo lo contrario, que se empezaba por las ideas. Pero cerrando eso, yo creo que hay que, con respecto a la producción de conocimiento, habría que definir producción de conocimiento en qué y cuando, en quién y cuándo, desde el área del cine. Hay un conocimiento que es el conocimiento básico que todo hacedor tiene que saber que tiene que ver con el manejo del equipo, con las formas del saber hacer, de las reglas del arte, que casi es un conocimiento vulgar, se puede tomar de cualquier enciclopedia o cualquier casa de estudios audiovisuales puede brindar.

El que sí, y el que me interesa como conocimiento es aquel conocimiento trascendental que permite tanto al realizador, el hacedor como al espectador torcer la mirada de su propia realidad, o sea cuando un espectador dice "esta película me dio vuelta la cabeza", yo creo que ahí se produjo un conocimiento, ahí hubo concretamente un torcer la mirada, es sacar al espectador de una determinada concepción de la realidad, haberle ofrecido otra, y que a partir de ahí se genere una cosa nueva en él. Para que eso suceda, indefectiblemente tuvo que también suceder en el hacedor.

JORGE SARQUIS: Es lo que podríamos llamar un nuevo relato acerca de los relatos conocidos, el hacedor allí en este caso es visible, como el historiador, construye un relato diferente al relato o al imaginario establecido. Construye un conocimiento.

MARÍA LEDESMA: A mí me parece, en principio, apasionante la convocatoria, y apasionante lo que ha sucedido en esta mesa. La convocatoria era sobre la producción de conocimiento y todo el tiempo, en casi todas las intervenciones, tanto desde los expositores como de muchas de las preguntas, se ha estado solapando otra cuestión: cómo se enseña ese conocimiento que impartimos.

Pero la otra cuestión interesante es que entre todos los que hablaron se solapan también distintas concepciones del conocimiento. No es el mismo conocimiento aquel del que habla Luis Ainstein quien, a juzgar por su exposición, habla desde una teoría en la que lo importante es el sólido marco conceptual, que el de Ricardo Blanco quien se alinea claramente del lado de la experiencia y la validación. Son más cercanas –y ellos mismos lo reconocen– las concepciones de Saltzman y Fischbein quienes hablan de un conocimiento que trasciende lo racional y que, sobre todo, excede al logos. Enrique Longinotti forma el último vértice de esta figura, un vértice alejado de todos los demás porque, plantea la cuestión en otros términos: aceptemos que no producimos conocimiento y no nos avergoncemos por ello.

Este planteo nos coloca en un lugar excéntrico de la Academia de la misma manera que, hace un rato, todos los que están sentados a esta mesa respondieron respecto de la investigación desde un lugar alejado de la Academia no porque no sean académicos sino porque la conciben desde otro lugar.

Me explico: la representación social académica realizada por nuestra configuración universitaria no reconoce al diseño un lugar que le sea propio, sino que, por el contrario, lo somete (o intenta someterlo) a los modelos y reglas de un supuesto pensamiento científico ocultando que detrás del sostenimiento a ultranza de los campos tradicionales de pensamiento, se esconde una cuestión de poder.

Esto es así porque el diseño –incluido el arquitectónico-, constituido en el campo del proyecto quedó por fuera de la división iniciada en el Renacimiento y completada en el Iluminismo entre los campos del saber y el hacer. A partir del siglo XIX, se instaló en el terreno de la producción del capital simbólico pero como consecuencia de su relación directa con el hacer (la construcción), no se incluyó claramente en ninguno de los tres campos constitutivos del saber (racionalidad cognitiva, moral-práctica y estético-expresiva), quedando 'desgarrado', a caballo entre aspectos racionales y estéticos. El proyecto no pertenece ni a la ciencia, ni a la moral ni a la estética de manera particular ni tiene estructuras intrínsecas a cada uno de esos dominios sino que en él conviven elementos cognitivos, prácticos y estéticos junto a un lugar claro en la producción de bienes materiales.

O, como lo dice Fussler:

La palabra diseño, máquina, técnica, arte y Kunst están estrechamente interrelacionadas, cada uno de los conceptos es impensable sin los demás y todos ellos tienen su origen en la misma toma de posición existencial frente al mundo. Sin embargo, esta conexión interna ha sido negada durante siglos (al menos desde el Renacimiento). La cultura moderna, burguesa, oponía de manera tajante el mundo de las artes al mundo de la técnica y de la máquina, de tal modo que la cultura se escindió en dos ramas opuestas la una a la otra: por un lado, la científica, cuantificable, "dura" y por otro, la estética, cualificadora, "blanda". Esta distinción, dañina pero caduca, comenzó a finales del siglo XIX a pasarse de fecha. La palabra "diseño" saltó la zanja que existía y formó un puente y esto sucedió gracias a que, mediante ella, la conexión interna entre la técnica y el arte se hizo palabra. Por consiguiente, hoy en día diseño significa más o menos, aquel lugar en el cual el arte y la técnica (y por ello, el pensamiento valorativo y el científico) se solapan nuevamente con el fin de allanarle el camino a una nueva cultura.[2]

Siguiendo el planteo, respecto de las disciplinas de la FADU se trataría de no aceptar acríticamente las representaciones adosadas por los otros campos y desarrollar la lógica del campo proyectual que desde siempre fue el lugar en el que confluyeron memoria, razón, ideación y creación.

RICARDO BLANCO: Quiero hacer un comentario. Me parece interesante esto de lo que está soslayado, no dicho. No es casual que las dos carreras, o al menos las personas, que implementaron, aceptan o participan fuertemente del campo poético son dos de las carreras que ya fueron penalizadas por la academia, no lo llamaron ni moda ni lo llamaron cine, lo llamaron imagen y sonido, e indumentaria y textil.

---

[2] FUSSLER, Claude y otros: *Eco-innovación integrando el medio ambiente en la empresa del futuro*. Madrid, Ediciones Mundi-Prensa, 1999, p. 15.

MARÍA LEDESMA: Y creo que, salvo Luis, y no sé si Luis también, no me animaría a decir, creo que en realidad, todos los que estamos acá y me incluyo, cuando no sabemos, navegamos entre las dos aguas, entre producción y conocimiento, y todos hicieron un manifiesto de revitalización de las carreras, es porque también estamos penalizados de alguna manera o sufriendo las penalizaciones de la academia en las carreras que están acá representadas.

LUIS AINSTEIN: Está claro porque en el límite han habido instancias de la discusión en las cuales se planteaba si planificación regional urbana pertenecía a esta Facultad o pertenecía a otro lugar, y yo pensaba en esa época en que esto se discutía que pertenecía al lugar CEA (Centro de Estudios Avanzados), que en ese momento existía y que tenía precisamente el cometido de hacerse cargo de abordajes complejos y pluri disciplinares. Pero bueno, nunca fue.

MARÍA LEDESMA: Y yo quisiera incluir, antes de cerrar, otra visión de conocimiento que vino del público pero que vale la pena porque es más que interesante incluir acá, que es este conocimiento, que también es distinto a todas las que aparecieron, que nosotros conocemos por experiencia y este "experienciamiento" nuestro, cómo aporta al conocimiento social que es otra visión del conocimiento, donde todo el conocimiento no es por campos sino que hay una inteligencia colectiva de la sociedad donde cada rama aporta lo que aporta.

ENRIQUE LONGINOTTI: Una cosa quería rescatar de lo que Luis planteó, a mí me pareció interesante en términos académicos esta incertidumbre sobre si la carrera de urbanismo o de especialista tiene que ser de posgrado a la cual convergen graduados de varias carreras distintas, o tiene que ser de grado. Y es una pregunta muy interesante porque en definitiva se conecta con una cosa que se preguntó que tiene que ver también con esta generalidad o especificidad o como se construye en definitiva los conocimientos de síntesis final, si realmente la formación en urbanismo tiene que ser algo básico que todo arquitecto debería transmutarla, si es una carrera para gente que directamente quiere graduarse de eso, si necesita ser alimentada por graduados de otras carreras, en definitiva está puesto también en escena, basados los aspectos formales de la creación de carreras, cómo se construyen los conocimientos generales o específicos de las áreas vinculadas al diseño, en definitiva si se construyen desde sí mismos y luego se prolongan en otros, se construyen como síntesis de otros conocimientos que se especializan y se enfocan, me parece que ahí se juntan aspectos de planes de estudios, aspectos de creación de carreras en el sentido más importante de la expresión, imaginar carreras, y también une aspectos de la praxis, porque en definitiva la manera que se imagina y se opera el objeto de estudio está como poniendo en escena también esta incertidumbre sobre si son objetos básicos para luego ser especializados o son objetos múltiples u homogéneos. Me parece que es un tema que hay que pensar.

6. Por el paisaje

MARTHA MARENGO DE TAPIA: *

Trasmisión de conocimientos en el diseño del paisaje

Desde la aparición de los asentamientos humanos, el medio, el ambiente y el paisaje, se han transformado, generando un desarrollo ambiental acorde a las necesidades del hombre.

---

* Reproducimos a continuación el envío de la profesora arquitecta Martha Marengo de Tapia, porque pese a no haber podido estar en el Coloquio, su envío amerita incorporarlo.

El establecimiento de dichos asentamientos humanos, involucra el manejo de las cualidades, capacidades y potencialidades del medio ambiente, comprendiendo tres disciplinas estrechamente vinculadas entre sí, que son las que generan el entorno creado por el hombre.

En su evolución como disciplina, el diseño del paisaje ha ido cambiando a través de los siglos. A la vieja preocupación de diseñar el entorno inmediato del hombre (micropaisaje), la acompaña hoy la de participar en el equilibrio de los sistemas naturales (macropaisaje), preocupándole el deterioro ecológico y su expresión física y a una situación romántica y contemplativa, le sigue una activa, hacia el medio natural. Cobre valor el paisaje territorial, el macropaisaje, contenedor de micropaisajes insertos en él.

Es decir que las tareas del diseñador del paisaje, abarcan hoy un ancho espectro de la planificación en materia de diseño y manejo del paisaje.

El objetivo de la enseñanza es brindar a diferentes niveles y en diferentes dominios, las bases formativas y prácticas necesarias para el desarrollo de las aptitudes y la comprensión del paisaje. Visto antes como un arquitecto de jardines o un superjardinero, el diseñador del paisaje es más y más percibido, como un verdadero ordenador del espacio, un creador de espacios de uso humano.

La arquitectura se aboca a la generación de los espacios construidos, el diseño del paisaje a los espacios abiertos y la planificación urbana, a la trama que estructura a ambos.

La disciplina de diseño del paisaje aparece formalmente en occidente en el siglo XVI a través de tres corrientes que se desarrollan principalmente en Italia, Francia e Inglaterra. Múltiples aportes a lo largo de tres siglos ha tenido la filosofía de diseño del paisaje, consolidándose la disciplina y su práctica, conformando nuevos conceptos teóricos, tecnológicos y metodológicos, que se adaptan a las necesidades de adecuación, adaptación y desarrollo del medio y del ambiente.

La formalización de la disciplina del diseño del paisaje en el siglo XIX, se lleva a cabo en Harvard, al crearse en 1899 la primera escuela.

En la actualidad la profesión cuenta con más de 100 cursos de grado y de posgrado en 36 países y supera los 10.000 profesionales registrados en asociaciones gremiales.

En el ámbito de la FADU-UBA, existió con carácter de materia electiva desde el año 1973 y luego como carrera de especialización de posgrado desde 1980; creándose la carrera de grado, en interdisciplina con la Facultad de Agronomía en el año 1992.

En ese momento se llegó a la conclusión de la necesidad de formar profesionales en esta disciplina a nivel de grado, de manera de concientizarlo de la problemática del paisaje, proveyéndolo de los conocimientos fundamentales para una buena formación.

El diseñador del paisaje deberá tener un conocimiento científico, humanístico y técnico de los elementos analíticos, prácticos y teóricos de la disciplina, que le permitan objetivizar ideas o conceptos que generen soluciones a las necesidades ambientales del país.

Un conocimiento de los procesos ambientales, tanto en sus características físicas como estéticas y de la dinámica de las mismas, para el congruente manejo y preservación del medio ambiente y sus bienes. Y al mismo tiempo desarrollar una sensibilidad ante los estímulos de percepción.

Deberá desarrollar una capacidad de análisis de los aspectos socio-económicos y políticos de nuestra cultura en su desarrollo histórico.

En suma, una capacidad y sentido interdisciplinario que permitan que sus soluciones den respuesta integral a sus planteamientos, con capacidad imaginativa, creativa, perceptiva y receptiva.

En el diseño del paisaje, la idea fundamental gira en torno a un proceso que sintetice los datos ecológicos y sociales pertenecientes a una situación, que dé cómo resultado, según el caso: una política de uso del suelo o una formas concretas de diseño; siendo fundamental el conocimiento de las interrelaciones que unen los distintos elementos y la comprensión de los procesos naturales que componen y han estructurado el paisaje, así como de los procesos sociales que resultan de la intervención en el paisaje y la forma en que éste se percibe.

El diseño del paisaje debe *proponer un mensaje espacial* y por lo tanto debe considerarse como una actividad morfogenética, en la cual se trabaja con espacios abiertos y/o volúmenes, algunos de los cuales son desarrollados por la naturaleza. Y estos elementos, deben lograr un conjunto organizado en relación con un conjunto preexistente, que es el medio ambiente.

Toda planificación y diseño inteligentes, serán producto de un proceso en el que interviene el sistema de la naturaleza y el sistema del hombre.

CUARTA MESA REDONDA | VIERNES 16 DE MAYO DE 2008

Conocimiento para la emergencia social y ambiental en arquitectura, diseño y urbanismo
El objeto de conocimiento, ¿condiciona el conocimiento y su producción?

JORGE SARQUIS | PRESENTACIÓN, COORDINACIÓN

JORGE SARQUIS: Esta mesa, como las otras, está pensada sobre la investigación y producción de conocimiento. Quiero volver a recentrar el tema, no estamos hablando de formación ni estamos hablando de Profesión, estamos hablando de Investigación, es decir es lo que a nosotros nos interesa desentrañar. Rescato lo que señaló muy bien María Ledesma, en la mesa anterior; tal vez la discusión haya sido entre producción de conocimiento respecto a lo que la Academia pide que sea el conocimiento y producción de conocimiento, de saberes que son básicamente prácticos y pragmáticos como los de esta Facultad de Arquitectura en el cual están las carreras que están. Si bien es cierto que urbanismo no es una carrera de grado y las otras sí, hemos puesto básicamente los saberes en función de la arquitectura, los diseños y el urbanismo.

El segundo punto que quiero resaltar es que en la primera mesa se intentó hablar del conocimiento en general producido por cada una de las disciplinas participantes y en situación de crisis epistemológica, en la segunda sobre dicha producción en los saberes que no se cuestionan los fundamentos ontoepistemológicos; en la tercera nos adentramos en las carreras de la FADU y ahora lo que estamos intentando es hablar en función de la creación de conocimientos para las situaciones de emergencia social y ambiental. ¿Hay posibilidad de creación de conocimiento en las situaciones de emergencia? ¿Es diferente a la creación de conocimientos cuando no hay emergencia, por ejemplo en el caso que nosotros trabajamos, "social y ambiental"?

Este es el tema que queremos desentrañar aquí y ahora. Entonces hemos invitado por arquitectura, a Paula Peyloubet, arquitecta del Centro Experimental de la Vivienda Económica (CEVE) de Córdoba que lleva muchos años haciendo investigación en el CONICET. El año pasado ha estado en esta Facultad Aurelio Ferrero, integrante principal de dicho Centro, del cual conocemos bastante su producción. En este sentido, ellos tienen experiencia y conocimientos respecto de la emergencia. Esperamos el aporte.

Por el urbanismo invitamos a Alfredo Garay, para que dilucide sobre el conocimiento producto de la investigación en urbanismo. Por el diseño industrial, a Beatriz Galán. Por el diseño gráfico a María Ledesma. Por el diseño de indumentaria, a Martín Churba y por diseño de imagen y sonido, Marta Zátonyi.

Por el orden, vamos a tratar de ceñirnos a 15 ó 20 minutos para llegar holgados al debate. Paula Peyloubet tiene la palabra.

1. Por la arquitectura

PAULA PEYLOUBET: Muy bien, yo he traído unas imágenes, y pido perdón al Sr. Silvio, porque evidentemente no serán tan bellas como las suyas pero tienen esto de movilizar, no sólo movilizar las emociones que tienen que ver con los corazones rojos, sino movilizar también las mentes, grises. Entonces podemos poner la primera.

Evidentemente apelo a la imagen porque tiene que ver con elementos que a lo mejor no son de mirada cotidiana de los profesionales de Facultades como ésta. Es un modo de abrir este nuevo escenario que me parece bastante diferente al hasta aquí escuchado. En principio diría que el título que Jorge le ha dado a esta mesa: Emergencia en Arquitectura, la primera pregunta que haría es si son emergencias, cuando uno imagina que es una emergencia parece que es un elemento que en algún momento aparece de manera abrupta y sucede, la emergencia en realidad en relación a este tema que ustedes darán cuenta que es hábitat, hábitat popular, no es una emergencia, es una constante, fruto de una pobreza estructural creciente en nuestro país, en toda la región latinoamericana y en otras partes del mundo. De manera tal que yo creo, y en ese sentido discrepo con esa idea de emergencia, pero para eso estamos aquí, para aportar todos los elementos que consideramos pertinentes.

Luego quiero comentarles algunas cosas relacionadas a lo que yo creo, en función de mi camino andado, que no es mucho. Todos reconocerán esta imagen, muy mala imagen, pero acéptenlo de Dalí. Si uno mira con detenimiento esta imagen uno va a observar alguna cosa, algunos estaremos viendo, por ejemplo, una señora con algo en sus manos cerca de una ventana; posiblemente otros estén viendo un rostro con una nariz especial, y acuérdense que ese señor tiene los bigotes de Dalí, y otros podremos ver una y otra cosa a la vez, con esto tiene que ver la investigación para mí. La investigación en ese sentido tiene que ver con el enfoque que el investigador plantea frente al problema que está tratando de abordar. Entonces yo quiero hacer un rápido repaso de lo que son los paradigmas para la construcción de un conocimiento, que en términos de lo que estuve escuchando creo que todavía no está hablado acerca de lo que es el conocimiento.

El conocimiento se supone que es un elemento que se le atribuye a alguna disciplina que genera una mejora o una transformación que tiene cierto grado de inédito o de original y que lo que produce no es solamente auto referencial respecto de su disciplina, sino que también puede salirse del contexto de la auto referencia. Entonces haciéndolo breve, digo que el paradigma de la simplificación que fue lo que hizo que toda la ciencia durante mucho tiempo avanzara, que tiene que ver con situaciones de disyunción y de reducción de lo que se entiende que es el objeto de investigación, estaba centrada la investigación en aquel momento en lo que era un objeto de investigación.

Esto es preclaro, se procuraba que la cercanía del investigador respecto de ese objeto fuera lo más objetiva posible, esto suponía que el investigador se salía del campo, lo limpiaba, trabajaba en laboratorio, el conocimiento se convertía en un conocimiento bastante estático, que suponía lo que fue el determinismo y la universalidad del valor de ese concepto, en donde coincido con el Arq. Ainstein, no había una conciencia de lo temporal y de lo banal que es lo temporal respecto de los conocimientos. Y allí hay una descripción rápida, somera, de lo que fue el paradigma de la simplificación como motor de marcha de la construcción de conocimiento durante un largo, larguísimo período de la vida de los seres humanos, porque construcción de conocimiento lo hacemos los seres humanos, y todos.

Lo que estamos enfrentando hoy los investigadores, y desde hace un tiempo, construido por distintos argumentos que provienen de distintas ciencias, es lo que se llama el paradigma de la complejidad. Por suerte y para descanso de todos los que estamos acá, el paradigma de la complejidad nos permite varias cosas más, por ejemplo una de las cosas es que ya no vamos a hacer disyunción y reducción de los objetos de investigación, lo que nos permite es asociar todas las ideas, y enfrentarnos al objeto no sólo como objeto sino como sujeto, entonces aparecen en estos procesos de investigación dos elementos, si se quiere dos partes, lo que es el sujeto cognoscente y el objeto por conocer, porque detrás de cada objeto hay sujetos, inclusive cuando uno tiene una instancia proyectual de diseño, y diseña un objeto, y en la mesa anterior lo estaban diciendo, nadie se pregunta qué sucede con lo que ese objeto produce, impacta, en ese colectivo social, de modo que al final de todo siempre hay sujetos.

Y por otro lado, también pensar que este proceso de investigación al que nos acercamos con este nuevo paradigma que se está instalando, y en todas las áreas, las ciencias duras y las ciencias blandas, todos lo estamos aceptando, es más este paradigma de la complejidad viene vertido desde Heisenberg, desde Ylya Prigogine, desde Morin, están pensando muchos cómo es que se pueden construir conocimientos en cualquier disciplina pero con la conciencia que se está construyendo conocimiento, que no es diseño y que no es idea, y que no tiene solo la instancia de creatividad, espontaneidad o apertura mental, sino que están construyendo elementos que suponen transformaciones y que deben ser validadas, por qué me van a creer a mí que yo construyo conocimiento, bajo qué sentido, yo tengo que demostrarles a ustedes que esto que he dicho, que se supone una verdad parcial y temporal, tiene significado en algún lado, y esto tiene que ver con los procesos en que se construye ese conocimiento, no son de cualquier manera. A ver, lo digo de esta manera, no están libres de resolverse, tienen modos, y esos modos están de alguna manera aceptados por una comunidad de personas que construyen ese conocimiento, lo cual no significa que nosotros, los que pertenecemos a las ciencias humanas, o a las ciencias más blandas, debamos dar un sí total a las ciencias duras y a sus modos de producir conocimientos, pero si yo soy una arquitecta y me enfrento a un sociólogo y le quiero hacer entender qué cosa he construido respecto del hábitat popular, el sociólogo tiene que poder comprender y no sólo apelar a que yo puedo ser una intelectual de muy alta formación sino que además lo he hecho a través de un proceso que es entendible para todos, y eso tiene que ver con la inteligibilidad de los proceso de construcción.

Y otra cosa muy importante, es que en la aparición de este paradigma, no solo aparece la construcción de conocimiento como objeto, sino también como sujeto, y también como valor. Acá aparece entonces lo intrínseco de lo que es la axiología de la construcción del conocimiento, los valores que pueden tener los conocimientos.

Entonces, haciendo una breve síntesis, yo diría que, cuando digo yo creo que tengo cierta soberbia, porque es la construcción compartida de mucha gente que está construyendo hacia ese lado, porque tenemos que consensuar este proceso de producción de conocimiento en estas áreas en donde no hay antecedentes fuertemente instalados, y consensuar significa trabajarlos, amasarlos, amasarlos, amasarlos. Entonces, uno de los puntos es que no se puede producir disyunción entre sujeto y objeto, nuestros procesos no son de laboratorio, nuestros procesos nos incluyen, nos meten en la sociedad, nos impactan e impactamos. Otra de las cosas es que el objeto no está en un laboratorio, no es una rata separada en una caja, ya se sabe, hasta los mismos biólogos que son de ciencias duras saben que no se puede estudiar solo una rata en un laboratorio, pues entonces les está faltando toda la explicación del entorno de esa rata. A nosotros nos pasa lo mismo, cuando producimos este tipo de conocimiento al que yo quiero llegar.

Luego entonces tendremos que hay una gran interacción entre el sujeto y el objeto, y que yo preferiría ya no llamarle más objeto, lo que nosotros hacemos en la temática que abordamos no es objeto, porque no es una casa ni es una ciudad, ni es una calle ni es infraestructura, es hábitat para seres humanos; entonces ya no quiero llamarle objeto sino que quiero llamarle sujeto, y si permiten en Irene Vasilachis, ella toma la verdad de decir sujeto cognoscente, sujeto por conocer, como para establecer que hay dos actores, en ese proceso, pero los incluye en el proceso a los dos como sujetos.

Por último digo que el objeto en el entorno como ya dije, y el sujeto en el contexto, esto tiene que ver, investigador yo, sujeto cognoscente yo, ustedes, todos nosotros, que somos ese sujeto cognoscente investigador, en qué contexto estamos implicados nosotros mismos, no sólo el sujeto que nosotros vamos a ir a conocer, en hábitat popular, sino cuál es mi contexto, cual es mi contexto cultural, político, ideológico, momento histórico, económico, etc. No es posible separar al investigador de la propia investigación que está realizando, esto también es una verdad de Perogrullo, los antropólogos saben que si se acercan a una comunidad de aborígenes, saben que el que ellos estén ahí observandolos produce transformaciones en esa comunidad, si nosotros encendemos la luz a las moléculas, las moléculas también tienen un movimiento diferente a que si le dejamos la luz apagada, pero no podemos dejar de verlas si no encendemos la luz, y no podemos mirar las comunidades aborígenes si no estamos ahí en medio de ellos, pues entonces la verdad del asunto es que no nos preocupemos, no tengamos pena, el investigador se mete en el proceso de investigación y es parte del proceso, tanto como lo son los sujetos o las comunidades con las que está trabajando; y estoy hablando otra vez de hábitat, de hábitat popular, que tiene que ver y que está íntimamente relacionado con la pobreza.

Entonces a mí me parece que, tratando de hacer un esfuerzo en aportar a lo que nos ha pedido Jorge, y no sé si lo estoy haciendo, yo he estado pensando que hay tres cosas que deberíamos tener un cuenta cuando estamos pensando en construir conocimiento, que insisto no sea solo auto referencial y que nos sirva a nosotros mismos, sino la posibilidad, insisto de lo que decía el Arq. Ainstein, de poder compenetrarnos con otras disciplinas, el urbanismo por supuesto que es padre del hábitat popular, entonces yo comprendo que esa visión muy integral sea también la que tengo instalada yo.

El primer punto es el cómo se produce la construcción de ese conocimiento, es esencial. No es intuitivo, no es espontáneo, tiene rasgos, y en eso coincido con Andrea; yo, y todos aquellos que trabajamos en hábitat popular estamos con un motor de marcha, ciertamente significativo que tiene que ver con nuestro corazón rojo, pero también tiene que ver con nuestras mentes grises, y el problema está entonces cómo agrisar el corazón o cómo enrojecer la mente, pero esos dos elementos están, pero sólo sirven como una instancia de preparación, luego la validación, el momento del descubrimiento, y luego la aplicación para generar el éxito o no de la construcción de conocimiento es necesaria, en el campo de las validaciones de construcción de conocimiento real.

Entonces esto tiene que ver, el cómo tiene que ver con la epistemología; y en ese sentido yo aporto a que el modo en que se construyen los conocimientos en este campo específico que está dentro de la arquitectura, del urbanismo, de todo lo que nosotros estamos trabajando que es hábitat popular, perfectamente es posible de pensarse en un enfoque integrado, en donde tengamos enfoques naturalistas, del tipo de las ciencias duras, enfoques interpretativistas o comprensivistas del tipo de las ciencias blandas, o enfoques de política de la escuela crítica, de política e historia, como pueden ser por ejemplo las historias en general; es decir no podemos abordar nuestro sujeto, nuestra investigación y comprender el problema en términos realmente integrales y no podemos también integrar los enfoques epistémicos, es decir el cómo vamos a construir, es muy importante definir, en un momento en que se construye conocimiento, cómo voy a construir ese conocimiento, insisto no es espontáneo, hay un modo en que se construye y debemos ser concientes.

Luego el para qué, que es lo que yo les traía a ustedes. En ese sentido yo creo que la axiología también está definiendo el proceso de construcción de conocimiento, porque yo puedo pensar que el conocimiento se construye solamente en términos del valor que tiene el conocimiento per se, pues entonces ese sería solo un valor cognitivo, yo pienso que en el tema en que estamos trabajando y la problemática que nosotros asumimos, evidentemente no es solamente lo que es, sino el verdadero motor de marcha, la verdadera valoración de esa construcción es el qué debe ser, por lo tanto allí hay una posición inicial que es ideológica y es axiológica, tiene que ver con que queremos que la construcción de conocimiento sea y permita transformaciones, porque estamos partiendo de un qué, que es un problema, no es una cuestión estética, no es una cuestión de tipo subjetiva, es un real problema instalado, hábitat popular, relacionado con la pobreza, y lo que ustedes algunos conocerán mucho, conocerán poco, pero conocerán seguro, entonces a ver esto es muy importante definir también, a priori y con absoluta conciencia cual es la valoración que le voy a dar a mi construcción. Ser concientes de que estamos haciendo una construcción de conocimiento.

Y luego el qué, y yo voy a acudir también al pobre Bourdieu, hoy lo hemos nombrado tantas veces, pero él dice así: *"hay problemas explicitados, es decir que se supone que ya se dice que son esos, y hay otros problemas que dice son potenciales problemas"*. Cuando él en el libro "Intelectuales al poder"[1] dice: "A ver señores intelectuales, ustedes investigadores, todos nosotros, a ver qué va a

---

[1] BOURDIEU, Pierre. *Intelectuales, política y poder*. Eudeba, Buenos Aires, 2003.

hacer, el problema explicitado está explicitado por alguien, ¿usted le va a creer a ese alguien?, ¿el problema potencial lo deberá explicitar usted, o tendrá que acudir también a ese alguien?". Hace unos días he visto a un arquitecto amigo entrañable mexicano que se llama Gustavo Romero, y él en un momento dijo, cuando lo conocí, (él también trabaja en hábitat en México): los expertos (y cualquiera pensaría que los expertos son los investigadores) son los que tienen el problema, el problema no lo tengo yo porque yo vivo en una casa, pequeña, modesta, pero yo no tengo problema de hábitat, porque además tengo salud, tengo educación, tengo trabajo y tengo toda una serie de cosas instaladas que se supone que es hábitat, entonces quien tiene el problema debe participar de la construcción y el abordaje de ese problema.

Y esto es una cosa también novedosa, que no sucede en general en las ciencias, un médico no acude a su enfermo para definir la construcción de conocimiento en salud; sin embargo quienes estamos relacionados con lo que es hábitat popular, acudimos a los expertos, que son los que tienen el problema, para construir y reconstruir el conocimiento que se necesita para resolver el problema, porque nosotros creemos en una axiología, una valoración que está relacionada con el poder transformador del conocimiento. Cuando digo yo, no digo yo, digo nosotros; los que estamos cerca de este tipo de temáticas la vivenciamos de esta manera, de una manera muy colectiva, no comprendemos de otra manera la construcción de conocimiento, junto con el colega, que es un profesional y junto con el que tiene el problema, y es un modo bastante diferente de accionar para hacer construcción de conocimiento.

Volviendo al tema específico en relación a esto, porque lo que les he dicho hasta el momento, yo he insistido en todo momento que esto tiene que ver con hábitat popular, pero podría no haberles dicho que tiene que ver con hábitat popular, y ustedes lo podrían haber creído igual, porque en realidad este enfoque respecto de la construcción de conocimiento es muy aplicable en cualquier lado, porque está haciendo uso del paradigma de la complejidad que es lo que les dije en el inicio.

Trayendo toda esta síntesis sobre la temática que Jorge ha querido instalar, que insisto no creo que sea "emergencia", no es un problema emergente, es un problema reinstalado; el problema planteado que es el qué, diría que hay un error, porque cuando uno habla del hábitat popular siempre piensa en la pobreza, la pobreza siempre la tiene pensada en relación a la carencia, y yo creo que es el mejor argumento para empezar a transformar las cosas, como se cree que es una carencia se hacen vivienda, y con eso se instala la solución del déficit habitacional.

Y quien comprende el problema verdaderamente, evidentemente no es el Estado, él lo resuelve de otra manera, entiende que esas personas que forman parte del hábitat popular y que sin duda son pobres tienen enormes potencialidades, y un sentido creativo, de estrategias, para sobrevivir no obstante todo. Creo que el qué, que es el problema, está mal abordado, es decir que la alternativa podría ser empezar a encaminarnos hacia otro lado.

Luego diría que el enfoque epistemológico, el cómo. Si nosotros hemos siempre utilizado casi el enfoque naturalista, es decir déficit habitacional para un país, para todos los países es NBI, LP, estos son todos indicadores de necesidades básicas insatisfechas, línea de pobreza, cantidad de viviendas que faltan, cantidad de viviendas que se deben resolver, cantidad de viviendas que se deben ampliar porque responde a hacinamiento; es decir son todos indicadores cuantificables, y ese es solo un enfoque naturalista, es decir que mide, que lo define en términos de qué es, pero en relación a todo el resto que les he hablado, cómo es que abordamos la problemática intrínseca de ese ser humano que vive eso, pues ya ahí no sólo veo el enfoque naturalista sino que hay un enfoque interpretativista, que empieza a definir cuál es el significado, cuales son las sensaciones, cuales son las explicaciones que esas personas, los expertos, tienen en relación al problema, y en relación a la escuela crítica como un enfoque más, y podríamos empezar a asumir un montón de enfoques epistémicos existentes que realmente enfocan el problema de otra manera, y que seguro entonces construirán un conocimiento también diferente.

Y por último la posición axiológica que yo insisto que es sumamente importante. La posición axiológica no se descubre en el instante en que se terminó la investigación. Es evidentemente el motor de marcha más profundo para llevar a cabo un conocimiento. No existe conocimiento útil socialmente si no tiene en su génesis el reaseguro de que va para cumplir cierta misión, para resolver cierto problema. Entonces al final estoy diciendo incertidumbre, caos, desorden, todo eso, que no nos explicamos nosotros y que intentamos explicárnoslos un poco, son los elementos que hoy tienen todas las ciencias entre sus manos, no nos desesperemos, construyamos consensuadamente estos procesos de construcción de conocimiento en el área que nosotros necesitamos, no siendo auto referenciales, sino procurando que nuestra área aporte con su conocimiento elementos de utilidad social, evidentemente en hábitat popular hay mucho por aportar, y ese es entonces nuestra gran meta. Y por último voy a mostrarles el cuadro, observen bien, ¿solo ven esas dos cosas? Y ahora les muestro este cuadro que no es un cuadro, es una foto tomada en un lugar donde nosotros trabajamos que se llama Villa Paranacito, además de la niebla y el barquito, ¿alguien ve algo más? Eso es todo.

2. Por el urbanismo

ALFREDO GARAY: Digamos que la sociedad en su devenir va dejando una huella sobre el territorio, y de alguna manera, este es un proceso en el que estamos metidos adentro. Cuando hablamos de urbanismo, de análisis territorial, análisis regional, en general definimos ese objeto de análisis, o sea nos interesa estudiar esa huella, así como los antropólogos o los arqueólogos analizan esas improntas que han quedado del pasado y de reconstruyen la vida cotidiana de la gente mirando esa impronta, nosotros tenemos el desafío de mirar esa impronta en el presente, y al mirarla también tener una mirada y una comprensión y una explicación de lo que está pasando en nuestra sociedad, lo que está pasando en esa manera de producir esa huella.

Ahora si asumimos que esa huella es importante, por un lado encontramos motivos funcionales en esa huella, o sea relaciones físicas, útiles, pero también si analizamos el caso de Teotihuacan, nos damos cuenta que esa huella tiene una geometría que, en alguna época llegó a proyectar sobre el territorio las relaciones geométricas que se miraban en el espacio, y que habían servido para medir el tiempo, y que por otro lado se desarrolla un ritual a lo largo del año que va marcando en qué mes del año estamos, y que ese ritual, que tiene una cierta funcionalidad, también responde a un imaginario social, llamémosle un mundo ético mítico, que explica porque esas cosas se hacen de determinada manera y tienen esa representación, por lo cual ese objeto deja de tener una utilidad en sí mismo y pasa también a tener una significación, un sentido, y diría incluso a producir sentimientos, emociones.

Entonces está claro que lo que estamos mirando en esa huella es una realidad compleja, y que difícilmente se agoten todas las dimensiones de la ciencia para entender todas las dimensiones de esa huella. Ahora creo que en urbanismo entonces sí tenemos una determinada necesidad de definir un abordaje, y creo que lo que segmenta nuestra mirada, lo que focaliza nuestra mirada es entender como es la mecánica, como es el proceso a través del cual el hombre va dejando esa huella sobre el territorio. Y lo que descubrimos es que es el trabajo, de nuevo nos venimos a encontrar con el fenómeno del trabajo como cuestión central que nos explica la transformación de la naturaleza en hábitat, es decir ese proceso a través del cual el medio natural se convierte en medio rural, el medio rural se convierte en medio urbano, y el medio urbano se convierte en otro medio urbano, es decir ahí hay siempre una intermediación de trabajo. Creo que es importante situar el trabajo en el centro de nuestra observación, porque de alguna manera cuando miramos todas esa huellas lo que empezamos a entender es que existe una relación entre las formas colectivas de organizar el trabajo y las características de esa huella, así como también existe una relación entre las características de esa huella y las formas colectivas de apropiación del producto de ese trabajo. Quiere decir que ahí, en la huella que es producto de una historia también podemos encontrar las grandes variables de la historia, pero lo que nos impresiona es su materialidad, es esos vestigios materiales que nos permiten tratar de establecer una relación entre un conjunto de relaciones sociales y una realidad material que podemos observar con cierta objetividad.

Siempre si hablamos de un proceso productivo tenemos el problema de definir un producto que nos ayude a estructurar este proceso, y con eso en urbanismo, que es una disciplina que todavía está muy en pañales, a pesar de que es muy antigua, hay una discusión alrededor de esta hipótesis, nosotros sostenemos que la parcela es de alguna manera este producto que nos permita reconstruir este edificio conceptual, y cuando digo la parcela soy conciente de que separo una porción de territorio que a través de un proceso de trabajo ha adquirido algunos atributos específicos que la convierten en la condición de localización de cualquier actividad sobre el territorio, y la diferencio del edificio artefacto que se instala sobre esa parcela y que mantiene respecto de la parcela una relativa autonomía, estos procesos se pueden verificar en la formación del valor, en los criterios de selección de localización, o en la cierta autonomía que toma la arquitectura como diseño de objetos con una cierta autonomía respecto de su posición en la geografía, su posición en el ambiente, incluso su posición en la formación del valor.

Pero en todo caso ahí queda una cuestión, si asumimos que la parcela puede ser esta unidad tenemos que empezar a diferenciar una tipología de parcelas, y entender que puede haber una parcela que es el lote urbano, pero que puede haber otra parcela que es un cuadro de cultivo, o puede haber otra parcela que es otra parcela que tiene como atributo la continuidad, el ser de carácter público y ser la condición para permitir el acceso de lo público a lo privado. Es decir todas son porciones de territorio que a través de un proceso de trabajo tuvieron un acondicionamiento especial que tiene que ver con las actividades que se van a desarrollar sobre ese territorio. En este proceso productivo es que hablamos de la transformación de la naturaleza en hábitat, y este ha sido como todo el desarrollo de la historia de la transformación de la tierra.

Ahora, si asumimos que la parcela es una unidad a partir de la cual se puede entender esta transformación que de hecho va avanzando por parcelas, del territorio, lo que se cae es la idea que puede haber un Papa o un rey que conforme la realidad a su imagen y semejanza. En la realidad lo que encontramos es miles y miles de personas, paradas sobre una parcela, pensando estrategias de como transformar la realidad. Y de alguna manera esto que nos lleva del campo de los objetos al campo de los procesos sociales, de alguna manera nos lleva a pensar también que esas prácticas, esas prácticas productivas, no son absolutamente arbitrarias, no son aleatorias, sino que observamos que la gente en el marco de determinadas condiciones y determinados momentos históricos, y determinada capacidad de apropiación de tecnologías, desarrolla prácticas más o menos semejantes, es decir podemos encontrar que, en determinados momentos, en determinados lugares, hay determinados patrones de comportamiento que se vuelven más o menos previsibles. Y de alguna manera esto aparece como el nudo central de nuestra disciplina, si hay unos patrones de comportamiento que son más o menos previsibles, quiere decir que hay una posibilidad de interpretar cómo se producen esos patrones de comportamiento. Y esto es, si quieren, la base, el núcleo de la disciplina como ciencia, es decir si esta manera de interpretar, estos patrones de comportamiento, me explican, porqué la ciudad es así y no de otra manera.

Pero sin embargo, y en esto el urbanismo tiene mucho que ver con la arquitectura, es decir el urbanismo nunca se ha contentado con comprender, siempre incluye implícitamente una voluntad deliberada de intervenir sobre el desarrollo de ese proceso. Y por lo tanto da un salto, donde no solamente se contenta con comprender sino que empieza a enfrentar el problema de cuáles son las herramientas con que cuenta para incidir sobre ese desarrollo de la realidad. Y por lo tanto deja de ser solamente una ciencia que busca comprender y empieza a desarrollarse como tecnología, es decir donde intenta intervenir.

En este sentido podemos entonces decir que hay una dimensión del urbanismo como ciencia, es decir que busca comprender, explicar y transferir ese conocimiento; pero también como tecnología, o sea que desarrolla herramientas y de alguna manera investiga sobre cual es la manera correcta de usarlas, porque las herramientas pueden servir, una vez me observó Luis Ainstein en un proyecto de investigación, para el bien o para el mal. Las herramientas no son buenas o son malas en sí mismas, tienen que ver con una intencionalidad y con una manera correcta de usarlas. Y en este punto también avanzamos un pasito más, porque ese aprendizaje de la manera correcta de usar una herramienta es lo que llamamos arte, es decir esa dimensión de pericia en el manejo de herramientas que nos permite utilizar las herramientas con cierta destreza.

Entonces cuando nos proponemos en esta facultad enseñar urbanismo tenemos el problema de que tenemos una dimensión de producir y transferir conocimientos que tiene que ver con el desarrollo de una ciencia, que tenemos una dimensión de producir y enseñar a usar herramientas que tiene que ver con un politécnico y que desarrolla una cierta pericia en el manejo de herramientas, por ejemplo los códigos de construcción, o en otros procesos mas complejos, regularización de usos de suelo, aplicación de procesos financieros, que es desarrollar una cierta pericia en el manejo de estas herramientas que en profundidad es esa dimensión de arte, aunque no se dirija necesariamente al proyecto de objetos, a veces es de procedimientos, a veces es de instituciones. En este punto es donde nosotros discutimos en este momento entre los urbanistas sobre el verdadero alcance de nuestra dimensión y sobre el estado de desarrollo de las artes, porque cuando nosotros miramos a un urbanista haciendo un diagnóstico de los problemas de una ciudad, todavía subyace una profunda formación de caja negra. Pueden pasar dos cosas: o que diga cualquier cosa, que distintos diagnósticos den distintos resultados; o que todos los diagnósticos digan lo mismo, que es un poco lo que pasó sin quieren con la última generación de planes estratégicos, donde uno leía plan estratégico de una ciudad y de otra y de otra u de otra y en el fondo parecía estar leyendo el mismo texto; entonces uno se preguntaba si realmente habían auscultado los problemas de esa ciudad o estaban haciendo una exposición de lo políticamente correcto del pensamiento en boga.

Pues esto yo creo que nos enfrenta a un problema, que es qué posibilidad tenemos de aprender de la formación de otras disciplinas. En esto hay que hacer una gran diferenciación, porque está claro que los procesos sociales no se comportan como los procesos naturales, y que esa deformación de hacer la analogía de procesos naturales a procesos históricos, en los que existe la libertad del hombre que rompe esa linealidad, es lo que caracterizó al fascismo, o a cierta investigación que se desarrolló durante el fascismo.

Pero tomándolo en borrador, si nosotros hiciéramos la analogía de como se construyó la medicina como disciplina y qué es lo que está pasando con el urbanismo, yo podría decir que un médico analizando una persona, identifica a través de ciertos signos, de determinados síntomas, un determinado cuadro clínico, es decir ha habido una construcción de la disciplina donde dice que una persona que presenta determinadas manifestaciones me está hablando de una determinada problemática. Por lo tanto hubo un trabajo de relacionar problemas con sus manifestaciones, la opción más elemental es atacar las manifestaciones, que fue lo que durante mucho tiempo hizo la medicina, pero hubo un largo trabajo de medicinas no reconocidas, como los brujos, las brujas, los que iban a sacar cadáveres de los cementerios clandestinamente, que intentaron establecer esa relación de causalidad entre manifestaciones y problemas, y de alguna manera construyeron un universo de los problemas a los cuales había que atacar, y lo que también tiene como desarrollo, construyeron una explicación pero también construyeron una terapéutica, es decir sistematizaron las maneras como se puede intervenir cuando se presentan determinado tipo de problemas.

Hoy en día hay cada vez más desarrollo en nuestra disciplina de escritos, artículos sobre estudios de casos, sobre qué pasó cuando se aplicó determinada herramienta para determinado problema, y eso tiende a generar una determinada sistematización, pero todavía ese trabajo está en pañales. Y está construido un listado, no diría exhaustivo pero relativamente amplio, de los problemas que presentan las ciudades y que en general vemos que en distintos lugares del mundo muy a menudo presentan problemas semejantes, por ejemplo problemas de localización, por ejemplo problemas de trazado, por ejemplo problemas de desarrollo, por ejemplo problemas de inequidad, por ejemplo problemas de gobernabilidad, y podemos hacer una lista. Y por otro lado, hacer un listado de qué herramientas se han usado para enfrentar ese tipo de problemática, cuando dieron buen resultado, cuando dieron mal resultado, en qué condiciones, etc., que es lo que entiendo construir la disciplina. Y por lo tanto también enseñarle a alguien que se está preparando para ser un funcionario municipal, cómo utilizar correctamente esas herramientas, a lo mejor sin tener necesidad de reconstruir todo ese conocimiento. Pero bueno, esto para nosotros es un desafío, yo personalmente estoy tremendamente entusiasmado de encontrarme en este punto del desarrollo de una disciplina; pero por otro lado parece una locura, es decir esto de intentar reconstruir la totalidad de una disciplina y tomar conciencia de en qué paso tan elemental estamos.

Sobre esto entonces me gustaría tocar dos temas, uno que me quedó picando de la charla anterior, es decir qué sentido tiene que se enseñe esta disciplina en esta facultad. Y sobre esto sí comparto esta relación de complejidad, así como nosotros asumimos que en el cerebro tenemos dos hemisferios y uno desarrolla la razón y otro la intuición, entonces yo creo que el abordaje de estos problemas puede tener distintos puntos de vista, lo que no quita que el método de abordaje requiere de una instancia que sea una construcción racional. En eso tengo una cierta discusión con lo que afirmaba recién Paula, a mí me ha pasado mucho participar en muchas reuniones barriales, etc., donde en procesos participativos aparece la pregunta de cuál es la legitimidad de la disciplina en ese proceso de conocimiento que significa que un barrio reflexione su propia realidad, y al principio la tentación era decir yo soy un vecino más, pero en realidad no soy un vecino más, y dedicarme a hacer la dinámica de grupos.

Y en general lo que vino pasando es que en los barrios me cuestionaban, por qué está usted acá si no es de acá, y regularmente, en México, cuando viví en México, por qué usted habla de esto si es argentino; llegaba a trabajar en Iguazú y me decían usted por qué habla de esto si es porteño; discutía de esto en Buenos Aires y me decían usted por qué discute del Bajo Flores si es de Palermo, y parecería que uno desde esa perspectiva sólo podría ocuparse de los problemas de su barrio, y lo que me di cuenta es que en esa reunión mi participación tiene sentido porque yo vengo a hablarles de todas las ciudades del mundo, en el fondo lo que yo puedo aportar de diferente es que puedo tener una mirada, sesgada, desde lo estricto de la disciplina, que aporte a su discusión otra perspectiva, que es la de alguien que tiene como responsabilidad estudiar todas las ciudades del mundo.

Entonces esta cuestión creo que es importante, yo creo que cada vez más nos sumergimos en procesos de decisión, conformados por colectivos sociales que reivindican participación porque están pensando relaciones de poder, y creo que en esa discusión el aporte es un aporte que penetra la posibilidad de mejorar el abordaje que hacen del problema los distintos actores; yo veo, por ejemplo, que en el conflicto urbano hay un urbanista que viene con el inversor, hay un urbanista que viene con el municipio, hay un urbanista que viene con la ONG que está disputando la propiedad de la tierra, en ese sentido creo que esos tres urbanistas mejoran la calidad de la discusión, ahorran mucho tiempo, pueden explicar muchas cosas, mejoran los instrumentos que después se acuerdan, obviamente si esos urbanistas fueron formados en esa cultura.

Pero acá viene el segundo tema que me quedó picando de la charla anterior, es decir qué es lo que define esta Facultad, porque si la define el diseño, todo esto que yo vengo de contar no lo termino de encajar, es más, en un cierto punto me da miedo, porque justamente uno de los problemas que ha tenido el urbanismo como disciplina es que durante toda una época estuvo atravesado por un pensamiento hegemónico, que todavía es el pensamiento dominante en la Facultad de Arquitectura, que de lo que se trata es de imaginar una realidad diferente. Es decir, yo miro esta realidad y no me gusta, imagino una realidad diferente, y pienso que la historia es sustituir la realidad por esa realidad que imaginé, que es la práctica proyectual, pero es lo que Le Corbusier propone para la ciudad, demolerla y construirla de nuevo, todas sus relaciones están mal.

En ese sentido a mí me gusta más el pensamiento, por ejemplo, de Koolhaas, que lo que dice es que hemos perdido la ilusión de poner orden en la realidad, de conseguir un orden que llegue de arriba para abajo, que en ultima instancia asumimos que nos movemos en realidades caóticas, pero lo que necesitamos es saber comportarnos dentro de realidades caóticas, por lo tanto tenemos la responsabilidad de construir cartografías, sistemas de referencias que nos permitan movernos con cierta eficacia dentro de realidades caóticas. Y en este sentido el objetivo no es reproducir el caos, sino que este tránsito de la humanidad sobre la realidad, para que adquiera un cierto sentido, pueda consensuar un cierto sentido, y pueda, digamos, ir obteniendo avances objetivos.

Por lo tanto digamos creo que hay en este punto un desafío y un gran debate: si nosotros vamos a estar teniendo como objeto de análisis central la realidad, o si vamos a tener como práctica central el "fumarnos", digamos, buscar una realidad diferente, es decir imaginarla. Y esto muchas veces tiene que ver con la noción de utopía, como una operación que desde el Renacimiento viene reproduciendo este tipo de realidad como operación, en ese sentido creo que es interesante la discusión entre Marx y los socialistas utópicos, sobre como es la operación, digamos la transformación de la realidad. Quedarían un montón de cosas para decir, pero en todo caso lo vemos para otra vez.

3. Por el diseño industrial

BEATRIZ GALÁN: Me centré en el título de esta mesa, que es la relación entre el conocimiento y los fenómenos emergentes. Es interesante abordar este tema, es decir cómo se comporta la conciencia frente a los fenómenos emergentes. Hay dos problemas: uno es que trata de abordarlos con los instrumentos y las categorías de los fenómenos que ya se conocen, y los fenómenos emergentes son, por su naturaleza, precisamente, nuevos. Y la otra cuestión es que se los entiende como problemas transitorios. Los fenómenos, emergentes en términos de los sistemas complejos adaptativos son resultantes de una característica de estos sistemas, su capacidad auto organizativa, para enfrentar las perturbaciones que se producen en el contexto con una modificación de su régimen de funcionamiento interno. Esto lo hacen a través de auto imponerse reglas de funcionamiento y esto es lo que viene sucediendo de alguna manera en la sociedad occidental,[2] desde que el individuo sometió lo biológico a las reglas de la familia, la familia a las de la comunidad, la comunidad a las de la sociedad estatal, siempre con una intención de alcanzar una autonomía respecto del contexto; Samaja[3] llama a estos, "fenómenos de la libertad", porque la libertad es la efímera sensación que experimenta

---
[2] SAMAJA, 2004, p. 67.
[3] SAMAJA, 2004, pag. 73.

la conciencia cuando logra superar los determinismos del contexto en cada momento histórico. A partir de gestar un nuevo orden, supera los problemas del anterior, quedando nuevamente presa por las propias limitaciones de la conciencia, en los determinismos del nuevo orden que ha creado.

La última gran re-configuración de la sociedad fue el advenimiento del Estado Moderno capitalista, que representó una innovación de tal importancia que generó una dinámica entre las instituciones del Estado, las del sector privado, y las organizaciones de la sociedad civil. Entre las innovaciones puestas en marcha como parte de éste dispositivo podemos consignar la industria, como sistema de producción y distribución de bienes, la acción planificada, la ciencia positiva, la innovación, como comportamiento que define el predominio de las conductas transformadoras del *status quo*, triunfando sobre los patrones productivos pre-capitalistas; comportamiento que, citando una expresión del Dr. Samaja,[4] encierra un sentido "gatopardista" del sistema, en la medida en que logra a través de esta conducta perpetuar su régimen de funcionamiento económico: la acumulación. Da a luz también una nueva macrosemiótica,[5] la de los objetos producidos, y en el marco de esta nueva forma de semiosis predominante, surge el diseño.

Es tan importante en el curso de la historia esta gran innovación, este arreglo, que genera lo que Samaja, citando a Hegel llama una *recaída en la inmediatez*.[6] La recaída en la inmediatez es un fenómeno por el cual un hallazgo es tan significativo que subsume toda la historia y todas las situaciones anteriores y genera la ilusión de un nuevo comienzo. Ahora bien, este arreglo institucional generó patrones de comportamiento éticos, estéticos,

---

[4] SAMAJA, 2004, pag. 55.
[5] SAMAJA, 2004, pag. 23.
[6] SAMAJA, 2004, pag. 195.

que en mi disciplina, el diseño industrial, fueron muy significativas; todo el diseño industrial se nutre de esta racionalidad, de la industria, de los patrones de la producción en gran escala, de la innovación como forma de estimulación de los mercados. Este sistema institucional creó además un sociedad que oculta tras el mito del progreso técnico, el accionar de las clases sociales dominantes, generando un arreglo institucional que muestra a la vez sus contradicciones, sus fisuras, al no alcanzar los objetivos de dar acceso a los bienes, en igualdad de condiciones, a todos los sectores sociales, evitar los efectos sobre el medio ambiente, y promover trabajo significativo y satisfactorio al conjunto de la población, etc. En su desarrollo, se producen transformaciones estructurales, como resultado de estas fisuras, a las cuales hoy podemos llamar fenómenos emergentes.

Uno de estos fenómenos, que sorprendió a la conciencia, tanto de los políticos como de los científicos, en la mitad del siglo XX: el surgimiento de la pequeña empresa. Algunos autores[7] ubican el origen de este fenómeno emergente en la posguerra italiana, cuando se produce la crisis de la actividad industrial de las empresas de gran escala, lo que provoca desempleo masivo, despidos de operarios y personal calificado que busca refugio en una producción doméstica, que se producía en el interior de los pequeños pueblos, actividad sostenida por familias, y sustentada por saberes artesanales, que se trasmitían por generaciones a través de los siglos, el cual da lugar a una nueva cultura productiva. Lo interesante con respecto a este fenómeno emergente es cómo se comportaron los actores: la dificultad de reconocerlo como fenómeno económico, ya que desafiaba los paradigmas de la producción, incorporados en la cultura: la división del trabajo, la jerarquía, la organización. Desafía también, la idea de lucha de clases, dado

---

[7] PIORE; M., SABEL, C. F., 1983.

que la relación obrero patronal al interior de las pequeñas empresas, se transforma, generando una alianza interna, basada en códigos afectivos y de autoprotección; los gremios tampoco reconocían esta actividad artesanal doméstica como "trabajo" dentro del sistema y por lo tanto lo miraron como una actividad transitoria, que iba a pasar ni bien la crisis pasara y se recompusieran los índices de productividad de la producción de escala.

Los industrialistas lo veían como transitorio y poco significativo, mientras que otros sectores lo veían como portando los patrones de un nuevo orden socio-productivo. Sucedió que pasados unos cuantos años, esta producción en pequeña escala, por su manera de sostener empleo, se volvió significativa en la economía de Italia, se incorporó a ella como un sector de importancia estratégica, que desarrolló vínculos con la industria de bienes de capital, mostró mayor flexibilidad en las turbulencias de la crisis del petróleo, y sus creaciones fueron significativas, jugando un rol en el posicionamiento de Italia dentro de estos nuevos paradigmas tecnológicos. Entonces lo que se pensó como transitorio no lo fue, y los diferentes actores sociales, no lo entendieron inmediatamente, hasta que se instaló y manifestó como sector portador de una nueva dinámica productiva. Los antropólogos, economistas y sociólogos, tuvieron que modificar sus paradigmas, para entender este sector, en cuya dinámica, los vínculos sociales, surgidos de la familia, los lazos afectivos, jugaban un rol en el logro de la cohesión; tuvieron finalmente que modificar sus instrumentos porque esta realidad no respondía a los mismos patrones de comportamiento que la producción en gran escala; dio lugar a una revalorización de los pequeños distritos, que mostraban un tejido social enriquecido por las competencias artesanales, tanto como las actitudes emprendedoras.

Hablemos ahora de Argentina. Yo también ingresé a la profesión cuando se desintegraba la actividad industrial en este país y lo que yo había aprendido en mi profesión, los instrumentos y modelos asociados al diseño industrial, no me sirvieron tampoco en una realidad productiva, que mostraba un comportamiento híbrido en éstos términos tecnológicos, lo industrial, lo semi industrial, lo artesanal conviviendo en un sistema heterogéneo. Tras quince años de profesión en la actividad privada, vinculada a las PYMES, ya ingresada a la universidad, en un estado de muchísima soledad inicialmente, intenté dar respuesta a ésta realidad que había tenido que enfrentar. Yo sabía y nunca dudé que lo que yo estaba poniendo en juego cuando trabajaba en pequeñas empresas, en estudios o en diseño para las comunidades emergentes, era un núcleo de conocimientos que formaba parte de mi profesión; no obstante, pasó bastante tiempo hasta que la comunidad académica y profesional, asumiera las prácticas en estos nuevos escenarios, como parte del sistema del diseño. En el '85 gané mi primer concurso como profesora de diseño, haciendo referencia a la necesidad de dar respuestas a este escenario de la producción en pequeña escala; desde mi punto de vista la posibilidad de inserción del diseño en el medio local, pasaba por una reconfiguración cognitiva del campo disciplinar. En los '90, mi permanencia en Europa, en el marco de oportunidades que me dio esta Facultad, me ayudó a entender la dinámica la innovación en éste sector, sobre todo en la relación entre la universidad y sectores de la economía, como factor que estimulaba y sistematizaba los nuevos comportamientos productivos. Desde el 89 empezaron a llegarnos, a la FADU; demandas de centros de comercio e industria, empresas sociales, de comunidades, de ONGs trabajando con sectores de población vulnerable, de grupos de artesanos, de empresas sociales insertadas en hospitales neurosiquiátricos, con demandas de diseño, de cultura de producto, y tratamos de darle respuesta.

En el 98, se me ocurrió construir un objeto de investigación; traté de construir tipologías de estos casos; me pregunté qué tenían de común, un artesano urbano, de formación universitaria, que hacía animales mesopotámicos en cerámica, y los vendía como piezas únicas en ferias de arte, con una señora que hace empanadas en su casa, o puloveres para perros?; que había en común entre una empresa social instalada en un neuropsiquiátrico, que utiliza el diseño y la producción como una estrategia de salud, con los artesanos tradicionales que reproducen e interpretan patrones productivos de su ambiente cultural? Y ese escenario tan diverso estaba cobrando peso dentro de la profesión y del campo de la disciplina. Por lo menos supe que su significación, tenía que ver con el trabajo satisfactorio, la supervivencia en condiciones adversas, las estrategias comunitarias para incluirse en un sistema que excluye, con las necesidades de expresión, etc.

Tiempo después, ya acompañada por investigadores en formación, y por otros profesores, trabajamos mucho con estos escenarios, y reivindico plenamente el saber de la experiencia, considerada como unidad de análisis, para comenzar a resignificar las prácticas de diseño, para comprender y reinsertar el hecho técnico en lo cotidiano, desentranando su sentido, comprender su relación con la existencia de las personas y de las comunidades. Creo plenamente en la labor del diseñador también articulando, colocándose así entre las políticas públicas y las personas y comunidades, ya que las primeras fragmentan, y se hace necesario comprender complejamente estos fenómenos, sin mutilaciones, para actuar también complejamente. Para ubicar nuestro rol dentro de éste escenario, hubo que desmontar todas las metáforas, obstáculos epistemológicos, categorías instituidas en la profesión. Implementando un dispositivo,[8] como un recurso instituyente de nuevas prácticas, fuimos desmontando y reconfigurando este escenario del diseño.

---

[8] VILLAR, *et alt.*, 2002; SOUTO, 1999, SHOON, D., 1992.

Desarrollamos varios acompañamientos de iniciativas en éste escenario de la economía social[9] y aprendimos que el beneficio no puede medirse con criterios valorativos de la economía tradicional; ni los productos resultantes, entenderse desde el diseño tradicional. Todavía, no obstante, se sigue sufriendo la consecuencia de esta utilización de instrumentos inadecuados en la valoración de estos procesos emergentes. Este escenario tiene que ver con el sentido de la vida para colectivos sociales, con estrategias de inclusión, con la reconstrucción del sentido creativo, con el arraigo territorial, con la exploración de soluciones tecnológicas a baja escala, con la emergencia de economías creativas y con el trabajo satisfactorio. Tiene que ver con la reconstrucción de la confianza, en un país que ha perdido casi por completo, estos vínculos sociales basados en la solidaridad, en la significación de los esfuerzos colectivos, en la alegría de crear, procesos tan implicados en una la cultura de la paz. El otro día la Universidad de Buenos Aires, lanzó un Programa Interdisciplinario Universitario de Marginaciones Sociales: el decano de Filosofía dijo que las palabras cosifican, estigmatizan a las personas y a los fenómenos, no dejan ver los procesos ni las salidas creativas, destacó el trabajo con las palabras. Lo que los colegas de filosofía pueden hacer con las palabras, los diseñadores podemos hacerlo desde nuestra capacidad de análisis simbólico, en el campo de las producciones y de las imágenes, con estrategias de inclusión, atacando aquellos núcleos de la cultura, de naturaleza simbólica, que sostienen la exclusión; insertando éstas producciones en los circuitos de una economía creativa que puede generar desarrollo,[10] con otros valores y otras dinámicas, los de las comunidades. El diseño tiene mucho por hacer, junto a las comunidades, en el

---

[9] CORAGGIO, 2002, en CARBALLEDA, J. M., 2002.
[10] RAUSELL KOSTER, P. SANCHIS, R. A., CARRASCO ARROYO, S., MARTINEZ TORMO, J., 2004.

territorio; también que aprender: el arte en el trabajo con las redes sociales, para poder viabilizar proyectos, y hacer que los recursos se apliquen en tiempo y forma a la vida de las personas, porque de eso se trata.

4. Por el diseño gráfico

MARÍA LEDESMA: Trataré acerca del diseño gráfico y el conocimiento. ¿Puede el diseño gráfico generar conocimiento para la emergencia social?

Quiero comenzar mi intervención acerca del lugar que nuestras disciplinas tienen en relación al conocimiento y la emergencia social con dos reflexiones: en primer lugar, recordar que gran parte de la comunidad planetaria está absolutamente alejada de la posibilidad de gozar o de disfrutar de las consecuencias de los conocimientos que los hombres han desarrollado en el último siglo. Los avances tecnológicos, biológicos, comunicacionales estan a disposición de una minoría de sujetos en desmedro de millones de hombres y mujeres absolutamente desposeídos. La segunda reflexión se centra alrededor de una apreciación sobre el diseño, que quiero compartir con ustedes. Fue planteada por Jauss en 1960, en estos términos:

> *En la sociedad capitalista, le corresponde al diseño una función comparable a la de la Cruz Roja durante una guerra. Cura alguna de las heridas pero nunca las peores, provocadas por el capitalismo, cuida el cutis y manteniendo la moral alta, prolonga el capitalismo del mismo modo que la Cruz Roja alarga la guerra.*

A la luz de estas dos cuestiones (de la comunidad planetaria separada de los goces y beneficios de los avances científicos y tecnológicos, y de una concepción del diseño que, si bien tiene más de cuarenta años, todavía puede ser reconocida en ciertos paradigmas dominantes) quiero considerar el tema que nos convoca: "Emergencia Social". Es evidente que el título se refiere a las dificultades que cruzan las sociedades en general y particularmente a las sociedades más desposeídas, también llamadas sociedades del tercer mundo. Sin embargo, desde mi concepción los problemas del acceso a los bienes humanos no son problemas "emergentes" de una situación de "normalidad" sino que son problemas estructurales, constantes, en la mayor parte del mundo.

¿Puede el diseño gráfico convertirse en un factor al servicio de las necesidades sociales saliendo de ese lugar en el que lo coloca la definición de Jauss?

Acerca de las necesidades sociales

El concepto de necesidad social ha sido tratado de muy diferentes maneras por distintas corrientes sociológicas y económicas de acuerdo con su particular recorte de la realidad. El primero de estos acercamientos considera la necesidad como una cuestión fisiológica, objetiva que se resuelve en los marcos de la satisfacción de las "funciones" primarias: comer, vestirse, reproducirse. A partir de allí, numerosos teóricos han complejizado el concepto, atribuyendo a los hombres la necesidad de vivir en grupo, de institucionalizarse o bien, necesidades que provienen de la propia cultura, como la de disfrutar del ocio, la de vivir confortablemente o de conseguir aquellas cosas que desea.

Keynes, responsable de una de las teorías económicas más fructíferas para el capitalismo, fue capaz de precisar el problema al señalar que hay dos tipos de necesidades: las que él llama "absolutas", iguales para todos los individuos en todas las situaciones y las "relativas", cuya satisfacción hace sentir superior al que lo logra y que, desde todo punto de vista, son insaciables... de tal manera que cuando más se tiene, más se quiere. Con su planteo acerca de las necesidades relativas, Keynes pone el foco en un punto central: el carácter social de las necesidades. Más aún, en el carácter social y *de clase* de las necesidades. Ahora bien, como buen defensor del sistema, con alma de "buen burgués", Keynes opinaba que en poco tiempo, el desarrollo del sistema productivo capitalista haría que las necesidades absolutas estuvieran cubiertas para todo el género humano, con lo cual sólo quedarían aquellas relativas, propias del carácter social. La sociedad lograría sacar al hombre del reino de la necesidad absoluta con lo cual, las necesidades relativas se metabolizarían con una especie de purificación. Lo que Keynes no veía (o no decía) era que en el capitalismo todas las necesidades se satisfacen en el mercado y dado que consumir implica siempre y en toda ocasión uso del dinero en cualquiera de sus formas, sólo quien dispone de él puede satisfacer las necesidades, aún las absolutas.

Aunque suene extraño y reservemos el término "consumo" para otras prácticas, en esta sociedad ni la desocupación, ni la desnutrición, la carencia de agua o el hacinamiento pueden resolverse por fuera de las relaciones de consumo porque, en la sociedad capitalista, la distribución de los bienes se hace de acuerdo con las necesidades del capital y estas necesidades, no son otras que aumentar sus ganancias... a través del consumo. De modo que, si Keynes hubiese sido fiel a su propio planteo habría concluido que las necesidades relativas se oponen a las absolutas.

No hace falta más que echar una mirada desde la Villa 31 hacia Puerto Madero para ver cómo en el desarrollo del capitalismo contemporáneo la abundancia no anula la escasez. Las torres más sofisticadas del país, los diseños más exquisitos conviven con las soluciones más ingeniosas y desesperadas, con las construcciones más precarias que hacen frente al problema del habitar.

Una fuerte y pavorosa desigualdad atraviesa el tejido social. El crecimiento mismo se realiza para mantener esa desigualdad... si no, ¿qué sentido tendría la producción diversificada?, ¿qué sentido tendría la obsolescencia planificada de los objetos? Los productos no aparecen como resultado de un análisis de lo que necesita la mayoría de la población, o la gente que menos tiene, sino que aparecen, a tontas y a locas, de acuerdo con "necesidades imprescindibles" como la que tomar fotos de todo lo que hago o de videar la clase en la que estoy, o tener línea abierta con todos a partir de mi aparato celular (para referirme a las últimas "necesidades" de comunicación). Es tal la fuerza de estas nuevas necesidades que nos parece impensable vivir sin los objetos que las satisfacen. De esta manera, se ha generado un sistema por el cual vivimos presos de nuestras necesidades relativas que, como bien decía Keynes, son insaciables.

La dinámica de la necesidad relativa es tan fuerte que atraviesa aún a aquellos sectores que poco tienen para consumir pero que prefieren comprar un teléfono nuevo a costa de mal alimentarse durante varios días.

Finalmente, no es Keynes sino Carlos Marx, quien, resuelve esta problemática (de hecho, la había resuelto sesenta años atrás pero a Keynes le convenía la respuesta). Para Marx un determinado hombre nace en un sistema y en una *jerarquía* de necesidades preconstituidas por las costumbres, por la moral y sobre todo, por aquello que es objeto de necesidad. Esta preconstitución explica la alienación al objeto que sólo imaginariamente satisface una necesidad. Pero lo importante del punto de vista, es que la necesidad en tanto construcción social, puede modificarse. Marx cree en la posibilidad de transformar la estructura de la necesidad y pensarla por fuera de la obligación de consumir. Sesenta años después, Keynes insiste en que las necesidades relativas son insaciables, sin escuchar aquella voz que viene del pasado diciendo: hay que cambiar el eje desde el que se piensa la necesidad o mejor aún, se puede transformar la estructura de la necesidad. ¿Hace falta destacar la importancia de esto?, ¿cómo pensar necesidades relativas que no estén determinadas por el consumo?, ¿cómo pensar –en diseño por ejemplo– un espacio donde el habitar no esté en relación con cuánto se puede pagar un metro cuadrado?

Definir las necesidades sociales implica por lo tanto una caracterización política. Desde ese lugar político considero necesidades sociales aquellas que pertenecen a los grupos que no acceden a los derechos sociales, económicos y políticos de la sociedad. Se incluyen en primer lugar, los trabajadores (en todas sus caracterizaciones, que han sido excluidos de la posibilidad de acceder a las bases materiales de producción y reproducción social y los grupos excluidos del trabajo. Al interior, se abre una gama de situaciones que incluyen numerosos aspectos indisolublemente ligadas a las bases materiales de producción y reproducción de la vida social.

Acerca del lugar del diseño gráfico respecto de las necesidades sociales

Si aceptamos los puntos de vista anteriores, ¿cabe la posibilidad de pensar en alguna intervención del diseño para cubrir necesidades sociales de índole más general, no necesariamente ligada a diferenciaciones de clase?

Desde este punto de vista, me parece a mí interesante pensar desde tres cuestiones, a modo de ejemplo, que pueden servir para pensar cómo puede el diseño gráfico generar conocimiento orientado hacia una finalidad social.

Son cuestiones disímiles que cubren puntos alejados dentro del campo: el tratamiento que el diseño gráfico hace respecto de la información, respecto de la discapacidad y respecto de la generación de identidad.

En esta presentación desarrollaré el primero y haré alusión a los restantes como modo de acercar el diseño a la problemática social. Cabe aclarar que al referirme a la información me veré obligada a abordar un tema más general que hace a la convocatoria general de este encuentro, esto es la relación del diseño gráfico con el conocer.

Diseño como formador del conocimiento

El conocimiento humano, con toda la amplitud y polémica que el término implica, incluye estos aspectos básicos:

- conocer propiamente dicho,
- memoria como inscripción
- registro
- comunicación

A lo largo de la historia de la humanidad, esta cadena ha conocido innumerables variantes: ha habido distintos modos de conocer, distintos modos de legitimar el conocimiento y de interpretar su génesis, distintos modos de registrar lo colectivamente desarrollado, diferentes maneras de conservarlo para su uso y el de las generaciones posteriores y también, diversos modos de comunicar o transmitir dichos conocimientos. En efecto, el conocimiento se guardó de generación en generación a través de transmisiones orales, a través de pinturas, de la escritura realizada manualmente o por medios técnicos; se comunicó a sectores diferenciados de la sociedad de manera elitista o a la mayoría de la población... Pero sea cual fuere el modo que cada época y formación social otorgue a estos aspectos del conocimiento lo cierto es que *conocer, inscripción, registro y comunicación* están siempre presentes.

De todas ellas, pondremos atención particularmente a los tres últimos porque el diseño gráfico tiene un lugar activo en su constitución.

Cabe aclarar que las diferentes organizaciones icónicas para recuperar y registrar la información que se han dado a lo largo de la historia, no son meros receptáculos del conocimiento sino que lo conforman. Un ejemplo: pensar en la organización del 'reino biológico' como una pirámide ha condicionado nuestra manera de concebir la realidad como un orden jerarquizado y no como un sistema de red. Es en este sentido que la organización de la información no es inocente: el modo de conocer supone ya el modo de representación que se tiene del conocimiento y en tanto conocemos sobre los conocimientos ya acumulados, ya interpretados, el modo en que estén representados condiciona ya un determinado modo de acceso. El hecho que no sea el diseño gráfico quien selecciona la información no convierte su acción en algo neutro: al contrario, al diseñar los modos de acceso a la información, diseña los modos de lectura. En contra de lo habitualmente se piensa la acción del diseño gráfico no se reduce a transformar los datos en un hecho visible sino que al diseñar, diseña los modos en que ese hecho visible será apropiado por el ojo. En otras palabras, el diseñador diseña la interfaz por la que el conocimiento se registra y se comunica.

El gran desafío en el que ya está inscripto (y no puede ser de otro modo) el diseño gráfico en un mundo caracterizado por la saturación informativa es el de vehiculizar de un modo nuevo el acceso a la información. Este nuevo modo no existirá sin consecuencias sobre el conocer, el pensar y el actuar. De hecho, conceptos tan caros al lector clásico como secuencia, orden, privacidad, propiedad de las ideas, profundidad parecen estar en crisis. En cambio, se privilegian conceptos tales como lazos, deriva significante, deriva semántica, conectividad, comunidad, instantaneidad, simultaneidad.

Dado que no hay interfaz que no la proponga, el diseñador gráfico está en la posición de plantear un contrato de interacción.

Esto significa plantear un mundo con su gramática y sus leyes que, como toda gramática favorecen algunas asociaciones y niegan otras.

Por primera vez en la historia de la producción textual y de la organización de la información ese trabajo puede realizarse desde la conciencia de lo que significa. Diseñar interfases para el conocimiento es mucho más que diseño 'de amigabilidad', es también un diseño de los modos de lectura posibles en este inmenso conglomerado virtual y las maneras de acceder a la información. En este punto es donde cabría recordar la unión del término diseño a su par proyecto, recordando que el proyecto no está entregado nunca a la mera 'usabilidad'. Pensar desde la función (y encima desde un estrecho recorte de la función) aniquila la fuerza formadora, formatriz del proyecto.

En efecto, desde una concepción proyectual está claro que el diseñador no puede olvidar su trabajo histórico sobre las interfaces de acceso a la información. La interfaz es el lugar donde se desarrolla el encuentro entre lo que el diseñador proyectó y su realización, es la síntesis en la que el futuro pensado se hace presente actuante: producción y uso se hacen presentes en esa forma que conforma el futuro de la información y por ende, del conocimiento.

Con respecto a la información, el diseño gráfico se ocupa, dentro de su campo, de organizar toda la información visual disponible que existe en todas las comunidades planetarias. Si el diseño gráfico pudiese pensar sobre la responsabilidad que le cabe al respecto, pensar también que su rol no es un rol únicamente de transmisor sino que informar quiere decir formar, prestar forma, si tuviese un trabajo consciente respecto del tratamiento de la información, creo que esta sería una manera de generar conocimiento para mejorar la calidad de vida. Concretamente las informaciones sobre la pobreza que circulan gráficamente, son informaciones sobre la pobreza que no hacen más que reproducir, en la mayoría de los casos, los conceptos de pobreza que tienen los sectores hegemónicos, mientras que un trabajo en relación con el mejoramiento de la calidad de vida implicaría un trabajar transformadoramente con esa manera de graficar, los índices de pobreza y provocar conocimientos que puedan actuar como transformadores.

Dos ejemplos más

Un segundo ejemplo de la manera en que el diseño puede intervenir eficazmente en solucionar necesidades sociales alejadas de los vínculos de clase, tiene que ver con la discapacidad. Como ya explicó Gastón Bachelard, los sustantivos con que se designan algunos objetos suelen convertirse en obstáculos para el conocimiento. Tal el caso del diseño gráfico que, muchas veces es pensado desde la literalidad de su nombre. Así, cuando se piensa el adjetivo 'gráfico' como marca gráfica *visible* puntual, quedan fuera todos aquellos que no pueden ver. Si por el contrario, 'gráfico' se entiende como marca sensorial perceptible de cualquier manera, el campo se ensancha y muchas de las producciones disponibles para videntes podrían ser accesibles también para los no videntes quienes, no son considerados posibles destinatarios, salvo en algunas cuestiones puntuales, como por ejemplo el diseño de billetes. Si se lograra pensar más allá de los límites del nombre, la disciplina se ampliaría explorando zonas hoy abandonadas.

El tercer punto es el del trabajo sobre la identidad. Cuando el diseño gráfico trabaja con las identidades de sectores marginales, puede realizar un enorme trabajo de auto-conocimiento; mejor dicho, un trabajo para potenciar el auto-conocimiento que estos sectores tienen de sí mismos en relación de un objetivo social. Concretamente me refiero al trabajo con la identidad de fábricas recuperadas u otros emprendimientos de innovación a partir de PYMES u ONG, que se está realizando acá en la Argentina, que son procesos en los cuales el desarrollo identitario colabora inmediatamente en la generación de valores que potencian la posibilidad de mejorar la calidad de vida. Quizás de los tres puntos considerados este sea el que más se ajuste al espíritu de la convocatoria. Sin embargo, he optado por la representación triádica para tratar de mostrar en cada vértice un aspecto diferente de la necesidad social.[11]

5. Por el diseño de imagen y sonido

MARTA ZÁTONYI: Hay dos cosas. Uno es que cuando leí el texto que me llegó, tu amable envío en la computadora, dice "el conocimiento para la emergencia social y ambiental en arquitectura, diseño y urbanismo". Entonces diseño de imagen y sonido entra dentro del diseño, creo que en mención del diseño gráfico, y nadie entiende el diseño de imagen y sonido, creo que es un punto representativo de esta carrera. Es que es un tema difícil ver donde se encuentran todos estos diseños y cómo cada uno tiene su particularidad, su identidad, creo que es un tema también para pensar, a partir del cual empezar.

Y el otro es que hace unos meses estaba, después de tanta improvisación, o mejor, de hablar directamente al micrófono, alguien agarró sus papeles frente al micrófono y leyó. Algunos le exaltaron por esta actitud, otras la criticaron, parece que es una actitud nacional o de origen. La imagen y sonido, los productos de la imagen y sonido, creo que ni siquiera los expertos saben cuáles son, son algo muy importante para, no captar ni defender el momento de la emergencia, sino poder construir la emergencia, esto es uno de los puntos que quiero establecer.

Los acontecimientos suceden, pueden ser de origen natural

---

[11] FLUSSER, V: *Filosofía del diseño*, Madrid: Síntesis, 1999.

o cultural, unos evitables, otros no, suceden cuando habían sido previstos, pero también cuando fue imposible pronosticarlos, incluso algunos creen que se puede calcular el efecto que causarán, otros creen que es imposible. Esos mismos efectos son deseados o temidos, pero el desenlace que será causado nunca se conoce al cien por ciento. Cuando ese impacto actúa sobre una estructura y fuerza vital, el efecto se absorbe conociendo esa parte integrante en el sistema, pero si el mismo está delimitado, aunque preserva cierta gravidez, la repercusión provoca graves destrozos aunque no tenga por qué repercutir en mal.

Este acontecimiento es producto y productor a su vez. En algunas partes de la realidad, ideas paradigmáticas, se abren una brecha, para que un fragmento pueda contactarse con aquello que no hay, pero quiere ser. Algunas nuevas esencias quieren ser dichas. Usa su medio simbólico para insertarse en el mundo del lenguaje. Pero este algo, precisamente por ser nuevo, tampoco puede hospedarse en una configuración establecida. Lo nuevo que viene formándose como una nueva esencia en el pensar del ser tampoco es una ropa que se pone y se saca, o diciéndolo de otra manera el contenido no se viste de la forma, sino se hace en y a través de la forma, mientras la forma se configura mediante la creación del contexto.

Este proceso actúa como el sistema génesis del arte, en tanto la génesis es un dar origen y también producir una serie de hechos y factores que intervienen en la formación de algo. Sobre el significado del sistema no me extiendo, solo quisiera comentar entonces que en Platón el mismo se relaciona con la ciencias, en contraposición a la opinión que a mi me interesa, que es diferencia y conjetura. A pesar de que a lo largo de los siglos, incluso milenios, el concepto de ciencia fue mutando y mutándose sin cesar, el de sistema siempre se enlaza con el saber producido y validado por la razón vigente en el mundo, no hay una razón pragmática, depende que cada tiempo y lugar.

Surgen preguntas inevitables, que a su vez desencadenan otras: ¿Qué actos, sucesos o fenómenos producen conocimientos? ¿Exclusivamente las ciencias? ¿Las ciencias consideradas tradicionalmente como tales, o sea las llamadas duras o exactas, o también las humanistas, sociales y de otra denominación? Estas preguntas que investigan, rescató muchos asuntos, y por eso la marcan desde hace dos siglos.

Es lógico pues que varias, entre ellas insoslayablemente, se hayan envejecido. A pesar de que seguimos discutiendo sobre eso, hoy se entiende que todos los que participan en la construcción de las barreras ontológicas lo hace al mismo tiempo mediante la construcción de nuevos saberes o sea tienen la convicción de que el sistema existe. Y eso sucede desde la ciencia, la filosofía, el arte, históricamente ha sucedido también desde la religión. El diseño, cualquier diseño, independiente del campo que opere y el lenguaje que se valga, debe articular varios aspectos de estas áreas cognitivas y restringir su área y su incumbencia a una sola de ellas.

Otra particularidad del diseño es que puede y debe hablar sobre lo emergente. Ayuda a emerger lo que es emergente, valiéndose del lenguaje hablado así y a la vez constituyendo a su lenguaje matriz, habla sobre aquello que surge desde los fondos y demanda por ser considerado, representado, significado. Así el diseño lo configuran lo que puja para adquirir su realidad para dejar nuestro mundo y avisándolos también lo construye. Reconoce lo emergente como una de las fuerzas energéticas de la renovación de lo dado en el registro cognitivo axiológico y simbólico, que es el paso obligatorio para conllevar el diseño.

Con este proceso crea saber sobre lo que todavía no era parte de nuestro mundo, lo pondría como un ejemplo que emerge desde los fondos, irrumpe por ser incorporado. El resultante pragmático exige una solución mientras desde su realidad nos aporta, reclama integrarse en el universo simbólico, de tal manera y precisamente por eso, no sólo suscita solución para una necesidad primaria, sino participa también de una recreación del lenguaje que un universo ha creado, así lo emergente originario de los fondos que lo emanan mediante el proceso de diseño participa en el acrecentamiento de conocimiento.

El diseño de imagen y sonido presenta una particular singularidad en el conjunto de los otros diseños. Su inmediata utilidad no es tan obvia, por lo menos no se reconoce fácilmente, por un lado la imagen entre su naturaleza simbólica y su índole pragmática y utilitaria se inclina fuertemente hacia la primera. A pesar de que brinda generosamente múltiples conocimientos y se destaca en su condición de sistema genético, comúnmente a eso no se lo considera como saber. Otra característica del diseño de imagen y sonido es su evidente narratividad, fenómeno que mientras lo aleja de los otros diseños lo acerca al hombre.

Signado por su esencia de narrar y generar conocimiento, tiene un dúo, rol muy singular frente a lo emergente, algo emerge del fondo cuando se dirige hacia ello la mirada, la actitud poiética hacedora para hacer preguntas y responder a las demandas de lo que emerge y aumentar la idea del hombre con eso. La tipologización del campo producido por el diseño de imagen y sonido es amplia, contradictoria y velozmente superada por el avance de su propio conocimiento, y fuertemente aleatoria.

Se destaca como ejemplo representativo de este horizonte la legendaria y estéril oposición entre el documental institucional, a pesar de que ninguno es dueño de la verdad y de la producción de conocimiento. La línea divisoria entre ambos es sumamente difusa y porosa, tanto que frecuentemente deja de ser divisoria. Cada uno lo hace a su manera con una infinita variedad y diversidad tanto en lo temático como en lo formal, esto es algo que podemos observar en el proceso intelectual. Lo ficcional tiene cada vez mas pretensiones documentales mientras los documentales se inclinan a la ficción, o sea la reconstrucción. De la ficción lingüística no desciende solo la confusión lingüística, también es la matriz de la renovación lingüística. He dicho que la credibilidad de la realidad producida, de la simple exaltación de algo sobre una cinta mediante técnica análoga o digital, estimula, provoca, incluso obliga a los realizadores a encontrar formas nuevas para construir verdades nuevas, y ya de ello es explorar la hacia la realidad hacia la emergencia y comprometerse con ello.

Nuestro paradigma en vigencia es descendiente de múltiples aspectos arquitectónicos de los sólidos valores y saberes de la episteme y de su hijo dilecto y predilecto, el orden civilizado. Hasta hace unas décadas las estructuras sólidas y confiadas legitimaban el conocimiento tanto académico e investigativo, como ya se ha europeizado, o sea la opinión estimada como la correcta que circula en su mundo como la verdad. Esta verdad así consensuada se reconoce en todas las instancias, desde la cosmovisión universalmente concebida y aplicada en las doctrinas científicas e ideológicas como los hábitos y usos.

Según dije la verdad es una huella en movimiento que me permite antropomórficamente, en resumidas cuentas, una suma de relaciones humanas que han sido realzadas, extrapoladas y adornadas. Después de un prolongado uso, un pueblo considera firmes, canónicas y vinculantes. Las verdades son ilusiones de las que se ha olvidado que lo son, metáforas que se han vuelto gastadas y sin fuerza sensible. Monedas que han perdido su troquelado y no son ahora ya consideradas como monedas sino como metal.

Los documentales o cualquiera sean las tipologías que han surgido debido al diseño de imagen y sonido y del que forman parte, deben tener, *grosso modo* y corriendo el riesgo de cierto reduccionismo, dos tendencias. Una participa en la idea de una verdad antaño metáfora, pero en un momento dado es un saber que atraviesa, o el caso del diseño al teatro. Por eso se acota más, es más banal, pero también es más obligatorio, más dura. La otra es un camino opuesto. Produce quiebres en el orden establecido considerado como correcto, enemigo de las nuevas metáforas, pero es guardián de las viejas y gastadas, o sea los que dejaron de ser metáfora.

Pero hacer emerger lo que demanda desde los fondos y convertirlo en respuestas y en obras, ninguno de los géneros o subgéneros dispone *per se* de un don otorgado a priori por inclinación y capacidad particular que corresponda intrínsecamente al propio lenguaje y a sus singularidades, si bien no se puede dicotomizar el lenguaje, como la verdad versus lenguaje, tampoco es correcto igualar ambos. En todas sus formas hay una cuarta tendencia de pretender ser la voz y el argumento de la verdad, más exactamente de la única verdad, renunciando para ello al trabajo, al duro, complejo y valioso trabajo de emerger a lo emergente, apela a lo ya existente, emergido y desde ya hace mucho tiempo.

Entonces los dos caminos del diseño de imagen y sonido tienden correspondientemente, a inhibir o a estimular lo emergente y su configuración en hechos, situándolo en el mundo. Por eso se dice de elegir entre continuar con la docta, más exactamente con la verdad paradigmática, y la ruptura. Obviamente los caminos pocas veces se ubican en los polos extremos, más bien se constituyen por recorridos y direcciones, tendencias menos extremas pero siempre comprometidos con uno de los horizontes.

También los fundamentos de la certidumbre, de los recorridos confiables y seguros, de los caminos trazados seriamente, ahora históricamente hace poco tiempo, más bien en las últimas décadas llegó a debilitarse, algunas veces incluso mortalmente. Ya no suponemos que una estructura que emergió por causa de los procesos históricos desde los tiempos remotos anteriores a los inicios, para dirigirse, anunciar a los posteriores, a todos los fines, y cuya causa efecto no puede ser asequible a la mente humana, guiado esto por un hilo conductor infalible otorgado y establecido desde una cierta metafísica, creída, avalada y admitida desde, así se supone, desde algún lugar de verdad. En esta constelación cognitiva en particular, pero también crítica y simbólica, lo que importa no es la propia sucesión sino la posibilidad de la verdad que hace que la misma se renueve y continúe aunque obviamente de manera diferente.

Lo que debe interesar no es la continuidad en sí sino lo que produce la discontinuidad, pero al mismo tiempo rehúsa la eliminación de distintos fenómenos que provocan esta continuidad discontinuada: impacto, ruptura, corte, mutación, transformación. Esta proposición origina la aparición de una pregunta estratégica: ¿qué es lo que hace renovarse? Diciéndolo de otra manera, ¿qué es lo que hace permanecer algo que cambia permanentemente? O si se quiere, ¿qué es lo que hace cambiar aquello que a su vez permanece?

Señores, gracias a Kant, y a tantos otros, que la renovación del paradigma solo es posible mediante las infinitas suturas que provoca la fuerza de la respuesta, tanto de la ciencia como del arte.

JORGE SARQUIS: Bueno, hemos arribado al fin de la última mesa y vamos a hacer algunos comentarios sobre ésta y después ver si podemos sacar alguna conclusión más general de las cuatro mesas.

Es una pena, que por razones de tiempo, factores diversos, climáticos, atmosféricos, económicos, sociales, culturales, paradigmáticos, emergentes, poca gente ha estado con continuidad en las cuatro mesas; y los participantes de las mesas, a su vez han venido a su mesa y se han ido, no en todos los casos pero sí en muchos. Las dos mesas de ayer, que expusieron las cuestiones del conocimiento en ciencia, arte, arquitectura, diseño y urbanismo, tecnología o técnica y demás, fueron mesas muy interesantes y de mucha polémica con algunos, entre la investigación y el conocimiento que se ventilaron de una manera muy estricta, sobre todo en la representación de un científico que fue muy polémico con un psicoanalista. Las dos mesas de hoy han tenido una cierta continuidad.

La idea de haber hecho una mesa sobre la Emergencia deriva de que la Universidad de Buenos Aires a partir del 2001, había otorgado Subsidios que llamó "De Urgencia Social", urgencia que tenía que ver con la emergencia que estaba viviendo el país sin mayores profundizaciones de la noción de emergencia, porque efectivamente cada acepción que ustedes instalaron de la noción de emergencia es válida, es una palabra polisémica que cuando Paula Peyloubet dice de qué emergencia estamos hablando si hace quinientos años que estamos en esta situación, esto no es emergente sino todo lo contrario, estamos viendo si alguna vez emerge alguna cuestión que cambie esta situación de, como la llamó María Ledesma, mala calidad de vida.

De todas maneras, también es válida la apreciación que hizo Beatriz Galán cuando habló de las situaciones emergentes, que retoma de alguna manera Marta Zátonyi cuando habla de que lo emergente siempre produce cambios, lo especificó en Imagen y Sonido respecto de los paradigmas existentes y la posibilidad de cambio de estas situaciones que no es sencilla.

Pero que en las dos últimas mesas aparece el tema del urbanismo, por su carácter comprensivo y, efectivamente, por su excentricidad respecto a esta Facultad, está solamente en el posgrado, si bien hay algunas materias de grado, pero esto no lo reemplaza y deja entonces la pregunta: ¿no debería ser una Carrera de grado? Es imposible hoy, admitir la posibilidad de plantar edificios, producir artefactos, sin pensar la Ciudad o las metrópolis, donde estos edificios se van a instalar. Soy conciente que dejo afuera la ponencia de ayer de Morello, dado que todos nosotros sabemos lo importante que es el lugar de la ecología en el campo de los saberes.

A mí me parece muy interesante volver a la relación de sujetos y objetos: objeto de conocimiento, sujeto cognoscente, la presentación que hace Bruno Latour, que ayer la citó Guillermo Ranea, el filósofo de la técnica. El pensador francés, plantea que esta división entre sujeto y objeto es una división que no se supera hablando de sujeto cognoscente y objeto a conocer o conocido, o que el sujeto es el objeto a conocer, sino que él plantea otro modo de comprender lo que él llama el Colectivo Social a partir de dos partes, o dos actores protagónicos o protagonistas de la vida de este conjunto social, que son los actores humanos inseparables de la producción que éstos han hecho, de este mundo artificial, que él llama también actores o "actantes no humanos". Es imposible imaginar la posibilidad de pensar que no estemos sentados en sillas, y qué no haya mesa, micrófonos; estos actantes no humanos son imposibles de analizar, de diseñar, de conocerlos, de producir conocimiento respecto de esto sino lo vemos en una íntima relación de actantes humanos y no humanos.

Y lo que me parecía bueno de esto, es sugerir de nombrar de la misma manera, de actantes a ambos protagonistas, actores, y la palabra humanos para unos y no humanos a las cosas-objeto; y no sujeto y objeto que pareciera una división insalvable, ya que habíamos estado tratando de hablar de objetos subjetivados y de sujetos objetivados.

De todas maneras, estas son conceptualizaciones que van enriqueciendo las cuestiones del conocimiento, lo importante que aporta esta mesa es el hecho de que hay un conocimiento de lo urbano, un relato acerca de cómo se construyó la ciudad. Entonces, cuando Alfredo Garay habla de la huella sobre el territorio, permite que lo tomemos como un relato posible de esta construcción.

Tomando al filósofo español Eugenio Trías, junto a algunas apreciaciones de Roberto Doberti acerca del hombre habitando el territorio y, simultáneamente, desarrollando capacidades sonoras y discursivas, que coinciden en que allí nacen los saberes. Hoy hablamos de que la arquitectura es el cruce de múltiples disciplinas, cuando en realidad Trías señala que en la arquitectura y el urbanismo y en los diseños "... tenemos los elementos adentro", pero estamos "mirando" para tomar conocimientos de la sociología y otros saberes.

Los arquitectos, dice Trías, son los creadores o los puntos del comienzo, principio u origen de estos múltiples saberes, y la verdad es que hemos creado muchísimo conocimiento, pero absolutamente por vocación, por urgencia, por constitución disciplinar, por muchísimas cosas, nos hemos abocado a la producción de este entorno construido, como decíamos en una época, de este medio ambiente, y nos hemos olvidado, y este coloquio ha intentado que nos "volvamos a mirar" como productores de conocimiento, como la universidad pide, es decir no hay alta casa de estudios que no produzca conocimientos, sino reproducimos los conocimientos existentes, y yo creo que esta casa de estudios, esta Facultad, produce muchísimos conocimientos, que tenemos que trabajar en el sentido que Paula nos ha mostrado en sus cuadros, aunque alguno podrá coincidir o no en muchos detalles, pero todos nosotros hemos aportado en esta última mesa, todos los que han participado en la mesa y en la anterior, nos han demostrado como hay producción de conocimiento. Pero no quería quedarme con mi *speech* solamente, sino que quería hacer esta visión general y escuchar las preguntas que nos formulen, desde la platea.

PÚBLICO: Pienso que no sabemos, por lo menos en la generación de viviendas para las clases más necesitadas, sobre la respuesta que tienen estas viviendas cuando son ocupadas. Es decir ahí hay un vacío muy importante, por el cual desde nuestros productos podríamos acceder, con suma claridad, a la necesidad de los más carenciados. ¿Y por qué? Porque desde los lugares donde está la falta, es más difícil recabar datos. Por un lado porque, porque se filtran otras cuestiones que tiene que ver con elementos que son de público conocimiento, como es el delito, entonces conviven todos, la gran mayoría de la gente, que es trabajadora, con estos delincuentes que dificultan la investigación, para poder sacar la villa y trasladarla a un medio de mejor salubridad.

MARTA ZÁTONYI: Creo que hay dos factores, uno es que el que produce estos departamentos, y otro el que debe usar, como condena, le guste o no, entonces usted pregunta porque no hay buena respuesta, yo puedo preguntar, porque no hay buen diseño, perdón, el arquitecto no es antropólogo, el arquitecto no sabe que es el bien y el mal allá, el arquitecto, aunque haya leído tres, cuatro, cinco, diez libros no está capacitado para trabajar con una sociedad que no tiene por qué albergar, cuidar, esconder delincuentes. La clase alta convive con delincuentes, la clase media convive con delincuentes, yo convivo con delincuentes, ustedes conviven con delincuentes, ¿por qué hay que diseñar algo especial para las clases bajas que conviven con delincuentes?

PÚBLICO: No, no es este el planteo, es la dificultad para acceder a la información, y esto nos puede dar un planteo más consciente.

ALFREDO GARAY: Me interesa mucho la pregunta, porque, el tema del que no hable, que es el de la emergencia, es el que aparece acá. Yo más que de la emergencia hablaría del divorcio, es decir, del divorcio entre las clases medias, los sistemas profesionales, etc. y la problemática popular. Recién, en el *Power Point* que no presentaron, lo que aparece es la experiencia de un abordaje, de lo que sale de un encuentro y un dialogo de las fabricas recuperadas, y empieza a aparecer un intento de aproximación de lo que es una cultura del diseño, de las profesiones, de una clientela, de un sistema productivo, de todo lo que es la realidad de la economía popular y de las formas populares de producción de vivienda, y diría, al imaginario, a los patrones de comportamientos de un colectivo social que tiene otras ideas, otros valores, otros paradigmas de aquellos que supuestamente diseñan para ellos, entonces de golpe lo que vemos es una confrontación. Ahí me llama la atención cuando aparece la discusión en términos del poder, que es poner recursos para redistribuir condiciones sociales mejores, y siempre aparecen dos actores privilegiados, dueños del tema, las empresas constructoras, que quieren imponer o imponen en gran medida su racionalidad en la producción de las viviendas, y el sistema de los arquitectos que reclama concursos y te digo, me gustaría contar una experiencia que es maravillosa en este sentido.

En este momento se implementa un programa que se llama "mejoramiento de viviendas", que lo que supone es que en lugar de construir viviendas nuevas, es mejor agregar una inversión de $25.000 pesos en viviendas existentes, hoy el déficit, es de 300.000 viviendas nuevas y de 600.000 viviendas que requieren mejoramiento, o mejoramiento en el barrio o mejoramiento en el contexto.

Ahora, cuando se les propuso a los arquitectos, armar pequeñas cooperativas o empresas constructoras, o lo mismo que se hace con las casas chorizo, o sea, grupos de gremios para intervenir 25 viviendas en un barrio, la respuesta, no de un arquitecto suelto, sino del colegio de arquitectos, fue: nosotros no somos arquitectos de pies descalzos. Y yo creo que ahí aparece un paradigma importante para discutir. Y en eso me preocupa la Universidad, es decir, así como en la Universidad no hay talleres, y a mi me cuesta entender como se puede enseñar diseño industrial sin talleres. En cine me explicaron que, la manera de aprender cine no es necesariamente tener estudios acá dentro, pero yo me imagino que se aprendería mejor si hubiera estudios acá dentro, o sea, uno aprende en el oficio, en la producción del oficio. Y en arquitectura lo mismo, aprendemos con una distancia, a mirar una realidad que miramos desde lejos, con la que no hay una interacción ni cotidiana, ni política, ni ética en última instancia, que sería casi como el último reaseguro que le queda a la universidad. Es decir, esta cuestión hoy, y no lo digo por la emergencia sino por la coyuntura, es especialmente crítica, o sea, después de lo que fue la crisis del 2001, uno esperaba que las clases medias y los sectores más pobres tuvieran un proyecto en común. Pero es notable que, en cuánto pasa el hambre, se vuelven a diferenciar, en cuanto pasa el miedo se vuelven a diferenciar. Y esto se diferencia en lo cotidiano, se diferencia en lo simbólico, y se diferencia en el conocimiento. Hay determinados conocimientos a los que se empezaba a ser sensible, a los que ya no se es sensible. Viene el veranito de nuevo y todos empiezan a ver como participa del veranito, y los pobres, siguen siendo pobres.

JORGE SARQUIS: En la misma línea que dice Freddy, el tema de los arreglos de vivienda, porque nosotros estamos trabajando en Moreno en un conjunto que nos asigno el IDUAR,[12] sobre 40 viviendas, que los 25.000 pesos lo hemos estirado a 32.000 pero que tenemos que hacer arreglos de proyecto en los cuales hay gente de nuestro propio equipo a la que no le parece que eso sea realmente una investigación proyectual y que deberíamos nosotros, como Centro POIESIS de la creatividad, dedicarnos a cosas mas propias de nuestros conocimientos, y yo sostengo que hay que enfrentar las situaciones concretas y ponerle muchísimos más creatividad y conocimiento justamente porque tenemos recursos escasos. Entonces en este sentido me parece interesante lo que vos citabas.

---

[12] IDUAR, Instituto de Desarrollo Urbano, Ambiental y Regional, de la Municipalidad de Moreno, en la Provincia de Buenos Aires.

PAULA PEYLOUBET: Yo no voy a responder porque me siento tocada, yo hace 15 años que estoy en el Centro Experimental de la Vivienda Económica, es una institución que no deben conocer todos, pero algunos seguro que si, tiene 40 años en el país. Estamos hablando de que tiene mi edad más o menos. Un breve relato: cuando el Centro Experimental de Vivienda Económica nace en Córdoba, nace con la idea de que el problema habitacional era vivienda, entonces se empezaron a hacer casas, empezaron a pensar cómo hacer las casas, y se empezaron a hacer desarrollos tecnológicos para hacer casas.

A medida que transcurrió el tiempo, y nuestro Centro no estuvo solo, sino con un conjunto de personas pensando cómo abordar la problemática del hábitat, de casas o viviendas, se transformo en hábitat, una visión más integral, que está formado por todo aquello de lo que habló hoy Beatriz Galán que tiene que ver con la cultura, la identidad, la economía, con la ideología, etc., etc. Lo que todos ahora seguro comprendemos que es hábitat. Por otra parte, nuestro Centro esta comprendiendo que el problema tampoco es hábitat, que el problema es político.

Absolutamente político, porque el problema no es la pobreza en sí misma, el problema es no poder resolver la pobreza, y no es no poder, es no tomar la decisión para llevar adelante resoluciones de hábitat y entonces resoluciones de poder. Eso es un punto; otro punto, voy a decir algo que posiblemente coloque a los arquitectos de patas para arriba, a ver, arquitectos, no son todos arquitectos ya lo sé. El arquitecto responde a una demanda, el arquitecto tiene un mercado, si vos querés dedicarte a trabajar con la problemática de hábitat, ésta es la política en la concepción que se esta construyendo ahora, dejas de ser arquitecto, para convertirte en algo mas que arquitecto, empezás a comprender de otra manera la situación.

Y en este sentido yo siento que las ONG, de la cual yo pertenezco, nosotros somos una unidad ejecutora del CONICET, y yo soy investigadora del CONICET, pero conjuntamente con otros tenemos una AAVE,[14] es una organización no gubernamental, es una ONG. Allí lo que se hace es percibir la problemática, investigar, actuar, y no en términos de 12.000 viviendas, sino en términos de 20, 25 comunidades pequeñas, porque no hay respuestas universales, y porque cada comunidad precisa de la construcción de una respuesta específica, y si se quiere, y me lo permiten, de la construcción de un conocimiento específico, para resolver un problema específico que tiene mucho que ver con lo cultural y lo identitario. El Estado se equivoca, porque el Estado lo que hace es viviendas, en un programa habitacional, en los programas de emergencia, en los programas Federales. Ahora lo que hace es trabajar con programas que aspiran, de la nada, a formar cooperativas. Como si la cooperativa fuera el rigor. Bueno, hoy somos una cooperativa, el movimiento cooperativista tiene una ideología de base tan profunda, que significaría educarnos a todos nosotros como cooperativistas. No se es cooperativo porque sí, y porque haya un programa habitacional N.N. en el Estado. El Estado se está equivocando, no se resuelve de esta manera, tan masivamente.

Yo diría que deberíamos tener un ejército, si me permiten, de pequeñas unidades, y no trasformar la problemática en 12.000 viviendas. En mi provincia se hicieron 12.000 viviendas en un programa y se erradicaron 12.000 familias. Y de las 12.000 familias, yo diría que el 70% ha regresado a su sitio, porque las colocan detrás de la circunvalación, las alejan de sus fuentes laborales, de sus veinte años de vivencia en ese lugar. ¿Y con qué derecho? Con el derecho inmobiliario de que están ocupando un lugar en el centro a costos altísimos, entonces hay ciudades

---

[14] AAVE : Asociación Argentina de Vivienda Económica.

equilibradas, ciudades igualitarias. ¿De qué estamos hablando? De un problema político me parece, ya no de un problema de hacer vivienda, o de comprender que es el hábitat, es un problema político, déjense de joder políticos, es decir, empiecen a construir realmente las soluciones, y disculpen el déjense de joder, pero es realmente angustiante.

ALFREDO GARAY: Yo creo que Paula plantea un problema que profundo, es decir, cómo hacer tantas viviendas como hagan falta (un millón de viviendas en el país o tres millones de mejoramientos) y cómo encuadrar una producción social cooperativa, de pequeñas empresas que desarrollen ese proyecto. Y segundo, cómo en ese marco, sostener un proyecto político que absorba la presión de la Cámara Argentina de la Construcción, del Sindicato Obrero de la Construcción, que tampoco le gustan las cooperativas, claro, es decir, yo en esa opción prefiero hacer muchas viviendas, porque es un dato objetivo, aunque la vivienda sea a mejorar, si me preguntas, prefiero hacer viviendas progresivas, que suponen, dar un salto cualitativo, del cual la gente después se lo va a apropiar, prefiero que se las construya a través de organizaciones sociales que garanticen que sigan siendo un tema prioritario en la agenda de inversión o redistribución social, y que esas organizaciones sociales construyan poder político, a lo mejor en eso no tanto poder a ONG, es decir, que sean una opción de poder para disputar las características de esa redistribución.

BEATRIZ GALÁN: Es en este punto, en el ámbito de las políticas públicas para la economía social, en las que nosotros a veces tenemos que hacer, por ejemplo, capacitaciones. En realidad nosotros nos tenemos que mover como programa de investigación dentro de los recursos de los marcos políticos, o sea, nosotros tenemos la siguiente metodología: nos ponemos a la par de la

ONG, generamos un vínculo, comenzamos a trabajar desde la universidad, y cuando hemos mejorado la relación, tenemos más o menos un proyecto y queda entablado un dialogo y podemos saber y despertar la idea de un horizonte productivo. Lo que hacemos es, nos aunamos e intentamos captar recursos de desarrollo social, y dentro de los límites que nos imponen esas políticas tenemos que operar.

El tema es este: nunca los tiempos de los instrumentos son los tiempos de los procesos de la vida, siempre el diseñador va a estar en el medio entre estos instrumentos que el político crea y los procesos de vida, de asimilación, de aprendizaje de las personas. Pero lo que nosotros tenemos es que, hemos elaborado desde la universidad, relaciones de cuatro, cinco y hasta seis años, hay un tiempo intenso de actividad, después dejamos un poco que la organización asimile, consolide, después vuelven con otra historia y se vuelve a retomar el vínculo, y yo creo que entre sociedad civil y universidad hay una posibilidad de una alianza estratégica para hacer esto que dice Paula, es decir, generar insumos para que los políticos actúen.

A mí lo que me ha pasado por ejemplo, trabajamos con el municipio, viene una elección y hay que empezar a construir una relación de nuevo, y el grupo que viene no coincide con el grupo que construyo en la gestión anterior, y se me desbarata todo. Entonces, nosotros comprendimos que, verdaderamente nosotros queremos darle continuidad al proceso de innovación y de producción de conocimiento y la continuidad es estratégica, nosotros debemos construir estas relaciones con organizaciones de la sociedad civil y ponernos a la expectativa de captar recursos y actuar dentro de los marcos, y siempre, siempre, este conocimiento integrador lo ponemos nosotros, porque las políticas fragmentan, el desarrollo social apunta a una cosa, el económico, a otra cosa, las políticas de salud, a otro aspecto de la persona, nadie integra, nadie ve a la persona como una totalidad. Y nosotros creemos que ahí está el rol, y nosotros estamos doctorando gente.

Quiere decir que, como dice Paula, hay un espacio, hay que generarlo, para que, por lo menos una parte de nuestros egresados, asuma, nosotros tenemos algunos que los hemos colocado en municipios, trabajando y gente que vive, no tira manteca al techo, pero vive de ser diseñador en el área de economía social. Nosotros pensamos que tiene que haber una maestría, un doctorado latinoamericano, creo que es un espacio que no hay que dejar y hay que trabajar.

JORGE SARQUIS: Yo quiero hacer un comentario sobre esto, nosotros tenemos desde el año 2000 subsidios de la Universidad de todo tipo, hemos trabajado en la *Villa El Monte* de Quilmes, en Lugano, en el barrio *La Esperanza Grande*, en *Cildañez* con la municipalidad de Buenos Aires. Ahora estamos trabajando con el Instituto de Desarrollo Urbano, Ambiental y Regional (IDUAR) de Moreno. Y en general nuestra historia es la historia de rotundos fracasos en todos esos trabajos porque cambiaron los dirigentes políticos, por elecciones y nos echaron, nos ignoraron, no nos renovaron los convenios, y eso que no nos tenían que pagar nada, pagaba la Universidad, nosotros íbamos como arquitectos, llevábamos sociólogos, antropólogos, psicólogos, hacíamos todo el trabajo social, iba todo fenómeno hasta que aparecía el cambio y por un motivo o por otro, terminábamos en la calle ignorados junto con la tarea.

Cuando trabajamos en *Puente Marques*, un barrio de Moreno, con IDUAR, nos dijeron: bueno, trabajen en esto, pero no hablen con la gente, porque les despiertan expectativas y eso me levanta la gente, y a veces necesitamos reuniones para mostrar los proyectos, o para pedir requerimientos, y los políticos en general, los municipios, no quieren que hablemos con la gente porque la gente después les hace lío a los municipios, por las expectativas que uno despierta pese a que aclara, veinte veces que se esta haciendo un trabajo de investigación.

PAULA PEYLOUBET: Por eso insisto en estudiar los proyectos pilotos de experiencias exitosas relacionadas con trabajos académicos, de ONGs y del sector que tiene el problema. El problema es que el político cambia, eso ya lo hemos vivido. Entonces ¿qué hay que hacer? Tener políticas de Estado que no cambien, que nos permitan continuidad.

VÍCTOR ÁLVAREZ REA: Lo que quería comentar es que, el gobierno de la ciudad hace unos años había implementado mediante una ley un sistema de Sociedad Civil, en donde se instaba a la gente sin techo a que formara una cooperativa que dirigiera un grupo formado por profesionales independientes (arquitectos, sociólogos, etc.) que, mediante un convenio con el Gobierno de la ciudad, iniciaban relevamientos de las necesidades de cada grupo familiar que se quería instalar, y ahí los arquitectos elegían un terreno y se instaba a trabajar en cooperativa, un grupo de profesionales y la gente con estas necesidades de vivienda. La condición era que el gobierno otorgaba un crédito para el pago del terreno y la obra, que se iba a ir distribuyendo en el tiempo a través de certificados. Nosotros desde POIESIS tuvimos acceso y contacto con uno de los grupos que tenía varias obras –porque cada grupo de profesionales podía tomar varias obras a la vez–. Este grupo tenía alrededor de siete emprendimientos que iban avanzando a pesar de los mecanismos concretos de la burocracia y de los cambios de gobierno, algo que nosotros veíamos como una posibilidad diferente –por lo menos en apariencia– y que intentamos hacer un abordaje para ver qué resultados lograban. Cuando asume Tellerman se desarticularon todos estos proyectos.

ALFREDO GARAY: Bueno ahí está el tema tecnológico de las buenas intenciones, por ejemplo, esa operatoria era así, un consorcio podía organizarse para arreglar todos los baños y las cocinas. Les daban $ 25.000 por casa, lo que había logrado Capital Federal era que se considere que en casas viejas en vertical también podía aplicarse la operatoria de mejoramiento. Entonces, creo que es interesante el caso de estos vecinos. ¿Cómo se construye la tecnología social? Se armaron cooperativas, las cooperativas estaban inscriptas en un registro, y digamos, empezaban las obras, por ejemplo, te destruían la cocina y el baño porque lo iban a remodelar. Entonces que pasaba, la lógica de pagos, es la lógica que tiene siempre el Estado, certificas, te pagan, se demora treinta días el pago, las empresas cooperativas no podía sostener esa forma de pago, por lo tanto, dejaban la obra hasta que les vuelvan a pagar el próximo certificado, por lo tanto Chiche Gelblum había abierto en su programa un registro de toda la gente que llamaba para protestar por el programa "Mejor Vivir", y, lo que en el municipio, habían pensado que iba a ser un programa que iba a ser un golazo, termino siendo un terrible gol en contra, por cuestiones objetivas, porque en el fondo esas buenas intenciones hay que seguirlas sosteniendo y empezar a ajustar el proceso de como se hacen las partes.

Hay una cosa que me preocupa que es, como siempre pasa en esta Facultad, el tema siempre se desliza hacia la vivienda y la arquitectura, entonces quiero contar una sola cosa, una experiencia muy importante que tuvimos en la provincia, construimos sesenta mil viviendas, fue meter una cámara en todos los programas que se estaban haciendo, y justamente trabajamos con un grupo de imagen y sonido que hacen estos temas de comunicación popular; el Estado quedaba totalmente afuera, ellos hacían las entrevistas, nunca aparecía en la película un funcionario, y se fue haciendo un registro de que opinaba la gente del proyecto, que opinaba la gente de la propuesta de llegar a tener una casa, como era el proceso de la mudanza, que opinaban de la casa cuando se mudaban, iban siguiendo historias de vida, como era la historia de esa villa, y que pasaba cuando la villa cambiaba, como fue el problema de las empresas constructoras, y como era el caso de empresas constructoras que subcontrataban cooperativas, cada uno tenia un video de cinco minutos, pastillas les llamaban.

Por último había uno, cuál era el problema de todos los problemas de todos los empleados municipales que acompañaban esos procesos, entonces de golpe es muy interesante porque ese registro, es decir, lo que suponía era una rutina de ir a filmar, y preguntarle a la gente y recibir sus impresiones, es decir, lo que hace un militante cuando va dos veces por semana a una villa, recogía todas esas historias, todas esas impresiones, y podía empezar a hacer una experiencia que se comunique, o sea, en lugar de escribir un informe o una tesis o un libro, hay una cosa que es muy útil en taller, entonces de barrio a barrio se pasaban las películas, discutían a partir de las cosas que la gente decía en las películas, y la verdad que para nosotros, por lo menos, nos demostró como esta experiencia de comunicación tenia una tremenda posibilidad de generación de saberes, de conocimiento, de socialización de experiencias, de abrirle a unos la posibilidad de armar una cooperativa, porque había otros que les contaban todas las todas las experiencias cooperativas pero que no venían del movimiento cooperativo, venían de planes de desempleados, todo lo que habían tenido que aprender, de golpe, estas cosas.

Siempre sueño en esta Facultad, a mi no me molesta que una Facultad como ésta, como la Bauhaus, haya muchas carreras o aprendizajes que tienen métodos distintos, lo que si me preocupa es que no tiendan a integrase, es decir, claro, si somos vecinos de un condominio con relaciones conflictivas estamos perdiendo la oportunidad del ambiente que genera esta casa, es decir, yo creo que esos cruces serian sumamente útiles.

J. P. NEGRO: Pero de eso se está hablando hace mucho, incluso Breyer postuló estas ideas, pero parece que no es sencillo hacerlo.

JORGE SARQUIS: Ese programa se llamó PIA, Programa de Integración Académica. Por favor Luis Ainstein...

LUIS AINSTEIN: Quiero complacer una inquietud particularmente en relación a la posición de Paula y de Beatriz, que son muy unitarias, es decir, el mismo posicionamiento frente a aspectos, con similaridades sin embargo con identidades particulares. Yo llamaría metafóricamente a este tipo de aproximación, una aproximación esencialista, cuidadosa, éticamente cargada, es decir, que el abordaje tiene que ver con los modos en que se presentan manifestaciones criticas que suelen ser, una fabrica recuperada, un barrio de no se donde, y que entonces, este tipo de aproximación artesanal duraría poco, creo, a mi entender según las experiencias que cada una de ustedes dos cuenta, acerca de lo apropiado del reencuadramiento y de los trabajos, investigaciones, etcétera.

Mi percepción de la realidad argentina, muy particularmente en las ciudades, y creo que debiera ser lo que más nos debiera interesar porque como dije hace un rato, en tres aglomerados tenemos al cincuenta por ciento de la población del país, estamos hablando de fuerza realmente gruesas, con unos niveles de criticidad que solemos no reconocer. Estamos al tanto de carencias de vivienda, carencia de infraestructura, flagrante, y yo diría mucho más en general, carencia de la potencialidad de que estos eventos, ya sean productivos o urbanos que resultan de las intervenciones tengan sustentabilidad en algún horizonte más allá de los próximos cinco años.

La condición estructural de los grandes aglomerados argentinos, revienta, no da para nada mas, que quiere decir esto, a menos que la argentina sea un país normal, cosa que me costaría mucho creer que vaya a ser en un plazo breve, estas ciudades que seguimos fabricando no van a funcionar, ¿qué quiere decir que no vayan a funcionar? No que no van a ser hermosas y confortables, sino que la gente va a vivir infernalmente mal, no va a poder ir a trabajar como ya sabemos que pasa, en los estadios más críticos de las crisis, un tercio de los desocupados del conurbano de Buenos Aires, sabían a ciencia cierta y no se equivocaban, sabían que no tenía sentido buscar trabajo porque no podían pagar el transporte al trabajo, ¿qué quiere decir eso? Que hay una condición urbana que es imposible en el contexto real.

Entonces ¿qué tipo de cosas tendríamos que pensar?, y ahí retomo un dicho de Freddy que dice "yo prefiero crear programas relativamente intensivo de viviendas" y yo, que no conozco los programas a los que se dedica, pero que me imagino que son de vivienda prevalentemente individual, prevalentemente en periferia, prevalentemente en intersticios, sin potencialidad urbana decente de mediano plazo, entonces digo, no parece ser eso lo que nuestra comunidad, nuestras ciudades, necesita, a mediano plazo, no puede ser, la gente tiene que reconfigurar la estructura de nuestras ciudades, en ciudades compactas, no hay otra manera, porque la Argentina va a seguir siendo un país de desarrollo intermedio relativamente pobre por varias décadas, es decir, involucrando a varias generaciones de gente, como bien sabemos, los patrimonios físicos urbanos no revierten, no se des-urbanizan, y es muy difícil incrementar intensidades para las estructuras básicas que son de bajas densidades.

Y entonces, en síntesis, volviendo al tema inicial de la inquietud, creo que las aproximaciones artesanales, para llamarlas metafóricamente, son enormemente interesantes desde el punto de vista ético, desde el punto de vista social, pero desde el punto de vista urbano, y que la población argentina es urbana está afuera de toda duda, y que no se va a des-urbanizar también está fuera de toda duda, a mí me dejan con un nivel de ansiedad espectacular, es decir, tenemos que inventar cosas que signifiquen el re encuadramiento del desarrollo urbano, y yo estoy convencido por ejemplo que, el sector sur de la ciudad de Buenos Aires, la mayor parte del sector sur, es tejido urbano con una potencialidad urbana colosal, porque tiene las infraestructuras, porque una topología que queda a dos kilómetros de Plaza de Mayo, esa es la ciudad que tenemos que estar haciendo, según la intensidad, es decir, no a doscientas personas por hectárea sino a ochocientas personas por hectárea, a través de los mecanismos sociales más inclusivos, y más eficientes y más equitativos, etcétera, con todos los rasgos de calidad y virtud que razonablemente podamos, ese es un aspecto de la cuestión.

Otro aspecto de la cuestión que me parece enormemente dramático pero innegable, son las personas, y sobre todo las personas de sectores bajos, confluyen en sus ideas, y estoy convencido que todas las personas, pero sobre todo de los sectores sociales mas bajos, la percepción de la problemática urbana real, digo la problemática urbana en escala real de su propia circunstancia urbana, es relativamente inaprensible, entonces, claro, las personas prefieren, con toda la mística, de la vivienda popular, dice la vivienda popular es en un lote propio; bueno, esto no es posible, en una Argentina urbana, desde hace mucho tiempo y por mucho tiempo, porque es muy cara la urbanización.

Entonces, desde mi punto de vista, estos son todos datos de la realidad que no se pueden perder, porque, de nuevo, y terminando, las intervenciones pequeñas, ajustadas a la realidad de las sociedades directamente involucradas, pueden estar, y yo diría que suelen estar, en contradicción absoluta con las condiciones globales y que nadie da cuenta de las condiciones globales.

PAULA PEYLOUBET: Me parece que tu mirada macro es absolutamente necesaria, nosotros siempre de alguna manera la tenemos que incorporar porque de lo contrario nos podemos quedar trabajando en el vacío, pero creo que hay que tener en cuenta dos cosas en las cuales nosotros trabajamos. Nosotros trabajamos en la comprensión del territorio a través de cartografía del diseño grafico porque nos parece que hemos detectado que la gente no es conciente del territorio, de su complejización como lugar de recursos, y ya estamos tratando de trabajar en un diseño grafico que sea aprensible para que la persona pueda trascender su localidad, creo que eso es un pedido.

Segundo, trabajamos con personas, y con comunidades que son sujetos de su propio desarrollo con recursos de diseño, nosotros acompañamos, y creo que está la posibilidad que estas pequeñas soluciones de baja escala se comuniquen entre sí a través de la construcción de redes. Es una hipótesis que la venimos manejando a través de sitios web, de blog, de todo, les damos, les entrenamos, vienen a la Facultad y les enseñamos, porque creo que ésta podría ser una manera de generalizar estos pequeños logros tecnológicos que se van gestando, eso quería decir.

LEANDRO COSTA: Nosotros estamos trabajando en la *Villa El Monte*. Es cierto que se pueden hacer algunas cosas con esto de los $ 32.000, aunque no es mucho. Quedaría quizás para después la Investigación Proyectual, por lo menos para la arquitectura, lo que lamentamos. Ahora la cuestión de lo macro, tampoco se resuelve con ese dinero, pero alguien tiene que hacerlo, y lo macro metropolitano me parece que lo tienen que resolver los organismos de gobierno, que los saberes, como el urbanismo, o la investigación proyectual pueden colaborar y de hecho lo hacen.

JORGE SARQUIS: Quisiera cerrar diciendo, primero, que se trata, en última instancia, de socorrer a la gente, a la sociedad, de ayudar a la gente de escasos recursos que no han sido incluidos por la sociedad, y no salvar a la Investigación Proyectual que no tiene de qué salvarse. Segundo, me parece que las cuestiones que se han planteado acá son lo suficientemente contundentes y que no es que estas sociedades vienen a pedirle a la Universidad prestaciones de servicios, somos nosotros los que tenemos una ideología y vamos a pedir a los municipios que nos dejen entrar para ayudarlos. Es exactamente al revés de lo que mucha gente piensa.

www.ingramcontent.com/pod-product-compliance
Lightning Source LLC
Chambersburg PA
CBHW070939230426
43666CB00011B/2489